アンフォーレ外観（昼）

アンフォーレ外観（夜）

はじめに

愛知県のほぼ中央に安城市というまちがある。名古屋への通勤圏であり、また農業も盛んな土地だ。二〇一七（平成二十九）年六月、「アンフォーレ」という図書館と商業施設から成る複合施設が駅至近に開館した。マスコミで取り上げられることもしばしばあり、二〇二〇（令和二）年のLibrary of the Yearも受賞している、すでに一定の実績を認められている施設である。

ひょんなことから、筆者はこの施設の建設計画に参加する機会を得、そこでワークショップのファシリテーターやアドバイザーとして活動してきた。筆者は当時、図書館情報学を専門とする研究職についていた。そのため、全国各地の図書館から助言を求められたり、逆にいろいろと教えられたりすることは多くあったが、アンフォーレの諸活動を目の当たりにしていると、これは従来の日本の図書館とはどうやら違うぞという感覚がひしひしと湧いてきた。

新奇な図書館をつくって耳目を集めるのは、ある意味ではたやすい。一方で古典的な図書館の出現であれば、従来の図書館ファンは満足する。しかしアンフォーレはそのどちらにも偏っていない。この図書館は、これまでの図書館の伝統を尊重しながら革新的な試みもいくつか行っている。つまり高度なバランスがみえる。ここでいうバランスとは妥協のことではなく、複数の相反する要求を高次元で調和させることだ。これはなぜ実現できたのか。市役所の内部の人間でもない、完全に外部の人間でもない立場からその理由を丁寧にたどりたく思われた。

図書館は主に本を貸し出す場所であるという認識は、一九六三（昭和三十八）年に日本図書館協会から刊行された『中小都市における公共図書館の運営（通称　中小レポート）』および、一九七〇（昭和四十五）年に発行された『市民の図書館』によって決定づけられたと解釈される。一方で図書館先進国といわれる北欧や米国の状況をみると、図書館は図書を貸し出す場から、さまざまな人々が交流する場へと変貌を遂げている。日本にもそのような図書館は増えつつあるもののアンフォーレの水準で伝統的なサービスと新たなサービスを融合させた例は少ない。

ある時代を牽引した図書館は、その関係者の経験談や苦闘の記録が一書として残されることが多い。例えば、東京都日野市立図書館、静岡市立御幸町図書館、長野県小布施町立図書館、岩手県紫波町オガールなどが即座に挙げられよう（もちろんそれ以外にも多数存在する）。それらの関係者に敬意を示しつつも、類書の多くは図書館関係者やジャーナリストによる筆であることが多く、行政や利用者といった広角な視点から扱うものはほとんど存在しなかった。

そこで本書は、求められる機能が変わりゆく時代の図書館に関係する多様な人々に焦点を当て、各人がどのように活動してきたかを捉えることとした。具体的には、市長、建築家、デザイナー、行政職員、図書館員、利用者など、さまざまな立場からの記述をまとめ、アンフォーレの多層性を少しでも描き出すことを試みている。このような趣旨のもとで執筆を依頼し、承諾が得られた場合は本人自身に文章を執筆いただき、執筆時間が取りづらい等の理由がある場合は筆者が主担当としてヒアリングを実施し、そこでの発話を元にして原稿を作成した。

執筆、もしくはヒアリングするにあたって、職業の属性という仮面をつけるのではなく、顔も名もある一人ひとりがどのように考え、どのように工夫し、時にどのように失敗し、どう衝突したか、綺麗ごと一辺倒ではない形で表現していただきたいと依頼した。というのも立ち上げから運用に至るまで、意見の相違やそれに伴う衝突も多く生じたと耳にしたからだ。それらは関係する各人が真剣に議論を戦わせた結果であり、新図書館づくりへの熱意の現れと言い換えることができるだろう。したがって本書にはぶしつけな表現も含まれている。どうかご容赦ねがいたい。一方で、これが市役所関係者の筆によるもの!? と驚くべき諧謔《かいぎゃく》に満ちた文章もある。筆者自身、編者としてとりまとめる際に吹き出すこともあった。発話原稿については当然、話者による確認を経てはいるものの、最終的な文責はすべて編者にある。

本書は「起動」「開発」「運用」「検証」の四部構成とした。図書館はいったん開館すれば、その後数十年は使い続けるものだ。そこでこの図書館の立ち上げから運用に至るまでの経緯に加え、それらから得られた成果等も「検証」として扱うこととした。

第一部「起動」では、市長神谷学氏へのインタビューを収録した。当初は新図書館づくりに必ずしも賛同していなかったが、海外の先進的な図書館を視察しその必要性を強く認識したことや、それらの経験から得られたビジョンについて詳細に語られている。

第二部「開発」では、構想段階から計画策定、そして施設完成までを市議会がどう見てきたか、周囲の関係者がどのように活動してきたかを描写している。

加えて、図書館建築で多数の実績がありきわめて著名である三上建築事務所の益子一彦氏に設計の過程を寄稿していただいた。アンフォーレのデザインを手掛けた廣村正彰氏は、東京オリンピックのピクトグラムなどで非常に著名であり、安城にゆかりのある方でもある。氏にはご多忙ななかインタビューに対応していただいた。

第三部「運用」では、開館にあたり、従来のサービスは堅持しつつも、より利用者に資するため高度なサービスを導入した関係者の姿が示されている。

第四部「検証」では、はたしてアンフォーレはにぎわい創出に寄与したのか、利用者の声や愛知工業大学の中井孝幸教授による分析も交えて明らかにする。

このように本書の全体構成は大きな流れをもつものの、興味をおぼえたところから読み始めてもらってもかまわない。

当然、本書に対しては「予算があったから」「首長の理解が得られたから」といった、「我々の図書館や行政の取り組みには参考にならない」という他の自治体職員等の意見は想定される。しかしアンフォーレは必ずしも積極的な理由によって成立したわけではないことが本書によって示されているし、他館に応用可能なアイデアが豊富に含まれてもいる。筆者からすればアンフォーレは綱渡りの連続上に成立した一種の奇跡に近いものだと思えているが、鳥瞰的に見れば他の自治体にも通じる問題意識やその課題解決方法が散りばめられていると思われる。

本書に登場する方々はアンフォーレに関わった大勢のごく一部に過ぎない。数えきれないほどの方々がさまざまに議論を重ねたことは重々承知しているものの紙幅の都合上、全員に登場いただくことはかなわなかった。なお筆者は現在、図書館づくりのコンサルタント会社である図書館総合研究所に所属しているが、インタビューをはじめとするほとんどの作業は前職時に行ったものであり、現在の業務との関連性はない。

本書は初代館長の岡田知之氏との議論をきっかけに生まれた。また、彼のこれまで培ってきた人脈や経験のおかげで、みなさまから貴重な原稿をいただくことができた。この場を借りて深くお礼申し上げる。最後に、カンとセンスと知識に裏づけられた編集作業を行っていただいた樹村房の安田愛氏、とりまとめや調整について尽力いただいた、アンフォーレ課の神谷美恵子氏、市川祐子氏に感謝を申し上げたい。彼女らの行き届いた心配りがなければ、本書は成立しなかった。

二〇二三年一月吉日

編者　岡部晋典

アンフォーレのつくりかた――もくじ

Ⅲ　運用

Ⅳ　検証

資料編

I

起動

神谷学市長インタビュー

アンフォーレができるまで

本書の発刊に際して、アンフォーレオープンから二年半ほどが経過した二〇二〇（令和二）年一月、神谷学市長にアンフォーレ整備を振り返っての想いなどを聞きました。

市長　「アンフォーレを建設してよかった」のひと言です。駐輪場にはいつも〇〇中学校とか、〇〇高校といったステッカーが貼ってある自転車がたくさんとまっています。自転車数の増減で子どもたちの動向がよくわかります。子連れの若い保護者もたくさん見かけます。未来を担う世代が、自ら好んで来館しているという光景に希望がもてますね。

唐突な図書館建設の提案にカチンときました

――新図書館をつくろうという意見が出始めたころの市長の心中はいかがでしたか。

市長　二〇〇七（平成十九）年頃だったと思います。ＪＲ安城駅に近い総合病院の跡地利用を考えていたとき、

2017(平成29)年6月1日アンフォーレオープニングセレモニー

跡地利用の担当者から新図書館構想を告げられ、寝耳に水の提案に「なぜ図書館なのか」とカチンときました。そのとき使われていた図書館（昭和六十年に建設）はまだ築二十年ほど。それなのに、もう新図書館をつくりましょうとは「突然何を言いだすのか」というのが私の感想でした。だから「なぜなのか、きちんと説明しろ」と強く求めたのです。

すると、市内公共施設で年間入場者数が最も多いのは「デンパーク」[*]、次点が図書館だと言うのです。当初はその数字を疑いましたが、担当者は「間違いない数字です」と言う。つまり、集客力に着目して新図書館を構想したということです。しかし、いくらさらなるにぎわい創出のためとはいえ、すでに図書館はあるじゃないですか。にもかかわらず、新しい図書館を建設することを市民にどう理解してもらうのか、先の見通せない話だと思いました。

＊デンパーク
安城市にある花とみどりのテーマパーク。一年を通して、約三三〇〇種三十万株もの四季の花を楽しめる。

その後、図書館担当者までもが移転新築は必要と言い出したため、現状はどんなものかと実際に見に行くことにしました。旧図書館は当時、同規模人口の都市との貸出冊数による比較という観点からすると全国有数の図書館といえましたが、評価されているという印象はありませんでした。そのため、私自身の目で確認する必要があると思ったのです。また、市長に就任してからは図書館に足を運ばない状態が続いていたこともあります。かつて私が市議会議員だった当時と比べると本棚があちこちに追加されていて、館内が過密状態になっていました。「このままではいけない」、そう思いました。

議員当時の図書館との関わりは

――市議会議員当時というお話がありましたが、初当選は何歳ですか。

市長　二八歳です。まだ若かったから、本当に何もわからなくて……。何も知らない者が偉そうな顔をして議員報酬をいただいていいのかという自問自答を重ねていました。まずは地方自治を基本から学ばなければいけないと思い、図書館でいろいろな勉強をしました。図書館になかった地方行政に関わる専門書は書店で購入し、図書館に持ち込んで熟読していました。専門書は地方の書店の棚には並んでいないので、わざわざ名古屋の大規模書店へ行って入手していましたよ。

市議会でごく単純な質問はできません。図書館には、周辺市の予算書や決算書なども置いてあり、他市の財政運営もわかります。議員として手にするのはあくまでも本市の予算書・決算書だけですが、それだけを見ていてもわからないことが多い。そのため、周辺市の予算書や決算書も突き合わせて勉強していました。

――市長の議員初当選が一九八七（昭和六十二）年ということは、旧中央図書館ができたばかりのころです

ね。当時、議員で図書館にいらっしゃるのは市長以外ほとんどいなかったとお聞きしましたが。

市長　失礼ながら、今でもそんなに多くいらっしゃるわけではないと思います。図書館では多くの貴重な発見をしました。市議当時によく先輩議員から過去の市政功労者の話をお聞きしましたが、話を聞くだけだと想像を巡らせるだけで終わってしまいます。しかし、図書館で過去の地方新聞や議会会議録を読むと具体的な裏づけがとれる。それによって明確な市の歴史が脳裏に刻まれますよね。

新図書館建設に向けた話を進めたとき、やはり多くの市議から「なぜ図書館なのか」と言われました。そのなかでも、特に図書館に一度も行ったことのないような方の理解を得るのは本当に骨が折れました。

海外視察調査で、図書館の重要性を目の当たりに

市長　平成バブルが弾けた後は「失われた三十年」といわれてきました。失われっぱなしの時代に、リーマンショックや東日本大震災が起きました。そのころよく耳にしたのは「コンクリートから人へ」です。もはやハードの時代ではなく、箱モノ建設は悪という意識が醸成されていました。

二〇一五（平成二十七）年一月に私にとって四度目の市長選挙がありました。対抗馬はそれまで新図書館建設に理解を示していた方でしたが、選挙戦に入ったら「建設計画は白紙撤回します」と翻意された。態度が急変したのはなぜか。要は、新図書館建設計画が政争の具とされてしまったのです。

市民からの疑義も示されました。新図書館基本計画を策定した後の二〇一一（平成二十三）年頃、「これからは電子書籍の時代なのに、なぜいまさら図書館なのか」という問題が提起されました。私はそれにまったく答えられなかった。そこで、日本よりも先に電子書籍ブームがきていたアメリカでは図書館は今どういう役割を果たし

ているのだろうか、役割そのものが変わってきているのだろうかと、実際に現地へ見に行きました。そして、そこで腹が固まりました。

アメリカの図書館を視察してみて気づいたのは、私たちの建設計画と箱モノ批判とはまったく次元が違うということです。アメリカでは図書館に惜しみなくお金が使われている。少なくとも私にはそう見えました。学びの拠点にこそお金を使って、社会全体の底上げをしないと社会格差が拡大してしまう。社会不安を防ぐためにも、市民に開かれた公共図書館は充実させておかなければいけないという事情がありました。

また、その後に韓国へも電子図書館事情を知るために出かけましたが、アメリカ同様に図書館を大切にしていました。韓国は学歴社会で受験戦争が激しく、国民の上昇志向も強いといわれています。それをサポートする学びの環境が整っているのです。驚いたのは、ソウル近郊にある本市人口とほぼ同数の都市に、アンフォーレ規模の図書館が四つも五つもあったことです。学生も社会人も猛勉強を迫られるものの、都市部の狭い集合住宅では集中できない。そこで身近にある図書館で夜遅くまで勉強します。夜中の二時、三時まで「どうぞご自由に」という図書館もありました。

これら学びの場の充実度合いを知ると、「日本は何をやっているのだろう」と愕然とさせられました。知の向上や次世代の学びの環境づくりが「もったいない、税金の無駄遣いだ、金をかけてはいけない」なんて、もう情けないとしか言いようがない。「米百俵」の逸話が忘れ去られてしまったこの国の未来は、本当に大丈夫なのかと率直に感じました。「箱モノ＝悪」という世論がとても低俗に思われます。

しかし、もしも安城がこうした世論に逆行して充実した学びの空間をつくれば、他の都市に大きな差をつけることができると思ったのです。加えて単に「図書館ができたね」で終わりとはせず、その中にあるＩＣＴ環境や機器もさりげなく最先端のものを揃えて、よりいっそうの差別化を図りたいとも考えました。

複合施設は類例のないスキームで

市長　ＰＦＩという民間資金を活用した手法をアンフォーレ建設計画に選択したとき、最終的に二つの設計計画案が残りました。一つは今の明るい雰囲気の建物、もう一つは秘密基地のようなデザインの案でした。選定委員会ではさまざまな観点から議論をしましたが、結論は二分し平行線をたどりました。結局、意見はまとまらず、私のところに二案が持ち込まれ「この二案の甲乙をどうにもつけがたいので、市長、ご意見をください」と言われたのだけど、私にだって白黒を簡単に決められません。

そこで私は「選定会議には女性はいるのか、いないなら女子職員の意見を聞いてみたらどうか」と、女子職員の意見聴取を勧めました。すると、圧倒的多数で現行建物の案が支持されました。私の心中には、「女性に好まれる建物、女性が集まる施設にしたい。そうなれば、男性は放っておいてもそこに来るだろう」という打算が若干ありました（笑）。女子職員からの「外からの見通しがよい建物だから安心して施設に入れる」という感想を選定委員に伝えました。ただ、もう一方の秘密基地のような建物も、私たちが簡単に判断をつけられないほど良かった。選択した側ではありますが、非常に残念に思っています。

ところで本市でも行政改革を進めてきましたが、私は図書館職員の人件費について、単なるコストダウンの視点からの削減を求めたことは一度もありません。かねてより「民間活力で図書館運営を」という手法がブームになっていましたよね。そこでそうした図書館へ見学に行ってみると、カフェの開設など人をひきつける工夫がなされ、開放的な空間に設計されている。非常に感心させられました。ほかにも複数の指定管理者制度導入館にこっそり入館したことがあります。駅ビルと一体化した図書館もあって最高の立地とうらやんだのですが、図書

図書情報館の運営は市の直営

館員と利用者とのやりとりを見ていると、どうも深いコミュニケーションはなさそうでした。民間委託というのはこういう素っ気ないものなのかという印象をもちました。

　民間委託では、条件の良いところがあれば、すぐにそちらに働き手が流れたり引き抜かれたりしてしまうとも聞きます。私がそのときに見た光景からは、業務として本の貸し借りの作業をしているだけで、来館者に良い本を読んでもらおうという図書館員の意欲が伝わってきませんでした。そんな応対で、未来を担う人材を育成できるのかとの疑問をもちました。これが民間流の合理的運営だとしたら、導入できないなと感じました。だから図書担当者から「市の直営でいきたい」と言われたとき、共鳴したのです。全国的に図書館の民営化が進むのなら、かえって市直営へのこだわりがアンフォーレの魅力になるとも考えました。

若者と商店街に託す期待

——開館からしばらく経って一息ついたかと思いますが、今後のあるべき方針やお考えをお聞かせください。

市長　開館から三年ちかくが経過し、アンフォーレ全体の入館者数は年間一二〇万人、一日平均三五〇〇人ほど（コロナ禍前の状況）と高止まりしていますが、図書情報館に立ち寄る人の割合がそれほど上がっていないことがやや気になります。もう少し図書館に足を運んでくれる人の比率が上がるといいなと。

アンフォーレには中心市街地活性化という目的もあり、まちの活性化イベントも開催されます。大勢の人が集まるそういった場へ、商店街の人たちにも出張販売をしに来てほしいですね。わが店の自慢の一品、二品を並べておけば、みんな手に取ってくれるのではないかな。「もっとほかの商品はないの?」と聞かれたら、「本店がすぐ近くにあるから、そちらにもっといろいろな品が揃っています」と促せば、「じゃあ、今度行くね」と話が弾む可能性もある。商店街が共同で売り子さんを雇い、もっと別の商品を求めたくなる上手な誘導をすれば、効率の良い商売につながるのではないでしょうか。

またアンフォーレにさらに多くの人の出入りがあれば、二階以上の図書館スペースへ上がってゆく人も増えるはず。一階エントランスホールへは気楽においでくださっているので、何かの拍子に「ちょっと本も見てみよう」と暇つぶしに上がってくれる可能性があります。ともかく足を踏み入れてくだされば、アンフォーレの図書館は昔とはずいぶん雰囲気が違うと気づいてもらえるはず。

私は四四歳で市長に就任したとき、安城を災害に強いまちにすると誓い、まず木造老朽住宅が密集する中心市街地の整備計画を立てました。その中心にあった総合病院の広い跡地がアンフォーレの建設用地となりました。

政治家は常に選挙を意識してついつい票になる人たちの機嫌をうかがうきらいがあります。圧倒的に投票率が高いのは高齢者ですので、その世代の人たちを大切と考えがちです。そのため、若年層向けの政策はなおざりになりがちなのです。でもよくよく考えてみれば、孫世代が喜べば、おじいちゃんおばあちゃんも嬉しいはずですよね。孫たちが楽しそうに図書館に行って「勉強してきたよ」「本を借りてきたよ」と話してくれれば高齢者も嬉しい。実際は若い世代が喜ぶ方向へ公共投資を振り向けたって、選挙で苦しむばかりではないのです。

このように政治の仕事は、狭い地域や特定の世代へ喜びを与えようとするのではなく、もっと大きな視角で社会全体を捉えるべきで、すべての地域とすべての世代の喜びにつながる施策をめざすべきです。

市長の仕事は〝ご恩返し〟

――市長という重責を担うには、何かしらのポリシーがバックボーンにないと大変だと思うのですが、そのあたりはいかがでしょうか。

市長　私は大学時代、仏教思想に傾倒していました。高校時代の同級生だった彼女（妻）との付き合いが続き、「将来的な結婚」をほのめかしたところ断られたことがきっかけでした。「えっ？」と驚き、根掘り葉掘り家庭事情に至るまでの理由を聞き出してしまいました。そして、彼女には重度の知的障害をもつ妹がいることを知りました。予期せぬ理由を聞いて「そうだったのか。ごめん。じゃあ、お別れしよう」と、さっさと別れられるかというと、そんなもんじゃない。以来、大きな葛藤を抱えることとなりました。

世の中の矛盾を自分の心の中でどう整理したらいいのかと、ずっと悩み続けていました。東京で下宿生活をしていたとき、ふとしたきっかけで「土曜座禅の会」に参加しました。座禅会で手にした仏教聖典を借りて読んだり、住職の法話を聞いたりして苦悩解決への道を探しました。行きついた結論は釈迦の説く「利他の精神」。「他人の喜びの中にこそ自らの幸せがある」という理念により迷いを払拭できました。現在は図らずも市長の仕事を通じて市民一九万人の幸せ実現の支援をさせていただいていますが、役職が変わったとしても自分の仕事は社会へのご恩返しだと思っています。

私は案外涙もろいんです。テスト週間にアンフォーレの駐輪場に学生の自転車があふれていたり、広場で子どもたちがキャーキャー喜んで遊んでいたりする光景を見ると、それだけで嬉しくなって目頭が熱くなります。また夜のアンフォーレを見上げたとき、明るい窓辺にいる本を読み会話を楽しむ幸せそうな人たちを目にすると、「アンフォーレを建設できた自分も幸せだ」と感激がこみ上げ涙がこぼれそうになることもあります。仕事の成果で多くのみなさんに喜んでいただけること、そしてそれが自らの幸福感につながること、これこそが真の政治家冥利だと実感しています。

II

開発

構想段階から基本計画策定まで

杉浦健文（元南明治整備課　拠点整備室　室長（主幹））

始動の兆し

更生病院は二〇〇二（平成十四）年に郊外へ移転した。かつては、都市化の拡大やモータリゼーションの進展などにより、人の生活行動や土地利用が郊外へと向かう社会環境へと変化するなか、全国各地で大型商業施設や大学、公共施設などが郊外へ立地していった。空洞化したまちの形成に歯止めをかけるため、いわゆる「まちづくり三法」（改正都市計画法、大店立地法、中心市街地活性化法[*1]）が二〇〇六（平成十八）年に改正され、都市機能の広がりに社会的規制がかけられる時代となっていた。

安城市の中心市街地の商店街も同様に、社会構造の変化により、魅力や競争力が低下し、活気を失うことが避けられない状況であった。そんななかで、移転後の更生病院跡地は、にぎわいを取り戻したい期待から重要な使命を負うものとなっていった。

地元においても跡地をどうするかのさまざまな議論がされ、土地の所有者である市役所内部でも調査検討がされるなかでも方向性が定まらない時期が続いた。そんな状況を打開するべく、市民や地元関係者、学識経験者などからなる「中心市街地拠点整備懇話会」が発足し、揺れ動いていた跡地活用の方向性が収束に向けて動き始める原点ともなった提言書が二〇〇七（平成十九）年一月、市に提出された。

その内容は、「健康と交流で地域力を育む」を基本方針として、「健康」と「交流」がキーワードとされた。「健康」では、保健サービス、健康づくり支援、医療サービスに関する機能、「交流」では、生涯学習、市民交流、暮らしの便利機能が提言された。

約十カ月で五回の会議を重ねた懇話会は、今後の超高齢社会を見据えた健康増進に関する施設や安城らしいランドマークになるような意匠を希望する意見、さまざまな市民活動が催される場としての機能など多様な意見が出されるなか、「健康」と「交流」が軸となる方向でまとめられた。跡地活用が現実目線で動き始める兆しが見えてきたことを受けて、市は「中心市街地拠点整備基本構想」を策定し、提言書の実現に向けて跡地活用の道筋を示すことになる。

＊1　まちづくり三法
「都市計画法」「大規模小売店舗立地法」「中心市街地の活性化に関する法律」。市街地の郊外への拡散を抑制し、まちの機能を中心市街地に集中させるコンパクトシティの考え方から見直され、改正法が成立した。

中心市街地拠点整備基本構想

懇話会の提言を尊重し、さまざまな検討を経て、二〇〇八（平成二十）年三月「中心市街地拠点整備基本構想」が策定された。基本コンセプトを「地域力を育む健康と学びの拠点」とし、健康づくり支援施設、図書館、民間施設、広場を含む複合施設を今後の検討施設として整備方針が示された。効率的な整備運営を図るため、PFI[*2]方式などの民間活力の導入を検討することとし、整備スケジュールが二〇一二（平成二十四）年度の工事着手を目標に掲げられた。

図書館や保健センターはすでにあるため、新たな機能を増設するのか、機能移転により新設するのかなど、課題山積ではあるが、先へ進める具体的方針が初めて示されたことは大きな一歩であった。

にぎわい創出とは

跡地活用では、にぎわいを取り戻したいという思いが根底にある。では、にぎわいを生み出す施設とはいかなるものなのか。その答えは簡単に見いだせるものではない。一つの施設のみでまちのにぎわいが生まれるものではなく、多種多様な人の行動から面的に各所で流れや滞留をおこし複雑に作用してにぎわいが感じられるものになると思われる。そのためには、大小さまざまな用途の集客施設が歩いて行き来できるような、近接した距離に複数面的に配置されることが必要であろう。

その点、更生病院跡地の周辺は土地区画整理事業による面的整備が計画され、土地の集約化や建物の共同化などによる新たな土地利用や集客施設の立地が進めば、面的な人の流れが今後発生することも期待できる環境と言えよう。

更生病院跡地は、集客施設の一つとして一ヘクタール余の敷地規模に見合う機能を導入して、にぎわい創出の役割を担う一つの施設である。中心市街地拠点整備基本構想を策定するうえでは、整備方針を定める際に人が集まる施設の検討がされている。集客力の高い施設で思い当たるものとしては、GMS[*3]（総合スーパー）、ホール等があるが、そのようにさまざまな施設の集客力と集客特性を評価し、更生病院跡地における立地条件に当てはまる施設の比較検討がされた。

GMSは非常に集客力もあり、日常的に人が集まる施設ではあるが、更生病院跡地の規模では立地条件にまったく合わない。また、ホールやスタジアムは開催時には集客力があるが、常時開催されないため、日常的な集客は見込めない。

その点、図書館やスーパーマーケットはGMSなどのような大きな集客力はないが、日常的に幅広い世代の人が集まる施設として総合的な評価は高くなる。

＊2 PFI（Private Finance Initiative）
公共施設等の建設、維持管理、運営等を民間に資金、経営能力、技術的能力を活用して行う手法で、国や地方公共団体等が直接行うよりも事業コストの削減、より質の高い公共サービスの提供をめざすもの。一九九二年にイギリスで生まれた行財政改革の手法。

＊3 GMS（General merchandise store）
日常生活で必要な物を総合的に扱う、大衆向けの大規模な小売業態。スーパーマーケットとの違いは、食料品や日用品のみならず、衣料品や家電、家具などさまざまな商品を総合的に揃え、多数の有名専門店をテナントとして誘致して、郊外の幹線道路沿いに立地、数百台から数千台規模の大規模な駐車場を備え、広域から集客することが多い。

アンフォーレは、図書館や交流機能となる多目的ホール、広場と民間の収益施設としてスーパーマーケットなどを合わせた複合施設となったが、日常的に幅広い世代の集客と、ホールや広場でのイベントによる一時的に大きな集客効果のある施設により構成されたことは、一つの施設においても多様な世代やニーズに対応できる集客施設となることができたと言える。施設の違いはあるが、結果として基本構想において描かれたイメージをかなえることができた。

安城市中央図書館の課題

安城市の図書館は、一九三一（昭和六）年に安城駅付近で原型が誕生し、一九四九（昭和二十四）年、一九六七（昭和四十二）年、一九八五（昭和六十）年と場所を変え、現在の場所である更生病院跡地に立地することとなった。世の中の流れに寄り添い、約四半世紀ごとに移転しながらその時代の役割を果たしてきた。基本構想を策定した当時は、昭和六十年に城南町で建設された建物の図書館であった。この中央図書館の建設当時は、右肩上がりの時代であり、経済が成長することや、人口の増加もあたりまえであることが多くの認識であったと思われる。その後、バブル崩壊を迎え、大きな社会環境の変化のなかで、多様化する市民ニーズへの対応が行政サービスにも求められるようになった。そのような状況下においても、安城市の人口は、年間一八〇〇人以上が増加する状況が続いていた。

この当時の図書館は、人口増加に伴う利用者数が年々増加することに加え、図書の貸出中心に設計されたことから、徐々に新たなニーズや多様なニーズに対応したサービスレベルの確保が困難となっていた。

一方、更生病院跡地では、にぎわい施設が求められている。この二つの課題を両立するための方策として集客性の評価が高い図書館機能を中心市街地に移転する案が検討されることとなった。

中心市街地拠点整備基本計画

基本構想の具体化を進めるにあたり、二〇〇八年度から「中心市街地拠点整備基本計画」の策定に向けての取り組みが始まった。導入機能の明確化、配置計画、事業手法について、さらなる具体化を進めるために、市役所内部の組織として副市長をトップとする中心市街地拠点施設検討委員会を設け、調整を図りながら方向性が検討された。

中央図書館機能の移転や、保健センターの移転も視野に入れた検討など、根本的な方針部分において非常に難しい政策判断が必要となった。市議会や市民の意見もしっかりと確認したうえでの判断が必要となることから、「計画素案」を取りまとめたうえで、それをたたき台として情報発信することにより議論を深め、各方面での意見をいただく作業に注力することとなった。市議会や地元住民など各方面における説明会、フォーラムの開催などイベントによる啓発や意見聴取などにより、計画としての重みが増していく。

「図書館でまちがにぎわうのか?」「図書館に人が来てもまちへの回遊はしない」、これらが批判的な意見の代表であった。まったくそのとおりであり、ここで何をつくったとしても中心市街地全体の魅力が向上しないことには同じである。ただ、「にぎわい」や「回遊」以前にまずは中心市街地に人を寄せなければ何も変わることはないであろう。人が集まり、活動し、情報発信するような中心市街地の拠点的施設として、周辺の市街地整備や地域の人たちによるまちづくりの取り組みと合わせ、中心市街地全体に変化をもたらす役割を期待するものである。

基本計画では、図書館機能、健康増進・医療サービス機能、交流促進機能、広場機能で構成される公共サービスと民間サービスを複合した機能導入方針が示された。同時に事業スキームの検討を行うため、公民複合施設を想定することから民間事業者へのヒアリング等市場性の調査を行い、ＰＦＩ方式や定期借地方式の検討がされた。敷地条件や市場調査の結果から、公共・民間の合築構造の可能性が高いと見込み、施設のイメージ化がされていった。

合築の場合、当時の先進事例である静岡県藤枝市の「ＢｉＶｉ藤枝」がモデルとなった。この事業のスキームは、市有地を活用し、民間事業者に事業用定期借地により民間収益事業のための建築を認めて、民間施設のテナントの一つに公共施設である図書館を設ける画期的な事業方式である。当時民間のテナントは、シネマコンプレックスをはじめ、スーパーマーケット、飲食店などにより構成され、駅前にふさわしい公民合築の複合施設として高評価を受けていた。

この事業スキームを当てはめた場合、更生病院跡地を民間に貸し付けたうえで、一つの建物の一部を公共施設（図書館機能など）で借り、公共施設以外は自由に民間収益事業が行われる建物となる。これを定期借地権方式と基本計画では位置づけていた。

この事業スキームは、民間収益事業の市場性に大きく左右される性質をもつため、民間収益施設の規模が小さく、公共施設がメインとなる場合はＰＦＩ方式の可能性も考えられるとしていた。

計画素案による市民意見の聴取や各方面での啓発などにより、修正を加えた施設計画や事業スキームで取りまとめられた計画案は、別途並行して策定作業が進められていた「新図書館基本計画」とともにパブリックコメントを実施し、二〇一〇（平成二十二）年三月に「中心市街地拠点整備基本計画」と「新図書館基本計画」の二つの基本計画が策定された。

事業用地の改善

基本計画策定時点では、事業用地が現在整備された形状とは異なっていた（図参照）。更生病院跡地周辺では、土地区画整理事業が予定されていたことから、周辺道路や街区が整備され各宅地形状が整序されることになる。計画素案により多くの意見を聞くなかで、当時の土地区画整理事業により計画された更生病院跡地、すなわち中心市街地拠点施設用地は、敷地形状に関し良い評価が得られていなかった。市議会においてもさらに良い敷地条件にすることについての意見もあり、基本計画策定の直後からは、敷地形状の拡大と整形化を目標に土地区画整理事業において権利者へ理解を求める会合や個別交渉に力を注ぐこととなった。

ここで多くの権利者にご理解とご協力をしていただいたからこそ、事業用地の整形化を迅速に進めることができ、その後の施設計画において機能向上の可能性が広がった。土地区画整理事業の道路形態や街区形状のさらなる改善により、現在のアンフォーレが整備された敷地を確保することが可能となった。これにより、基本構想の策定時に目標とした二〇一二年度に工事着手するというスケジュールは断念し、二〇一四（平成二十六）年度の工事着手を新たな目標とすることとなったが、より良い施設整備への期待が高まっていった。

現況図（当時の更生病院跡地）

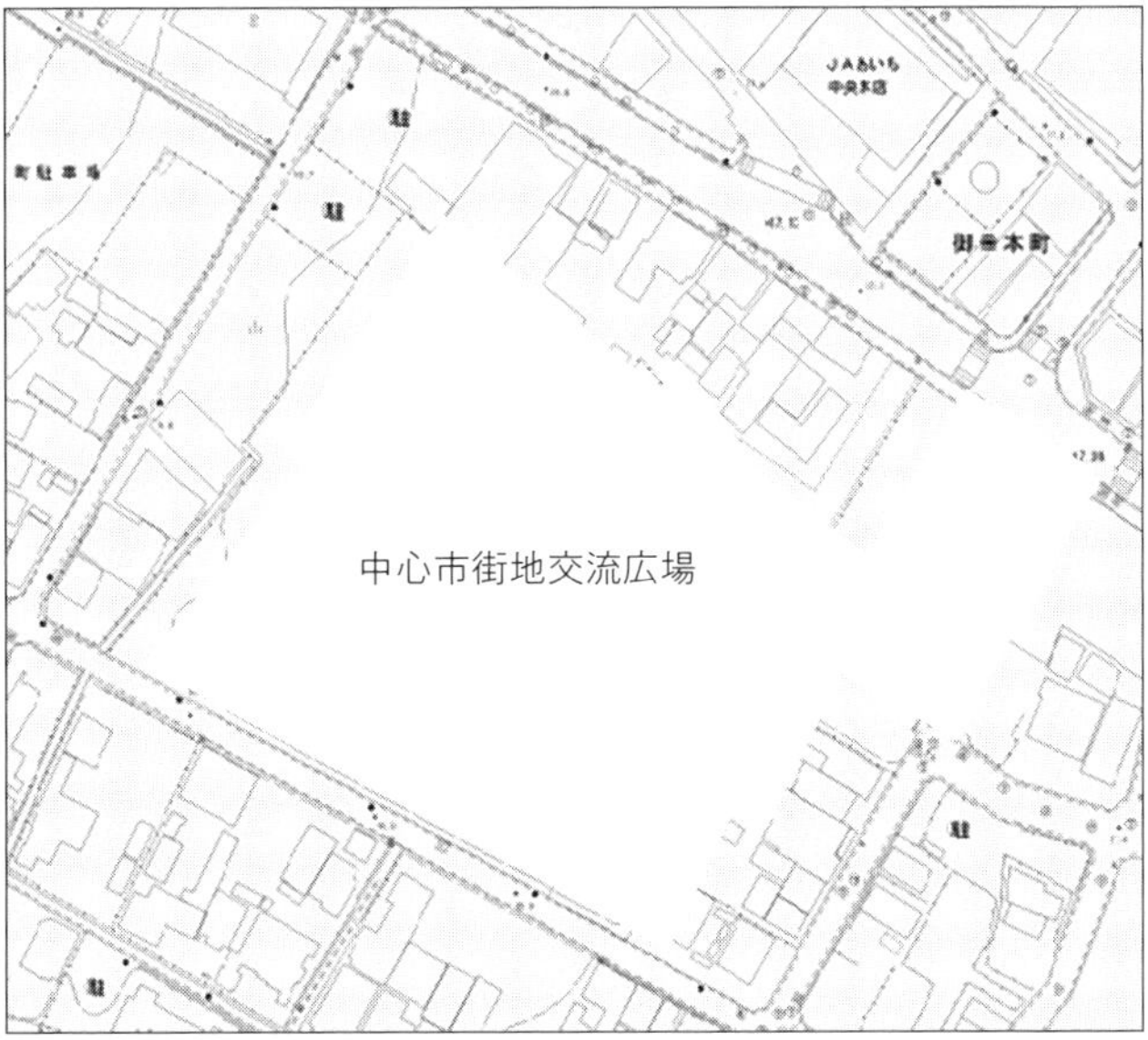

変更計画図（平成22年度）

事業用地の整形前と整形後

事業計画策定から施設完成まで

鳥居純（元南明治整備課　課長）

拠点施設としてのキャラクター

二〇一一（平成二十三）年は、「中心市街地拠点整備基本計画」などでその概要が一定の方向に向かいつつあるなか、実現に向け次のステップに進む必要があった。そこで、新たに「中心市街地拠点整備事業計画」を策定し、課題であった分棟か合築かの問題や官民連携のあるべき姿、拠点施設として必要な機能が何なのかを整理することとした。

それは、将来の中心市街地をイメージしながら、この施設が果たす役割をまとめあげ「活性化の拠点」をいかに実現していくかという具体的な第一歩であった。

三十ページを超える事業計画は、市議会議員において組織されたプロジェクトチームとも議論を交わし協働でまとめあげられた。本市において、議会と市執行部が協力して策定される計画はたいへんめずらしく、私の長い行政経験においても初めてのことであった。それほど中心市街地拠点施設に寄せる期待は大きかったのだろうと思う。ちなみに、後に行われた事業計画の市民説明会には、市執行部と一緒に議員も説明側に座っていただいた。

さて、拠点施設のキャラクター、つまり性格であるが、いかに中心市街地に人を呼び戻すか、という命題から、図書館という答えを一つもっていた。そして、さらに交流をもう一つの答えとして、「誰でも来たくなる施設」「図書館＋α」の性格を与えることとした。そのころには、商工サイドで「中心市街地活性化基本計画」も策定され、ＪＲ安城駅周辺の市民から寄せられる期待の高まりが見て取れた。

こうして、誰もが、楽しく、集いたくなる施設をめざし、今まで図書館には縁のなかった人も集めたいと欲張ることになった。今にして思うと、この目論見は、けっこう当たったと言える。どこにでもある公共施設から脱却し、ハード、ソフトともに新しい形で「こんな施設があってもいい」と言われるものを目標にした。当時、佐賀県武雄市で新しい図書館の運営形態が注目を浴び、図書館を取り巻く価値観が大きく変動していたことも影響したかもしれない。

図書館とその新しい機能については、別の項に委ねるが、交流部分については、市内にないサイズで使いやすい小ホールに、多目的に利用できる部屋と多用途なエントランス、そして屋外広場を検討することとした。その使い方も今までの公共施設にない「自由さ」を売りにしたいと考えた。極端に言えば、今みんなが欲しいもので、安城市にはまだ存在しない施設。その結果、飲食可能で多用途なホール、小規模な物販からマルシェなど大規模なイベントまで使えるエントランスやロビー、広場を交流の施設と位置づけた。

こうして図書館の集客に加え、市民、事業者、さまざまな主体がまちのにぎわいに一役買ってくれる構図が生まれることになった。そして、中心市街地に足りない民間店舗、駐車場も計画の中に盛り込まれていった。言うまでもなく、お客さんは安城市民に限らず、近隣市、そして全国から年齢性別を問わず訪れてくれることを期待した。

ハード整備に求められたもの

そもそも、どうしてここにアンフォーレができたのか。古くは安城市の中心地として栄え、地域の基幹病院が位置していたことから、一九八〇年代頃までは行き交う人があふれていた。しかし、この場所もご多分に漏れずドーナツ化現象の洗礼を受け沈滞していく。家屋は老朽化し、衰えていく中心市街地の見本のような場所となった。地元住民は危機感を抱き、区画整理事業によってまちをよみがえらせたいと、市と一緒になって地域の再生を模索した。

安城南明治第一、第二土地区画整理事業。この面整備事業がなければ、アンフォーレが誕生することはなかったと言っても過言ではない。拠点施設の敷地形状、道路接道の改善のため、第二土地区画整理事業は二〇一〇(平成二十二)年に事業計画変更を行った。その結果、土地の形状は整い、面積も増えることとなった。区画整理事業は、土地の移動や建物移転など、多くの手間を必要とする事業で、地権者の理解がなければ成り立たない。つまり、そこに関わった市民の方の協力という大きな「力」がなければ進まなかった。

さらにアンフォーレの着工予定を二〇一四(平成二十六)年度末と決めた日から、事業の進捗にかなりのスピードが求められた。地権者と当時の南明治整備課担当職員の苦労は計り知れないものがあった。それでも、何とか拠点整備に遅れが生じないよう期限までに家屋移転などを終えることができた。地権者のみなさまの理解と協力、職員の熱意と努力に敬意を表したい。

南明治第二土地区画整理事業の事業計画変更により、アンフォーレは北側と東側の幹線道路に直接接道することとなり、敷地面積も増えた。そのことにより〈基本計画〉では合築案有利であったものが、〈事業計画〉では分棟方式（民間収益施設と公共施設の分離）を有利とみて採用することとなった。

施設建設の進め方も、今までにない方法が選択された。敷地は大きく分け、図書館を核とした公共施設、民間が誘致する商業施設と駐車場、そして、広場、公園という四つの部分で構成。そのうち商業施設と駐車場の民間収益施設は定期借地方式。図書館を含む公共棟、公園、広場など公共施設はＰＦＩ事業という公民連携のハイブリッド方式、いいとこ取りで欲張りな方式となった。公共部分については、事業計画でＶＦＭ（バリューフォーマネー）[*]を算出したところ、より経済的に優れるということで、安城市初のＰＦＩ方式の採用となった。

当時ＰＦＩ事業は、全国的に事例も増えつつあり、図書館の事例もチラホラ見られるようになってきた時期であった。安城市にとっては初めての経験であり、一から勉強していては間に合わないので、民間メガバンク系シンクタンクとアドバイザリー契約を結び、専門的な助言を受けながら進めることとなった。

この複雑な計画を「性能発注」という形で実現するため、事業全体の要求水準を定め、募集要項を作成するという前半の山場を迎えた。

事業者選定から建設

二〇一二（平成二十四）年度は、事業計画に基づいた募集要項と要求水準の作成が仕事の中心である。民間の良いアイデア、技術、管理能力を引き出すべく、任せるところは極力民間に任せ、一方で契約履行に関する法的な面やコストに係る与条件、性能などはきちんと整理した。この段階で、複数のゼネコンなど民間会社が計画への興味を示していたことは、私たちにとって心強いことであった。

さらに、募集要項や要求水準等の準備を進めながら、後ほど民間の提案を審査するため、専門家三名と市部長二名で構成される審査会を立ち上げた。審査委員長は、ＰＦＩ事業に造詣の深い大学の先生にお願いした。審査員には建築関係が専門の大学の先生お二方に参加いただくことで、事業をより専門的角度から検証、助言いただくことが可能となった。こうして、この複雑な事業に対して、万全の体制で提案事業者の選定を行う準備が整った。

二〇一三（平成二十五）年五月、募集要項等を公表した。募集に対して、ゼネコンや管理会社などで構成するグループが複数名乗りをあげてくれた。最終的には四つのグループからの応募があり、いずれの提案もすばらしいもので、それぞれ大変な工夫の跡が見て取れた。どの提案も今までの公共施設の保守的なデザインとは違い、自由で、設計者の思いの丈を奔放に表現しつつ、割り切り方の潔さ、デザインの大胆さにおいて優れたものばかりであった。これまで見てきた公共施設にはない新鮮な発想にあふれており、改めて民間の発想力に驚かされた。

四つの優秀な提案が審査にかけられたが、審査員の方々は、さぞ悩んだことと思う。それぞれの提案が捨てがたい一面をもち、「いっそ、ＡグループのこのデザインとＢグループのこの仕掛け、Ｃグループのこの部分の方式を採用できたらいいのにな」などと、審査員の愚痴が聞こえてきそうであった。

＊VFM（Value for Money）
「金額に見合った価値」で、従来方式で実施した場合とＰＦＩ方式で実施した場合の支払額の差。

それでも、各審査員が微に入り細に入り点検しながら審査を進め、グループの提案内容を点数化し優先順位を付け、年度末には優先交渉権者と契約にこぎつけることができた。

採用された提案は、清水建設、スターツCAM、三上建築事務所らのグループによる提案で、ガラス面を多用し明るく透明感のある公共棟と、スーパーマーケットを中心にした民間収益施設であった。広場には大屋根があり、公共棟のホールと連携可能なその設えは、多様なイベント開催を期待させるものであった。

二〇一四年度は、この優秀な提案をいかにして期待どおりの実物を造り上げるための設計に仕上げていくかが仕事であった。言い換えれば、要求水準と提案内容という枠の中で、可能な限りその内容を理想に近づける作業である。ここからの事業者との協議は、安城市にとっても、事業者にとっても大変なものであった。いざ実施設計を進めていくと、たくさんの課題が噴出し、事業費的な面も含め喧々《けんけん》諤々《がくがく》の議論を戦わせたのは記憶に新しいところである。

それでも何とか落としどころを見つけながら進めていくわけであるが、PFI事業ゆえの難しさを痛感する日々が続いた。PFI事業は要求水準書による性能発注であり、達成手順や方法は受注者任せである。一般的な仕様書発注とは違い、要求水準書に記載のない追加・変更はとても難しいとされている。市担当者は、見つかった課題の解決に常に相当なジレンマを感じながら受注者と交渉を行うこととなった。

今までに経験したことのないやり取りの連続で「産みの苦しみ」を味わいながら、何とか最終的な設計としてまとめあげ、当初の予定どおり二〇一四年度中に準備工事着工、二〇一五（平成二十七）年六月には起工式を迎えることができた。

アンフォーレ外観。夜にはシャンデリアのようにまちに浮かび上がる

着工から完成へ

「ここまでくればおおかた終わった」という思いであった。実際、その後の建設工事は、グループ会社がもつ優秀な技術や管理能力を余すところなく発揮し、二〇一七（平成二十九）年六月のオープンまで非常にスムーズに運んだと聞く。

できあがった中心市街地拠点施設の愛称は全国から募り、市民投票の結果「アンフォーレ」と名づけられた。アンフォーレを眺めてみると、改めてその優秀なでき栄えに、事業に携わった設計会社や建設会社の実力を感じる。

建物の外側はガラス面を多用したことで、夜にはシャンデリアのようにまちに浮かび上がり、施設の存在感を示し、多くの人々を誘い込む仕掛けとして成功していると言える。暗かったまちを華やかに飾り「まちのにぎわい」の演出に大きな役割を果たしていることは間違いない。

建物内部も白を基調にした明るい雰囲気で、大きな吹き抜けが開放感を高めている。各階には訪れる人のニーズに合った空間が用意され、市民の憩いの場所としての地位を不動のものとしている。

来館者数も当初の予想を大幅に上回り、多くの人々が集い、交流している姿を見るにつけ、当初、事業計画で描いたコンセプトは間違っていなかったと、改めて実感した。

アンフォーレを訪れると、時には「こんな使い方があったのか」と驚かされることがある。エントランスや広場、ホールなどで利用者が自ら工夫し、新しい使い方を創出。当初想定していた使い方から、良い意味での逸脱を可能にしている懐の深さ、緩さがこの施設の特徴であろう。アンフォーレは当初求めていた客観的かつ受け身の「にぎわい拠点」というイメージから、使う人を中心に置いた「誰もが、使いやすく、便利で、おもしろい」施設に進化しつつある。多くの可能性を秘め、市民の期待とともに成長を続ける、そんな施設であってほしいと願っている。

要求水準の検証

水上貴夫（元南明治整備課　拠点整備室　拠点整備係）

アンフォーレの事業形態――SPC①が担う事業と市の役割

本事業は二つの事業方式から成り立っている。図書情報館が入っている本館（公共施設棟）はPFI事業を、スーパー、カルチャースクールが入っている南館（民間施設棟）と立体駐車場は定期借地事業を採用している。市との契約も二本となっており、PFI事業はSPC①[*1]と、定期借地事業はSPC②と締結している。定期借地事業においては施設の設計、建設、運営のすべてはSPC②に任されているため、市が大きく関わることはな

＊1　SPC（Special Purpose Company）
特別目的会社。資産の流動化に係る業務を行うために設立される社団法人のこと。

い。

逆に、本館は公の施設と定めていて、図書情報館は市が直接運営し、貸館業務やにぎわい創出事業は指定管理者が運営、施設の維持管理はＰＦＩ事業者のＳＰＣ①が担っている。そのため、募集要項において業務分担の内容を細かく定め、市は設計や建設の段階から大きく関わることとなっていた。

ＳＰＣ①と市との契約が締結されると、早速業務が開始された。今回の事業においてＳＰＣ①の担う業務は、設計業務、建設業務、工事監理業務、維持管理業務、総合連携業務の五業務である。総合連携業務は、ＰＦＩ事業と定期借地事業の複合事業であることや運営者が市、指定管理者、ＳＰＣ①②、テナント業者など複数となるため、それらをつなぎ、連携させ相乗効果を生ませることを目的とした業務である。

五つの業務のめざすべき水準が募集要項の中の要求水準書で定められている。その要求水準を達成させるために民間のノウハウが導入され、費用の縮減効果が得られている。ただ、費用は抑えられているが、要求水準を達成できていなければ意味がないため、各段階で確認（モニタリング）することが市の役割となる。

設計業務

建設業務における発注形態は、性能発注となっている。ＰＦＩ事業の主旨が民間のノウハウを駆使して事業費の縮減を図ることであり、そのために、公設公営の場合によく行われている仕様発注では、細かく定められすぎて民間のノウハウを発揮することができず十分な縮減効果が期待できないからである。性能発注とすることで民間事業者の提案する幅を広げることができる。本事業では、その求められる性能を募集要項の中で各部屋の使用方法や面積規模、設備機器の性能などを要求水準として定めている。

設計段階で市が行う事業者との協議は、提案内容が要求水準を満たしているかどうか確認（モニタリング）することから進めた。それに加え、要求水準で定めきれなかった市の思いなどを打ち合わせの中で行っていった。提案の段階で配置図や平面図といった基本図や外観パースが提示されているので、それをベースに進めていった。

まずは敷地のレイアウトについては提案どおりとなった。駅からいちばん近く、幹線道路沿いの部分を本館、駐車場が共同となるので中央に配置することとしたため、北から本館、駐車場、南館となり、西側は公園・広場となった。

平面プランにおいて課題の一つとなったのがセキュリティ区分であった。本館の各エリアで営業日、営業時間が違うため、営業エリアの動線を確保しながら、どこでどうやって区分するのかで議論があった。

事業者の提案の中で施設の特徴となっていたペデストリアンデッキにより二階もメインの出入口になり、セキュリティ区分をより複雑にさせていた。二階以上にある図書情報館の休館日にも二階出入口から一階へ行き来ができる必要があるため、一階から上階へのエレベーターやエスカレーターを停止することができないのである。事業者の提案では一階に物理的な仕切りとＢＤＳ[*2]を設置してあったが、それについて図書館職員も含めて実際の運営を想像しながら何度か協議を重ねていった。その結果、一階から二階のエレベーターと二階から四階のエレベーターを別々に設置する案にまとまった。一階から直接エレベーターで図書情報館へ行くことができない

＊2 BDS（Book Detection System）
図書館の図書の無断持ち出しを防止する装置。

が、業務形態にあったセキュリティの確保はできたと思われる。

二つ目の課題として北東交差点に面した本館の中で一等地となる部分に何を配置するかが議論になった。提案では事業者が行うカフェであったが、市の思いは、多くの人を呼び込むことに最も効果的である大きな出入口を設けることであった。アンフォーレがにぎわい創出の施設であることについてどちらが最も適しているか事業者と何回も協議を重ね、最終的に提案どおりカフェを配置し、そのすぐ横に主出入口を設けることになった。

図書情報館内部のプランについて、協議の対象となったのは施設の特徴である「でん」と書架のレイアウトであった。滞在型の図書館をめざすうえで、その「でん」と名づけられた三方向を外部に面し、程よい広さで落ち着くことのできる閲覧空間はとても魅力的で独創的であった。ただ、閲覧スペースを多く確保すると、そのぶん書架スペースが小さくなってしまい、どうやって要求水準どおりの蔵書数を確保するかが課題であった。また、当初の提案では各フロアの書架配置が画一的だったことも図書館関係者にはいまいち不評であった。書架棚を高くするという提案を受けたが、視線が抜けず圧迫感を感じることや死角が生じてしまう。協議を重ねた結果、フロアごとに書架配置の変化をもたせ、壁面書架や公開書庫の書架を高くして、どうしても死角となる部分には監視カメラを可能な限り設置することになった。

提案書では決め切れていなかった詳細な部分や実際の利用や運営に即した内容とした場合、次に問題となるのが費用である。建設費も提案の時点で提示されていて、提案内容を変更することは建設費への影響もある。変更契約を締結すればよいが、募集要項での当初の条件が変更され他の応募者との公平性に欠けるためそれはできない。増額となったぶんだけ別の何かを減額して結果的にはトータルの金額は変わらないようにするしか方法はなさそうであった。そうなると何かをあきらめる必要があり、しかもそのあきらめる内容は要求水準書で定められた性能要件以外とする必要があった。そのため、設計協議では変更に関わる金額をその都度提示してもらい、要求水準の未達とならないか注意しながら協議を進めていくという作業が続いた。

この設計協議はほぼ月二回のペースで約一年間に及んだ。出席者も双方合わせて一五人ぐらいが集まって行った。設計協議としては多いが、その理由は、通常であれば担当者レベルで打ち合わせをし、結果を上司に報告、相談するが、今回は重要な案件が山積し、しかもお金に絡むことばかりということで、上級職も可能な範囲で出席してもらったからである。そのおかげで、決定がすぐされ、スピード感のある設計協議だったと思われる。担当者としては毎回緊張の連続であったが……。

建設業務

設計が完了し、建物の建設に進むと、市の業務は設計業務と同様に要求水準を満たした建設が行われているかを確認（モニタリング）した。設計図どおり建設できているか確認する工事監理業務はＳＰＣ①の業務となっているので、設計業務を行った者が引き続き行うこととなる。工事中の各種検査において、市は立ち会う必要はなく、工事監督者の報告を受けるだけでよかったが、かつて耐震偽装や杭工事偽装が全国的な問題になったことを考慮して可能な限り立ち合いを行った。また、毎週行われる工程会議も工事監理業務を行っていない市は必ずしも参加する必要はなかったが、工事現場の状況把握のためほぼ毎回参加した。

工程会議に参加すべき理由はもう一つあった。それは図書館ＩＣＴ整備との調整のためで、図書情報館の運営をＰＦＩ事業に含めず市の直営としたことにより、市自ら図書館システムの整備を行う必要があった。最新の機器を導入するために、図書館ＩＣＴの具体的な整備内容は建物の建設工事と同時進行で決まっていくスケジュールとしていた。工事に進捗状況の把握や施工図を作成する前にＩＣＴの整備内容を伝える必要があったため、工程会議には参加する必要があり、市の参加者も建設工事担当に加え図書館ICT担当にも可能な限り参加してもらった。さらに図書館ICTの整備事業者と建設業者とで直接、細かい部分の打ち合わせを行ってもらうように依頼した。

もう一つ設計段階から変更した箇所があり、工事中に対応してもらった。それは、三階にある安城ビジネスコンシェルジュである。設計の時点では、図書館職員が直接ビジネス支援サービスを行う予定であったため、従来の事務室の設えとしていたが、市の商工課と連携することとなり、部屋の大きさ、設備等を見直す必要が生じた。工事はすでに始まっていたので、期限の余裕がほとんどないなかで担当者、設計者、施行者に協力してもらいながら進めていった。

一年にわたる工事において、数多くの建設業者が関わり、事故も大きなトラブルもなく無事に完成することができたのは、PFI事業であったことも一つの要因だったと思う。市は過去、民間事業者がからんだこれほど大きく複雑な建設事業を経験したことがなく、市によるコントロールでは限界があり、どうしても事業者に頼ってしまう部分が大きくなりがちである。その点、PFI事業では設計、建設から維持管理までのすべての業務が含まれ、民間（自分たち）のノウハウが多く盛り込まれているため、すべての事業者が一致団結して強力な組織をつくりあげることが可能であったと感じている。よくPFI事業は費用の確保が難しい場合に有効な事業であると言われるが、行政が経験したことのない規模や複雑な事業の場合に採用してもよい事業方式と思われる。

コラム

ザンゲ！

重複するが、設計段階での協議が不十分だったため、設備の面で不便を生じる箇所が出てきてしまった。これは業者を責めるものではなく、ひとえに私たちの伝達不足に原因がある（設計事務所の方々は優秀で一生懸命で、とても親切でした）。

図書館で働く者にとってはあたりまえのことが、実はそうではないこと。あたりまえと思っていることも、声を出して伝えようとしなければ伝わらないこと。これらは肝に銘じたい。

建物ができあがった後に発覚した不具合は、次のようなものである。

貴重書庫に書架がない！　正直目を疑った。書架のない書庫とは。図面を見ればたしかに真っ白である。早急に手配し設置した。予算に余裕があって本当によかった。

奥行のない閉架書庫の書架　奥行が二一センチ、しかも背側に斜めの支柱があるため、背中合わせの書架二本を一つの書架として使用できない。大型図書を寝かせて入れられない。これは失敗だった。

最新号がバタバタと落ちる雑誌架　雑誌の最新号は表紙を見せるため、傾度のついた面に排架するが、その傾度が垂直に近かったため、雑誌がバタバタと落ちた。その後も、この雑誌架は改良に次ぐ改良を余儀なくされた。

にわかづくりの新聞架　棚がなく、市販のアクリルのものを購入し設置することになった。新聞の設置の方法があやふやで詰めが甘かったのが原因である。

利用者の足が入らない受付カウンター　レファレンス等を受けるとき、利用者はカウンター前のイスに座るが、そこに足を入れるスペースがなく、斜め座りの無理な体勢である。いつも心の中で謝っている。

使いにくいブックトラック　グッドデザイン賞受賞、しかしなぜかとても使い勝手が悪い。そのためスタッフ全員から敬遠されている。中央図書館時代の特注ブックトラックを捨てずに持ってきてよかった。試用期間があればこんなことにはならなかった。

でんでんむしソファー　子どもが中に入って本を読んだりリラックスできたりする、でんでんむしの形をした大きな愛らしいソファーがある。しかし、設置場所が壁面から一五センチほど離れていたため、でんでんむしの背によじ登った子どもが足を滑らせて隙間に落ち、危うく首をつりそうになるという笑えない状況が、開館早々複数回発生した。早急にソファーの位置を壁面沿いに変更した。

これらの不具合は、一つひとつ現場の意見を吸い上げ、詳細に設計へ組み込んでいれば防げたことである。さらに言えば、他自治体では設置されることが多い「準備室」がなかったことも、今考えれば暴挙といえるのではないだろうか。当時の図書館の現場は、通常の業務ですでに手一杯であった。係長、司書、設計それぞれの担当者レベルで協議をする時間を定期的かつ長期にわたって設け意思疎通を図っていれば、より詳細に設計へ反映できていたのではないかと思う。

神谷美恵子（元アンフォーレ課　課長補佐）

三星元人副市長インタビュー

ニューヨーク視察から学ぶ——新図書館への模索

土地区画整理の担当課に配属され、運命的に市街地の活性化を担当

——副市長は、市役所職員としてアンフォーレの計画段階から関わってこられたとのことですが、今までどのような業務をなさってきたのか、そのあたりからお聞かせください。

副市長　私は安城市の出身で、一九八二（昭和五十七）年四月に安城市役所に入り、二〇二〇（令和二）年四月に副市長を拝命しました。

二〇〇五（平成十七）年だったか、都市整備部のまちづくり推進課に配属されて、そこからアンフォーレとの関わりが始まりました。まちづくり推進課は、中心市街地の区画整理を立ち上げるための部署です。だから、その当時は図書館の「と」の字もない。区画整理を立ち上げるんだぞ、その仕事をやれということで配属されたわけです。

当時は更生病院が移転したことで、中心市街地のにぎわいが削がれてしまっていた。それは非常に大きな課題としてあったわけです。もう一つは、周辺地域は木造住宅が多く、災害に対して非常に脆弱だった。この密集市街地を災害に強いまちに生まれ変わらせなければいけないという使命がありました。ですから最初は区画整理屋

としてスタートというわけです。庶務課、市民税課、道路建設課、農務課などを渡り歩いていたので、区画整理業務はこれが初めてでした。図書館との関係はなかったのです。

――ジェネラリストですね。今のアンフォーレのすぐ近くに現場事務所をつくられたとお聞きしました。

副市長　ずいぶん前から区画整理をやる・やらないで住民からは賛否両論があり、事業としては非常にお金がかかるため、市として着手すべきかどうか、決めきれなかったところはありました。地元の人の「市役所は区画整理をやる気があるのか」という不信感もありまして、本気でやるという姿勢を示す必要があった。そこで市役所から飛び出し、まちなかの最前線に事務所をつくりました。まだ、図書館の発想もなかったころです。

――その先の経緯を教えてください。

副市長　更生病院の跡地約一万二千平方メートルの土地を市が買い取って暫定的に広場としていたわけですが、そこに何をつくるのか、何をつくるべきか、どんな機能をもたせるのかなど、さっそく検討に着手しました。ただ、その時点ではまったく何も決まっておらず、候補と呼べるほどの候補もない。みんな言いたい放題で……。しかし、駅から歩いて四、五分という好立地をいつまでも更地の状態にしておくわけにもいかない。目に見える形での市の財政的な負担はないけれども、それだけの土地を遊ばせておくというのは損失が毎年生じているともいえますよね。予算上の数字としては出てこないけれども、そういった議論はありました。ただ公式に議論する場はなかったので、個々に市議会議員から意見を言われたり、地元の町内会や商工会議所、さまざまな団体・グループからさまざま意見や要望を伺ったりもしました。

消去法で生まれた図書館移転？

――図書館のことを、本庁はどう考えていたのでしょうか。

副市長 まったく眼中になかったです。一九八五（昭和六十）年に建設され二十年余りしか経っていないからまだ使えますし。図書館というのは、その時点では構想の中に入っていなかったですね。

二〇〇七（平成十九）年に、このままじゃ埒《らち》が明かないぞということで懇話会を設置しました。正式名称は「中心市街地拠点整備構想策定懇話会」。跡地の用途、活用の仕方については、行政が責任をもって主導して考えていかなければならないという方針を神谷市長が示されたわけです。市長の二期目が無投票で決まった二日後、二〇〇七年一月三十日に第一回の懇話会が開催されています。選ばれた委員は地元代表や商工団体代表、市民代表、学識経験者など十名です。

――図書館の「と」の字もないですね。

副市長 ええ、この段階ではまだ。ちなみに、懇話会の人選はすべて市が行いましたが、市と利害関係のない人たちを集めました。その中でとにかく方向性を出し、検討を重ね、最終的に有識者会議でとりまとめてもらいたいと。

それに並行して、市の内部でも「中心市街地整備方針検討委員会」を設置して議論を交わしました。二人の副市長をトップに、関係する企画部、総務部、保健福祉部、経済環境部、都市整備部の部課長という構成です。二月二十二日に第一回の検討会を行い、翌年の二月二十日まで計一三回、月一回ペースで開催しています。民間を誘致するか公共施設を整備するかに始まり、経営状態の悪化等を理由とした民間の撤退への懸念についても話し合われました。

――「民間の力、民間活力をもっともっと」と言われていたころですよね。

副市長　非常に流行していました。でも人口一八万そこその一地方都市では集客力のある民間施設を誘致するなんか現実的にできっこないよ、と。そのころ、商業コンサルタントに安城市の中心市街地のポテンシャルを聞いたことがあったのです。そうしたら一言、「ありません」。成り立つとしたら住居。例えば、大きなマンションやアパートがたくさんできて人口が増えれば、それをあてにした商業が付くかもしれないが、先に商業はありえないということでした。

民間施設を誘致できる見込みがないのなら、公共施設でにぎわいを創出するしかありません。当時、安城市がもっている集客力のある公共施設といえば一番は産業文化公園デンパーク、その次が図書館でした。デンパークの五十万人には及ばないものの、当時の中央図書館の入館者は年間四十万人。中央図書館はまだ使えるという意見が大多数でしたが、なにせ代替案がない。そこで、だんだんと図書館かな、と。言い方は良くありませんが、消去法で図書館に決まったようなものです。

――「にぎわい」の定義について、市役所の中で何か議論はありましたか。

副市長　何をもってにぎわいの復活と言うかについては、相当議論しました。その結果、行政がやるべきは、まちに人を連れてくること。そこまでは行政が責任をもつ。そのあとの主体は商店街のみなさんであり、まちの人でしょう、と。

――つまり入り口は市役所で用意して人集めはするけれども、そこからは地元のみなさんでうまく活用してください、と。

副市長　そういうことですね。その方向で、懇話会は一定の結論を出すことに注力する一方、庁内の職員検討チーム（中心市街地拠点施設検討委員会）の中では図書館という方向が固まりつつありました。第四回で初めて図書館の移転が議論され、第五回からは図書館を所管していた生涯学習部長もメンバーに加わっています。

一方、懇話会のメンバーから出てくる意見は「健康」とか「交流」といったものでした。「健康」は市民が行政の施策として求める非常にニーズの高い分野です。しかし、市としては図書館につながるものも何か入れたい。そのことを有識者の先生（学識経験者）にお伝えしていたのです。

すると懇話会の最後の回で、事務局がまとめた案に対して座長である有識者の先生が「健康という言葉が出ましたね。地域力、そして交流も出ました。でもこれからの時代は、地域の人が自分で課題を解決していくために学びの場というのも必要ですね」と口火を切られ、角の立たない形でまとめてくださいました。

――「健康」、つまり保健センターのような案から図書館へとシフトしていった具体的な経緯は？

副市長　まだこのときには、タワーマンションといった構想もあったかもしれません。定期借地権を設定し、民間事業者による建物の低層部分を公共が間借りすればいいじゃないか、とか。翌二〇〇八（平成二十）年度に基本計画の素案を構想し始めたのですが、このときに保健センター案は完全に消えました。しかし、まだ本格的に図書館で行くというような雰囲気ではなかった。そして、二〇〇九（平成二十一）年度に基本構想を具現化するための基本計画づくりと並行して、急きょ、新図書館基本計画をつくれと命が下された。このころ、駅前の図書館がまちづくりに貢献しているような事例はないかなど、さまざまな資料をめくった記憶があります。

――なるほど。となると、二〇〇九年度に「新図書館基本計画」が出てはじめて市役所の担当の方々も図書館の勉強を始めた、と？

副市長　図書館サイドとしては、手狭になった図書館を何とか解消したいという思いがあったのでしょう。派手な計画をつくってきましたね。神谷市長も、中央図書館が手狭でどうしようもないという認識をもたれてはいました。現行の四千平方メートルを七千平方メートルに、一・五倍以上の大きな図書館をつくろうという計画でした。

――市や市議会、住民の反応はどうでしたか。

副市長　最初はやはり、市役所内部でも「えっ、図書館？」「図書館、あるじゃん」って。神谷市長もたしか「図書館、んっ？」という感じでした。市議会議員も、住民も決して良い反応はしなかった。市長は「保健センターを移転して、子ども図書館を併設するという考え方もあるんじゃないか？」ともおっしゃっていました。つまり、その当時、新図書館建設への勢いはまったくなかった。

神谷市長の気持ちがいちばん揺れ動いていたのが、このころだったように思います。当時、神谷市長は「これからはペーパーレス、電子書籍の時代じゃないのか。もう紙を扱う図書館なんて古いのではないか。まして箱（建物）は不要ではないのか」と迷っていらした。そのため、二〇一二（平成二十四）年一月に、先進的な事例を自身の目で確かめるためにニューヨーク公共図書館へ行くことになったのです。

ニューヨーク公共図書館を視察して、図書館の可能性を確信

――ニューヨーク公共図書館に着目された理由は？

副市長　菅谷明子さんの『未来をつくる図書館　ニューヨークからの報告』（岩波書店　二〇〇三）の影響は大きかったです。読んでみたら、おお、すごいなと思って。図書館にはいろいろな可能性があることをそのときに初めて知ったんです。

本来は二〇一一（平成二十三）年五月に視察へ行く予定でしたが、直前に東日本大震災が起きたためいったん

は無期限の延期としました。しかし、神谷市長としては自身のもやもやを早く解消したかった。電子化で将来の図書館はどうなるのだろう、先進的な図書館の現在の状態を一刻も早く見に行きたい、と。

――視察先はニューヨーク公共図書館だけでしょうか。また、日程は？

副市長　強行日程で大変でしたよ（笑）。ニューヨークに三日間、フィラデルフィアに二日間、ピッツバーグ二日間、すべての時間が調査と移動に費やされましたから。もちろん通訳や自治体職員の海外派遣を支援する協会の職員に手伝っていただきましたけど、基本、異国の地で神谷市長と私の二人きり（笑）

　ピッツバーグでは図書館ではなく都市の再開発を調査しました。フィラデルフィアでは、公共図書館を見てから、ペンシルベニア大学のラーニングコモンズやテンプル大学の TECH Center の視察でした。

　しかし、なんといっても、最初のニューヨークで市長の目の色が変わってしまった。私もすごく感動したけれど。フィラデルフィアでもニューヨークでも「紙の本はなくなりません」と口を揃えて言われたのです。「紙は絶対増えていきます。だから電子と紙の両方を扱うハイブリッドの図書館の必要性は変わらない」と。本の置き場がないから現在進行形で増築すらしている。神谷市長にとっては、この視察の意義は大きかったですよね。「図書館で間違いない」と確信をもてたわけですから。

――どのような方が対応されたのでしょうか。具体的な印象を。

副市長　ニューヨークでは Vice President（副館長に相当）や Deputy Director（副所長）が、他の図書館ではCEOや教育学の博士号をもっている方などが対応してくださいました。

　ニューヨーク公共図書館では、まず本館に通されたのですが、蔵書の規模やコンピュータが並んでいる様子に「すごいな、これがアメリカの図書館か」と身震いしました。分館では、子どもたちの居場所になっている部屋を見せてもらいました。そのあと、科学・産業・ビジネス図書館を担当する分館にも行きました。そこでは社会で成功した人たちがボランティアで起業支援をされていたり、たいへん高額なデータベースが無料で公開されていたりもしました。驚くことに、利用者全員がビジネスに成功しなくてもいい、ほんの一握りの人、たった一人でも次のビル・ゲイツが出てくれればいい、という考えで運営されているのです。神谷市長と私は「すごいね、すごいね！」と興奮するばかりでしたが、「あたりまえのことで何を驚いているのか」と案内してくれたスタッフが逆に目を丸くしていましたね。

そのほかにも、貧しい家庭や移民の子どもたちに高校生が勉強を教えたり、スタッフが高齢者に向けたＩＴ端末の使い方教室を開いたりしていました。失業者への就職サポートも行っていましたね。市民に頼られ、社会の課題解決に寄与する図書館の姿を目の当たりにして、私たちのまちにもこんな図書館をつくりたいと心底思いました。

余談になりますが、現地のガイドさんに「ニューヨークまで来てブロードウェイのミュージカルを観ずに帰るなんてありえませんよ。その国、その地域の文化に触れなきゃ」と言われて、神谷市長と二人でしょぼんとして（笑）。言われてみればそうですよね。私たちは図書館、図書館と血眼になっていたけれど。

――アメリカでは「成功者が図書館に寄付をする」ということが一般的に行われていますね。シアトルでもマイクロソフトの創業者の一人、ポール・アレンが図書館に寄付していますし、そういう文化がありますよね。

副市長　鉄鋼王カーネギーの存在が大きかったのでしょう。「公立」図書館ではなく「公共」図書館。州からの資金もあるけれど、寄付が大きな財源となっている。美術館も寄付金で運営している。だから、寄付金を獲得しないといけないという点で真剣です。市民に認めてもらおうということでね。

――すごい図書館を目の当たりにして、市役所や議会、市民との温度差はありませんでしたか。

副市長　神谷市長もそれを気にされて、「これは俺たち二人だけが見ていても駄目だ」と、ニューヨークの公共図書館を視察し終えたその日の夜に、ホテルから市役所に国際電話をかけられたのです。「来年度の予算はすでに固まってしまってはいるが、教育長、図書館の職員、情報システム課の職員三人分の旅費を用意しておくように」と。「われわれ二人だけではなく、ほかの人にも見ておいてもらわなければいけない。応援団をつくらなければ」とおっしゃいました。さらに市議会議員にも一緒に来てもらったほうがいいと、加えて議員二人分の予算も措置したのです。

次年度の五月に、市議会議員二人と教育長、図書館の館長補佐、情報システム課の課長補佐に、西海岸のシアトルやその近郊の図書館へ視察に行ってもらいました。

――先進的な図書館事情を市職員にはどうやって共有されたのですか。

副市長　神谷市長は部課長会で、私は一般職員向けにプレゼンテーションをしました。そういえば、神谷市長が市のウェブサイトに「米国東部における図書館の現状」[*1]と題して視察報告をアップしたのですが、その翌日に、国立国会図書館がカレントアウェアネス・ポータル[*2]で紹介してくれたのですよ。あれには市長も感激されていました。国会図書館のアンテナの感度には驚きましたね。

振り返ると、神谷市長はアメリカの図書館視察によって、確実に図書館モードに入ったのだと思います。私も図書館等はいちおう勉強していたつもりでしたが、実際に目の当たりにすることの重要さを痛感しました。図書館の有用性やさまざまな可能性を確信された市長が、強力なリーダーシップを発揮してくださったおかげで、職

＊1　海外行政視察報告「米国東部における図書館の現状」（二〇一三年六月二十日）

＊2　カレントアウェアネス・ポータル　図書館界、図書館情報学に関する情報を伝える国立国会図書館のサイト。

員も迷うことなく精力的にプロジェクトに取り組むことができました。

ＰＦＩでありながら、図書館は直営という妙手に

――なぜＰＦＩという手法を取り入れたのでしょう。

副市長　最初のうちは定期借地方式を検討していました。事実、二〇〇九年度の基本計画の結論は定期借地方式で公民合築でした。一階と二階が民間のテナント、上層階に図書館です。その後の商業コンサルタントによる市場調査で大規模な民間誘致は見込めないだろうということから分棟とし、公共はＰＦＩ方式を採用する流れになりました。時代の要請というか、市のガイドラインでも、建設規模十億円以上はまずはＰＦＩの可能性を検討することになっていたのです。結果的に、それがより複雑なスキームになって、図書館を含む公共施設はＰＦＩ方式で、民間収益施設は定期借地方式でと。さらにＰＦＩは維持管理のみとし、運営は市が直接行うことになりました。[*3]

――直営にする、指定管理にするという話でもめましたか。

副市長　たしかにそうでした。二〇一二年十二月の事業計画で「図書館は直営とするが、五年を目途に再検討」としましたが、二〇一〇（平成二十二）年三月の事業計画では直営と民間委託、二つの選択肢がありますという程度にとどめてあった。

図書館サイドには最初から直営でいきたいという強い希望がありました。しかし、企画・財政部門は委託が念頭にあった。加えて、民間のほうが図書館サービスの向上が見込めるのではないかといった議論もありました。ＣＣＣ（カルチュア・コンビニエンス・クラブ株式会社）はじめ、いろいろな民間の運営する図書館がいちばん元

気だったときですから。開館時間を含めて、民間のほうがいいだろうという意見は強かったです。

ただ、神谷市長はニューヨークでの視察をふまえ、雇用形態が不安定な職員では高機能な図書館はうまく回らないのではないかと思われていた。そこで、五年経ったら一度検証することを条件として直営にしました。当時の副市長が「覚悟はいいか？」と図書館サイドに念押ししていましたよ。

——結局、その五年は無事に経ちましたよね（笑）

副市長　まだ経っていませんが、新しい図書館運営基本計画では「今後も直営を維持します」という表記になっています。アンフォーレ課長が、先日パブリックコメントの素案を神谷市長まで説明しましたが、どなたも異議は唱えられませんでしたね。

——なるほど。結果、PFI方式を採用してよかったと思いますか。

副市長　事業者が決まった二〇一三（平成二十五）年度は、東京オリンピックによる建設特需の影響もあって資材が高騰し、駆け引きがいちばん大変でした。契約解消もちらつかされて。本当にめちゃくちゃ複雑な事業スキームをやらざるをえなくなったために、毎日胃が痛かったですよ。交渉相手はスーパーゼネコンだから手玉に取られないようにと、当方も大手コンサルタントのアドバイスを受けながら進めました。

契約書は全部で厚さ八センチ、バインダ何冊分になったかな……。とても読む気が起きない膨大なページ数になってしまいました。そんな苦労もありましたが、今はＰＦＩ方式を選択してよかったと思っていますよ。

＊３「＝開発　構想段階から基本計画策定まで」を参照。

地権者の協力あってこそのアンフォーレ

――ほかにもオープンまでに、いろいろとご苦労されたと思います。

副市長　そうですね。区画整理ではすごく地元の人たちに協力していただきました。地権者の方々のご協力がなかったら、今のアンフォーレはなかったと言っても過言ではありません。

区画整理前後の図面を見比べてもらえば一目瞭然ですが、以前の敷地は本当に形が悪く、大きな道路に面しているところもほんの一部しかなかった。だからそれを整形するために区画整理という手法を使い、敷地を真四角にすることが至上命題でした。担当者には、土日も含め、夜討ち朝駆けで地権者へ交渉してもらいました。二〇一五（平成二十七）年度着工が絶対条件でしたので。

区画整理というと、その区域の中で仮換地を定めて、そこへ移転してもらうことが一般的なのですが、今回は少しでも拠点の事業用地を広く形よくとりたかったため、何軒かには地区の外へ出ていただく必要がありました。敷地面積の大きなものとしては五階建ての自社ビルをもつ家具屋さんや十トントラックをも扱う車の修理・整備工場。小規模店舗としては、たばこ屋さんにも移転をお願いしました。

――移転交渉は、どのように行うものなのですか。

副市長　だいたいは二人一組で出掛けていきます。交渉相手の意見や要望をいろいろ聞いたうえで条件をいくつか提示します。例えば「補償費がこれぐらいになります」とか。膝をつき合わせてし、互いの妥協点を探します。門前払いされることも大声で怒鳴られることもあります。同意書は本来必要ありませんが、あとのことを考えたときに、同意書があるのとないのとでは全然違いますから、本事業では事前にすべての権利者の同意書をい

ああいった企業支援、ビジネス支援のオフィスは、富士市のf-Bizが走りで、隣接する岡崎市のOka-Bizはいちおう図書館の中に入っているけれども、あまり図書館との機能的なつながりは強くないと聞いています。安城市の場合は、図書館と一体的な運用をしていくことを前提に入っているはずです。ですから、もう少し上手に連携してほしいと思っています。

というのも私たちは、相談を受ける最初の段階から司書も加わっているというのがいちばん良い方法だと思っているのです。ですので市民に、生活や仕事をしていくうえで生じた課題を解決するための情報を提供してくれたり、手伝いをしてくれたりというのが図書館の仕事の一つでもあるという認識をもってもらいたいのですよ。ビジネスに限らず、健康でも、子育てでも同様です。正直、まだ図書館が市民に頼りにされるに至ってはいないのかな、と。

あとはICT。推進のために図書情報係をつくり、図書サービス係と分けたのですが、まだまだです。スタジオをはじめ、いくつも用途の異なる部屋をつくって立派な機器を入れてあるけれど使われていない。たとえば3Dプリンタといったもの。ICTについては計画までつくっているわりに、本当にまだまだという現状ですね。

――これらをうまく使いこなせていないというのはもったいない。

副市長　本当はもっと、いわゆるラーニングコモンズ的な雰囲気がほしい。騒いでもいい図書館ですよと公言しているにもかかわらず、わりと静かなのですよね。四階は静かに閲覧を、三階はワイワイとディスカッションしてもらう、そういうつもりでつくっているのだけれどもね。

――結局、アンフォーレで中心市街地は活性化したのでしょうか。

副市長　難しいですね。まだ道半ばだと思います。たしかに年間百万人が、アンフォーレに来てくれてはいるのです。ただ、あそこへ来た人たちがまちへ繰り出してくれなければまちのにぎわいは生まれない。現状ではアンフォーレの中だけで活動が完結し、そのまま帰ってしまっているように見受けられます。アンフォーレのにぎわい創出を担当する指定管理者には、イベントはまちへにぎわいがしみ出すスタイルで、とお願いしていますが、やはり主体となって取り組むのはまちの人たちです。

私たちから見ると、まちの人たち、商店街の人たちの動きが寂しい。せっかくここまで人がたくさん来ているのに、もう少し自分の店先まで引っ張っていくことができないものかな、と。商店街ににぎわいの面的な広がりができるような形にもっていくには、やはりそれぞれのお店の力もあると思います。

――まだまだ発展途上という感じでしょうか。

副市長　オープン三年間で二五〇件以上の視察が来ていることからも、図書館を核とした複合施設での一つの成功事例として認知されていることは間違いないとは思います。図書館単体の来館者は年間七十五万人前後。これがアンフォーレ全体の六、七割ぐらい。残りの三、四割は図書館以外の目的で来ている人。マルシェなどのイベントだけに来ている人も含めて年間一二〇万人です。現状、図書館への来館者によって一階の商売が成り立っているともいえるかもしれません。今後どのように商店街に面的なにぎわいを広げていくかというのは、本当に大きな課題だと思っています。

最後に、アンフォーレ建設に関わっていただいた多くの方々にお礼を申し上げます。とりわけ、地元住民、商店街、地権者のみなさま、設計・施工等工事関係者のみなさま。そして、英断を下し力強く牽引された神谷市長、熱意をもって仕事をしてくれた職員、的確な助言で導いてくださったコンサルタント、そのほか本当に大勢のみなさまに支えていただいたおかげで、愛され続けるアンフォーレができあがったと思っております。改めて感謝申し上げます。ありがとうございました。

寄稿

図書情報館開設に至る市議会の関わり

今井隆喜（元安城市議会議員（現愛知県議会議員））

はじめに

当時の私は、中心市街地に居住地域が近いことや、市議会議員としては二期目の任期途中で、市議会内で役職の順番が回る時期に当たったこともあり、偶然にもアンフォーレ建設のために設置された「中心市街拠点整備促進委員会」の副委員長や、図書館行政を所管する「市民文教常任委員会」の委員長を務めていた。

また、二〇一二（平成二十四）年度には、アンフォーレの建設に向けて市議会から選抜されたアメリカ西海岸地域における図書館事情調査のためのメンバーとして、ワシントン州シアトル市および、カルフォルニア州バークレー市などを訪問し、議員の立場でアンフォーレの整備計画に深く関わらせていただいた。以下、当時の様子を思い出し、感慨深い想いに浸りながら執筆させていただく。

当時の時代背景とは

私が市議会議員に当選した当時、二〇〇七（平成十九）年頃は、前後六年余りの長期間にわたる好景気を「いざなみ景気」と表現された時代。愛知県でも二〇〇五（平成十七）年に愛・地球博の開催、翌二〇〇六（平成十八）年には名古屋駅前にミッドランドスクエアが完成するなど、「元気な愛知」と言われた時代であった。

ところが二〇〇八（平成二十）年秋、世界的な金融不安、いわゆるリーマンショックが勃発し世の中は一変した。とりわけ自動車関連産業など多くの製造業が集積する安城市を含む周辺地域では経済的に大きな打撃を受け、さらに追い打ちをかけるような急激な円高による為替変動と株価低迷により景気はさらに冷え込み、企業は派遣切りをするとともに海外に生産基盤を移すなど産業の空洞化も進みつつあった。

政治の現場では、その後二〇〇九（平成二十一）年九月、経済の低迷とともに自民党政権が倒れ、民主党政権が誕生、「コンクリートから人へ」のスローガンのもと、国の政策も大きく変化していった時代であった。そして二〇一一（平成二十三）年三月には、あの未曽有の災害と言われる東日本大震災が起き、政治・経済ともに混迷を極めた状況であった。

アンフォーレの建設に至るまでの経過は、こうした厳しい時代背景の中で行われてきたことを始めに申し上げておきたいと思う。

中心市街地におけるまちなかの空洞化への懸念

安城市の中心市街地の発展は明治時代以降、一八九一（明治二十四）年六月に現在のＪＲ安城駅が誕生したことに始まる。駅前には農協などが立地し、地域の農産物を集め都会へ鉄道輸送することに成功するなど、「日本デンマーク」*と称される農都として栄えるなかで、一九三五（昭和十）年に駅南に更生病院が開院した。さらに人口の増加とともに一九五二（昭和二十七）年に市制が施行され、駅前商店街もにぎわいを呈し、一九五四（昭和二十九）年には日本三大七夕の一つでもある安城七夕まつりが始まる。

そして高度成長期を経て人口増加を続けながら中心市街地は拡大していくが、同時に自動車の普及とともに、人々の移動に対する価値観の変化と、郊外への大型店舗の出店等の影響もあり、平成の時代に入ると、徐々にまちなかでも商店街の空洞化が懸念されるようになっていった。

こうしたなか、二〇〇二（平成十四）年には、更生病院が駅前市街地から郊外に移転して、二〇〇三（平成十五）年には更地となったことで、この時期あたりから市およびまちなかの商店主をはじめ経済団体等からも、危機感とともに中心市街地の活性化が叫ばれるようになった。

中央図書館の過密化問題と、国による機能強化推奨

この時代、現在の子ども発達支援センター（城南町）の場所にあった中央図書館の機能がすでに限界に達して

＊日本デンマーク
安城は、大正末期から昭和初期にかけて、農業経営の多角化・組織化および農村の文化振興により、日本を代表する農業の先進地であった。そのため、当時の理想の国、模範とすべき国とされていたデンマークの名を冠し、「日本デンマーク」と呼ばれていた。

いたことが市では課題となっていた。

一九八五（昭和六十）年七月に中央図書館が建設されてから、安城市の人口は一三・三万人から一八・九万人へと三十年間で一・四倍、人数にして五万人以上の増加。蔵書数も三十年余で二十万冊から七九万冊と約四倍に増え、館内の一階受付カウンターの近くや待合スペースにまで本棚を置く事態となっており、利用者からは手狭であるとの声が聞かれていた。

折しも、国では、『２００５年の図書館像』を公表するなど、公立図書館の機能強化への取り組みを推奨していた時期であった。特に昨今のＩＴ化の進展による図書館機能の電子化や、地域を支える情報拠点への重要性が打ち出されていたことは、安城市が新たな図書館建設に向けて背中を押す大きなきっかけになったことは言うまでもない。

市議会における議論に時代背景が影響

市議会でも二〇〇八年五月に、まちづくり推進特別委員会を立ち上げ、更生病院跡地の課題に対して市が発表した中心市街地の拠点整備（構想）に基づき、委員会において本格的に調査研究が始まった。

このとき、すでに拠点構想では新図書館の機能強化に関する内容なども盛り込まれていたが、当時の全議員へのアンケートでは拠点施設への新図書館の移転に半数以上が反対または態度保留としていたことに象徴されるように、どちらかというと図書館以外を論点に中心市街地活性化の議論がされていたように感じている。

また、このときの委員会では全国の先進地調査などを実施しながらも、拠点整備については南明治第二土地区画整理事業による事業用地の整形化を優先すべきとして整備スケジュールの先延ばしを促す意見書を提出したのは時代背景によるものも大きかったと感じている。

市長のアメリカ視察が当時の流れを変えた？

その後、更生病院跡地利用に関しては、議論の停滞にしびれを切らした商工会議所を中心とした中心市街地活性化協議会や、青年会議所、地元商店街などからも拠点整備の早期実現が強く求められたことをきっかけに、二〇一一年の統一地方選挙を経て、改めて市議会において議論の加速化が求められた。これを受けて市議会は、中心市街地拠点施設整備プロジェクトチーム（通称ミッドランドＰＴ）という名の超党派による勉強会を立ち上げ、独自の調査を再開した。

さらに、その議論を加速させたのが、二〇一二年一月に神谷学市長がアメリカ東部の主要三都市ニューヨーク市、フィラデルフィア市、ピッツバーグ市での図書館事情の視察調査に出かけたことであった。このときの市長の報告は、アメリカの図書館における電子化への取り組みや、ビジネス支援などの取り組みを目の当たりにした内容で、「百聞は一見に如かずだから、議会からもぜひアメリカの図書館事情を見てきてほしい」と言って締めくくられ、これを受けて市議会では、すぐに調査団の検討が行われた。

そして、当時ミッドランドＰＴ副座長だった野場慶徳議員と、市民文教委員長だった私、市側からは、本田吉則教育長、岡田知之中央図書館館長補佐、武智仁情報システム課課長補佐が選抜され、総勢五名による視察団が急きょ結成された。このことは、安城市が本気で図書館を含む複合施設建設に臨もうとした証でもあったと思う。

裏話をすると、このとき、市長からの急な申し出ということもあり、議会側の費用は当初予算に盛り込まれておらず、その後の五月臨時議会において急きょ二人分一週間のアメリカ滞在費用となる八十万円、一人あたり四十万円の補正予算が組まれたほどであった。

百聞は一見に如かず。そこには市民に身近で頼りにされる図書館があった

二〇一二年五月二十二日から二十九日までの日程で組まれた視察調査で私たち一行が見てきたアメリカ西海岸での図書館は全部で一一カ所にのぼった。中央図書館はもちろん地域図書館や学校図書館に至るまでソフト・ハード両面から見ることができた。

アメリカの図書館は、平日でも多くの利用者であふれていたのが印象的で、おしゃれな外観と明るい室内は、初めて来場する人でもとても入りやすい雰囲気であった。最初に訪れたシアトル中央図書館は多くの司書、スタッフを抱え、そこではさまざまな利用者向けのプログラムを開発、発信しており、その内容は地域図書館や学校図書館とも共有していた。地域図書館では、図書の貸し借りだけでなく、市民の困りごと解決や就労支援、パソコンの使用方法に至るまで、身近で頼りにされる存在であった。目からうろこだったことは、大型ショッピングモールの中にも地域図書館が立地していたことで、日本では見ることのなかったスタイルで驚いた。

今後の図書館像をスタッフに聞くと、「これからの図書館は、単に調べる場所から、調べて生産するメーカーズスペース（創造する場所）としていきたい」と語っていたのが印象的で、改めて本来の図書館の意義を再確認させられた。

ハードだけでなく、ソフトの部分もこうして常に住民目線で改善し続ける姿勢こそが、図書館が市民に頼りにされている証だと感じたいへん参考になった。

誰のための図書館か？——市民のための図書館建設に向けて

視察後直ちに、アメリカで見てきた図書館の姿を安城市でも実現できれば、きっと多くの市民に拠点施設建設を理解していただけるものと確信して、市議会内での報告だけでなく市民向けに視察報告会を何度も行った。

報告会では、貧富の差が激しいアメリカでの図書館の姿は、まさに理想とするパブリックサービスの形であると説いた。図書館は経済的に余裕のない方々や、失業者、そして何より子どもたちの多くが日常的に利用できる場所でなくてはならず、常に住民に身近な場所でなければならない。

具体的には、子どもおよび移民向けプログラムが充実しており、宿題ヘルプや多言語コーナーなどがあるだけでなく、誰でも利用可能なＰＣ完備、無料 Wi-Fi も整備されるなどネット利用も充実していた。広く多様な読書スペースも完備し、さらに優秀な司書陣によるレファレンスサービスが充実しており、職業支援や読書推奨などの事業も幅広く行っていた。また中央図書館の講堂では、さまざまなイベントやふだん聴けないような大学教授陣の講義が聴ける機会があるなど、多様な人々を支援する仕組みが多く存在していた。

中央図書館のみが独自で活動しているのではなく、地域図書館、学校図書館との連携が効果的に行われていることも参考になった。また、公共建築物を建設する場合には一％の芸術品を取り入れなければならないこともおもしろいと思った。

安城市でも、これから中心市街地につくろうとする図書館は、どちらかというと今まで図書館とは無縁で、ほとんど利用したことのなかった人たちでも、利用したくなるような身近で頼りになる図書館であるべきと報告させていただいたと記憶している。

さいごに

ここまで前向きな話ばかりしてきたように思うが、当然のことながら最後まで反対意見が少なからずあったことは事実である。しかしそれ以上に多くの市民の理解をいただいて二〇一七（平成二十九）年六月にアンフォーレは完成した。すべてが理想の形になったとは言えないが、市議会で長年、議論を積み重ね、さらに国内外での多くの調査研究を経て、最終的にまとめられた計画によって完成したものと思うと感慨深いものがある。

少し手前味噌になるが、安城市の図書館スタッフは、旧図書館のときから非常にレベルが高く、全国の同規模自治体の図書貸出冊数を見ても毎年、上位をキープするなど他市にも誇れる存在である。計画策定時、アンフォーレの建設後の運営について市議会で議論した際、当時は、民間企業の運営者を取り入れた武雄市の図書館などの事例が紹介され、民間に委託してはどうかという議論もあったが、結果的には、やはりアンフォーレの核となる図書館部分の運営は、これまでどおり公共部門が担うべきという意見が大勢であった。

市議会では、当時の図書館職員のレベルは民間以上であると高く評価し、この後、安城市の図書館は、同じ調査で全国一位に輝いたと聞いた。この嬉しいニュースによって、職員の意識がいっそう高まるのと同時に、常に改善を繰り返し、進化していく姿勢が見えたように感じた。

わが安城市には、誰のため、何のために存在すべきかが明確な図書館が存在している。運営に関わる方々には、これまでの現状に満足することなくいっそう、進化し続ける図書館として成長していくことを願っている。そして、すべての市民のために、常に頼りにされる図書館であり続けてほしいと思っている。

特別寄稿①

設計者から見たアンフォーレ建設計画

益子一彦（株式会社三上建築事務所　代表取締役）

敷地

愛知県安城市

安城市は三河平野の真ん中にあり、南北一四・七キロ、東西一〇・〇キロの市域をもつ。平坦な地域は明治用水によって開拓され、その後田園地帯は「日本デンマーク」を標榜した。現在では自動車関連企業が立地し、その従業員が居住する住宅地が拡張している。

市内中心地にはJR東海道線と私鉄が通り、市西部には東海道新幹線の三河安城駅がある。それらの鉄道の駅を中心に市街地が形成されている。

安城市の中心市街地

安城市の中心市街地はＪＲ東海道線安城駅南口に集積している。ＪＲ東海道線と平行する県道安城幸田線沿いに商店街が形成され、駅から西側へ五百メートルほどのところにある市役所・市民会館付近まで続く。その市街地の中で碧海信用金庫本店とＪＡあいち中央本店が突出した規模を誇っている。

事業の概要

周辺との調和とにぎわいの創出

安城駅南口から西に向かい、商店街の集積がばらつき始める辺りに敷地はある。かつて、ここには総合病院があった。北側は七夕まつりのメインストリートに面し、区画整理が進行する南側へ延びる東側の市道との交差点に位置する。

高いポテンシャルをもちながらも停滞する中心市街地を再び活性化させることが、本事業最大の課題であった。集客力の高い図書館を核とする中心市街地拠点施設が商店街ににぎわいを波及させる役割を果たすことをめざした。

ＰＦＩ事業への参画

この施設整備は、ＰＦＩ事業であった。私たちは、清水建設・スターツとともに組織したコンソーシアムに設計者として参画した。事業者プロポーザルにエントリーした四チームの中から幸いにも私たちのチームが選定された。選定された最大の要因は「デザインが女性陣に好評だったからだ」と聴かされたのは、竣工した後のこと

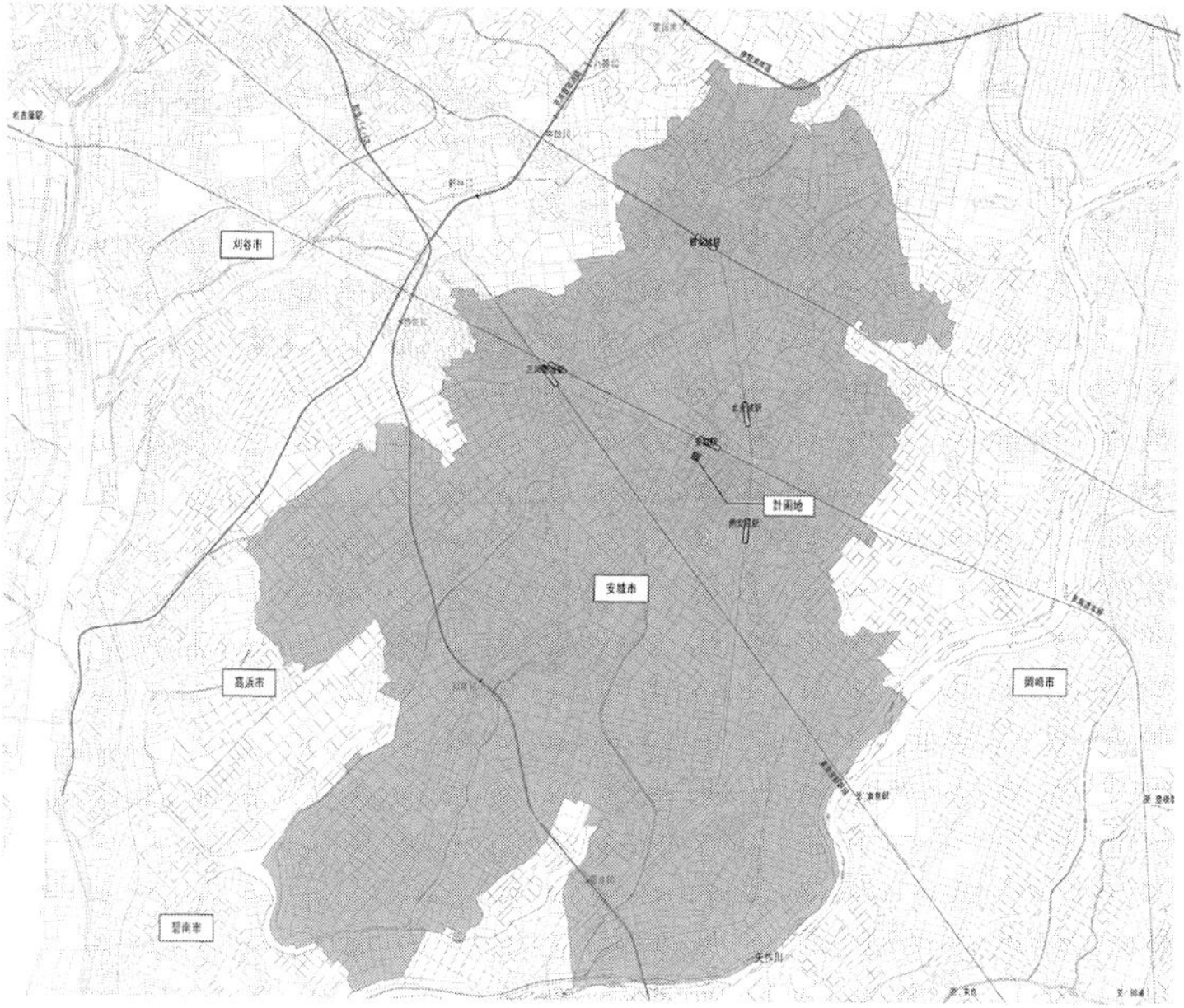
刈谷市
計画地
安城市
高浜市
岡崎市
碧南市

市域図

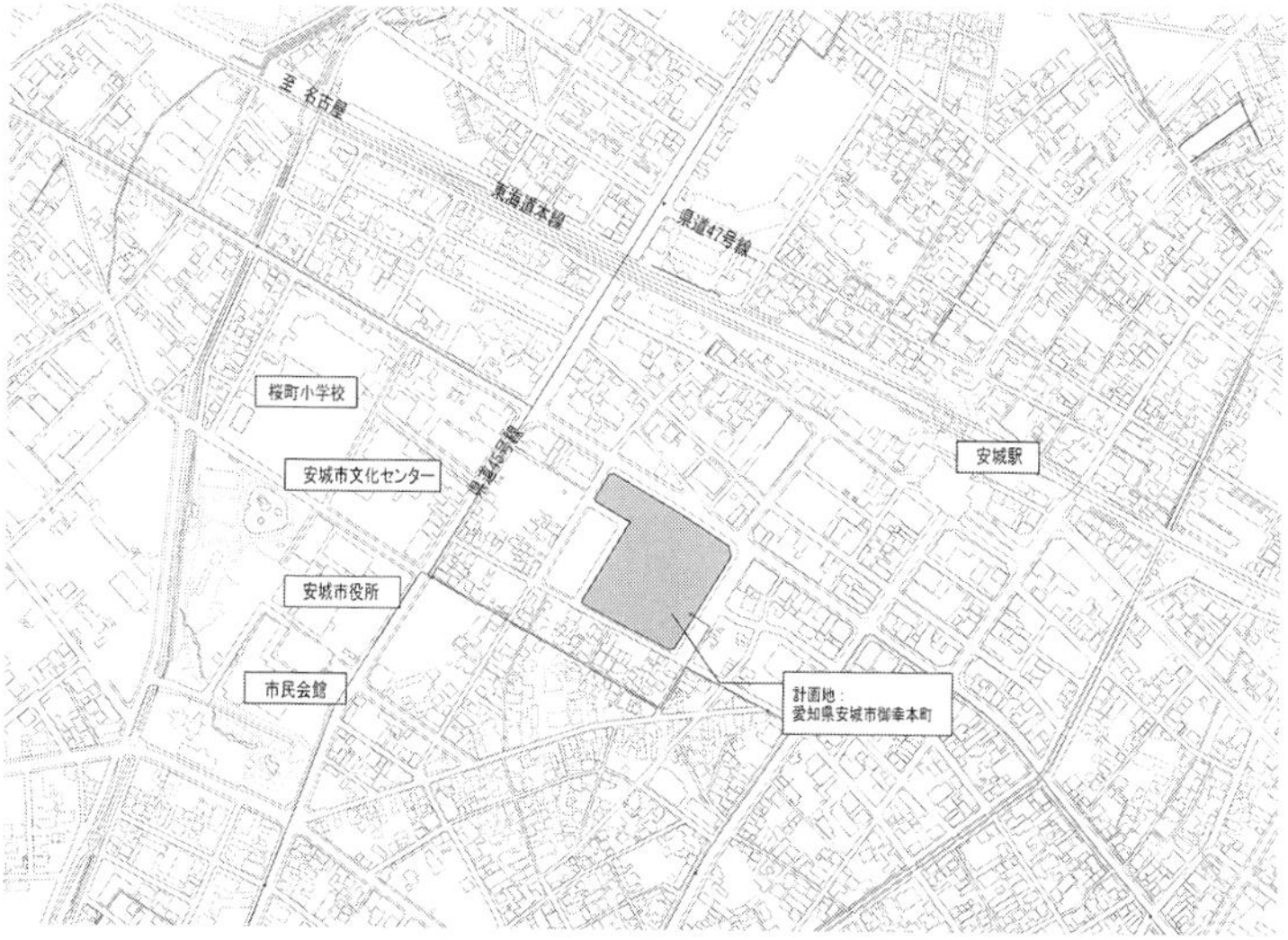
至 名古屋
東海道本線
県道47号線
桜町小学校
安城市文化センター
安城市役所
市民会館
安城駅
計画地：
愛知県安城市御幸本町

周辺図

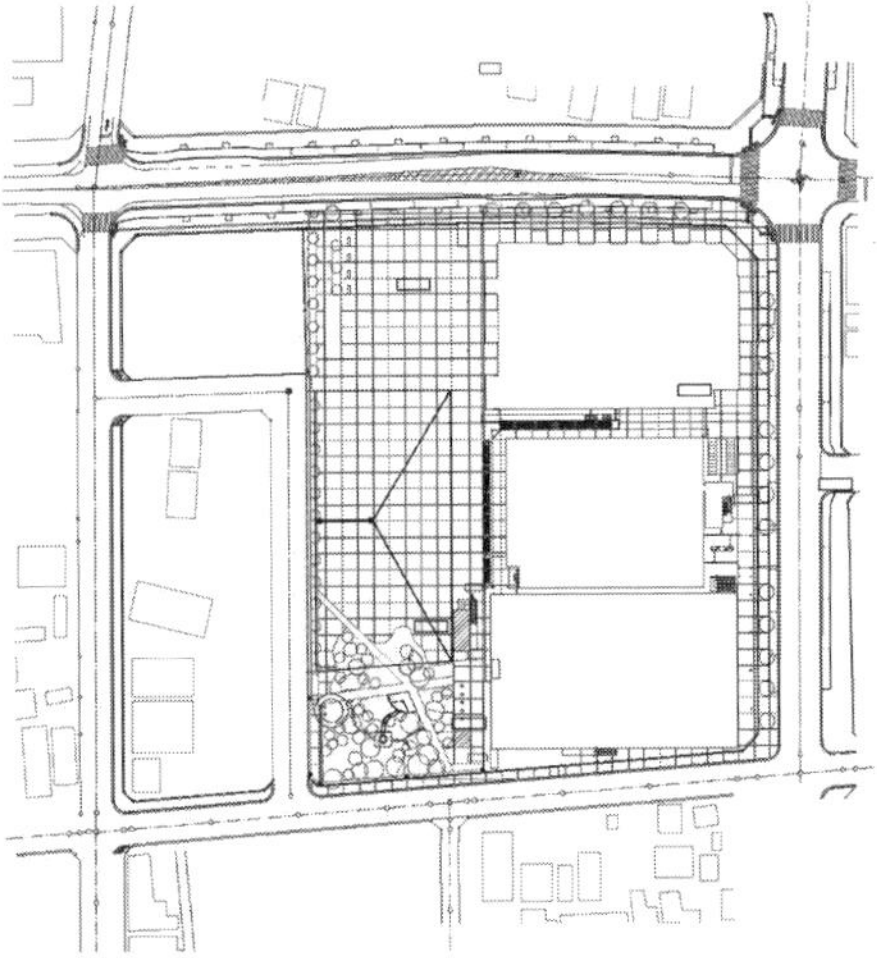
配置図

であった。

公共施設と民間施設の一体整備

中心市街地拠点整備事業は、情報拠点施設・民間収益施設・駐車場・広場公園の四つの施設からなる。情報拠点施設と広場公園を公共施設、民間収益施設と駐車場を民間施設として、これら四つの施設を一体的に整備することが求められた。

情報拠点施設は、市の中央図書館を基本としながら最新のＩＣＴを導入した〝新しい図書館像〟を目標とし、さらに子育て支援室・健康支援諸室・行政窓口・交流機能も複合させて利便性を高めながら、市民がいつでも気軽に訪れることのできる施設が求められた。設計は三上建築事務所（建築意匠）と清水建設（構造・設備）が協働し、施工は清水建設・スターツに地元の丸山組が加わった共同企業体が担当した。

民間収益施設一階にはスーパーマーケットを誘致し、情報拠点施設を利用する市民の日常的な買い物等の利便性に高めることとし、二階にはカルチャースクールを設けて公共施設と民間施設との関係性の強化を図った。設計施工ともにスターツＣＡＭが担当し、駐車場と民間収益施設の運営はスターツグループが担当する。

外観のデザイン

三つの施設の配置と統一感の形成

中心市街地ににぎわいをつくりだす回答として、三つの建物を北側の公共施設棟から中央の立体駐車場、南側の民間施設棟へと次第に低くなるようにボリュームを構成した。

メインストリートに面する北側に公共施設と広場を設け、施設とまちが密接に関係づき、市街地への人の流れができるようにした。東側の道路に沿って三つの建物を二階レベルで連結し、公共施設と民間施設とをつなぐ動線を確保した。さらに、民間収益施設二階南側に広場・公園へつながる通路を設けて、ペデストリアンデッキから広場・公園への回遊性をつくりだしている。

新たな景観の創出

三つの建物は、外壁の調和を図り、一団の施設としての一体感をつくりだした。さらに、建物の色彩や素材感を広場公園、歩道にまで広げて街区全体のイメージを統一し、新たな中心市街地の様相をつくりだした。

施設群の中心となる本館（公共施設棟）は五階建てである。最上階をセットバックさせることで、通りに対する圧迫感を和らげ、市街地のスケール感と調和を図った。

外観の基本的なデザインモチーフは市松模様である。安城市の市街地形成やその周辺に広がる田園風景のメタファと、耐震要素を外周に集約する構造的なアイデアとを重ね合わせたものである。各階の壁面と開口部の幅はともに三・六メートルと正確な一対一の比率で構成し、正方形に近い開口部をつくりだしている。

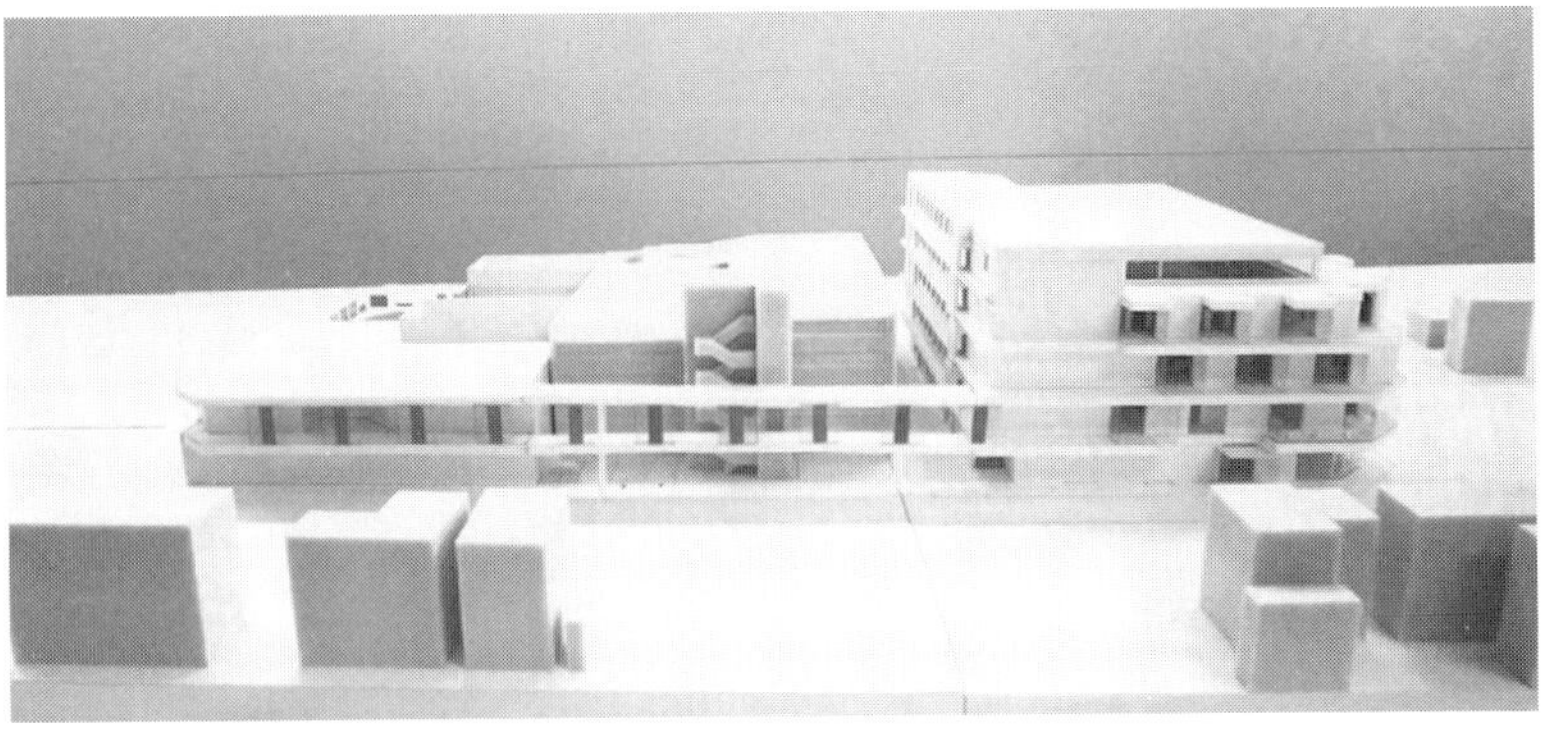

外観現況写真（東面）

外観模型（東面）

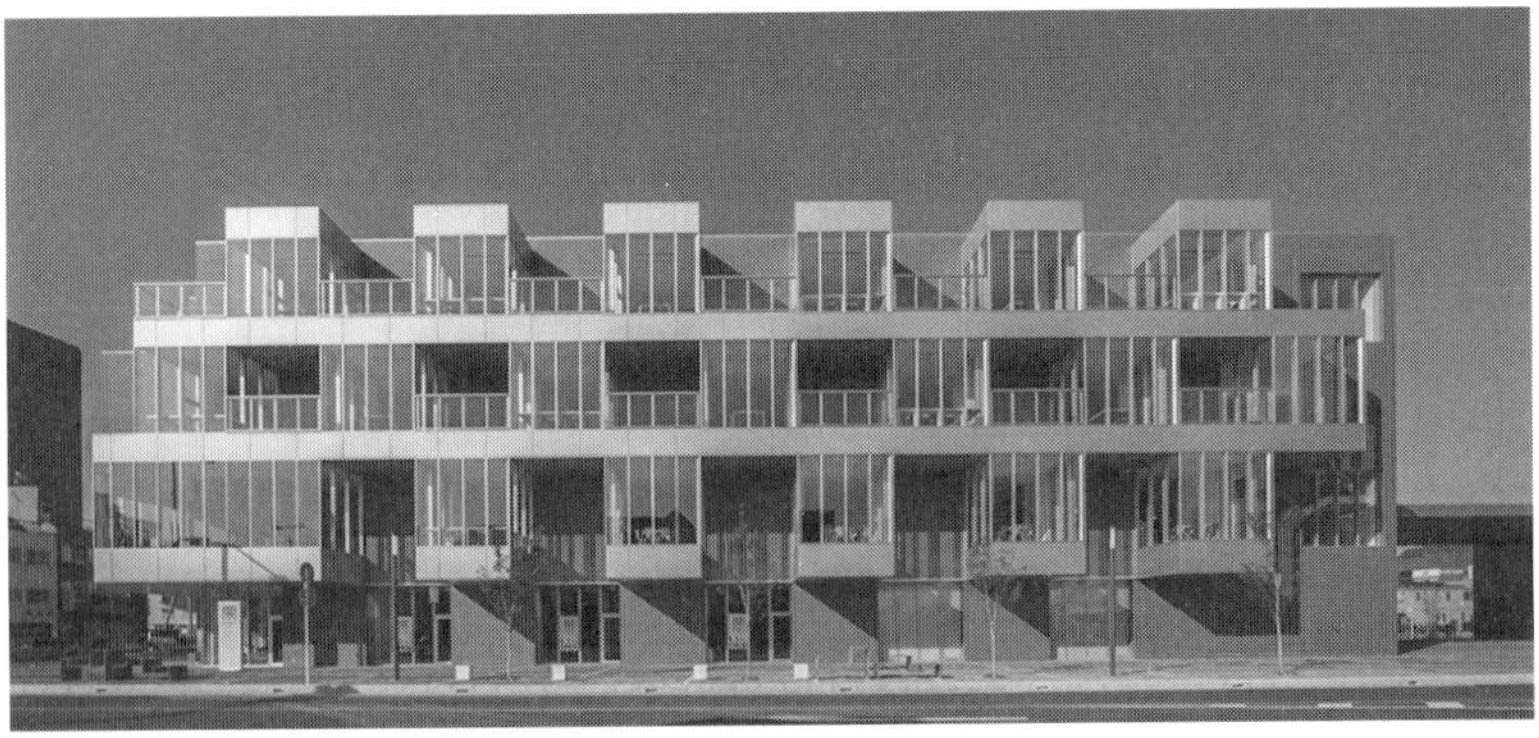

でん（北面）

表層はレンガ調タイルである。三河地域の田園の地下には不透水層がある。レンガは粘土のメタファとして、土が隆起したような煉瓦の壁を立ち上げた。この地域がもつポテンシャルの隆起を企てた。

外観を特徴づける「でん」

レンガ調タイルの外周壁面には幅三・六メートルの開口部が市松にうがたれる。安城市は仙台・平塚と並ぶ七夕まつりの名所である。二階から四階の壁体からガラスのキューブを突出させて、もう一つの市松模様を描き出し、七夕飾りと符合させた。

ガラスのキューブはプリズムでもある。プリズムは周囲の空間とは異なる屈折率をもつ透明な媒体でできた多面体である。日本語で三稜鏡とも呼ばれるが、もとは角柱の意味をもつ。透明な角柱が周囲とは異なる光を分散・屈折・反射・複屈折させ、知識・情報の集積、人々の交流、情報発信の新たなスペクトルを放つ。この建築の存在自体がまちのにぎわいをつくりだすものとした。

この突出するガラスのキューブを「でん」と呼ぶことにした。「でん」とは、住み家としての「殿（でん）」であり、市内に広がる田園の「田（でん）」でもある。また、姉妹都市のあるデンマークの「デン」とも、新美南吉の作品「でんでんむし」の「でん」の音とも符合する。

その内部は、カウンター席やテーブル席、グループ席などのバリエーションを用意し、好みの居場所を見つけて長時間滞在できるスペースとなっている。そこに居る市民の姿はそのままちを彩る。市松状に配置される「でん」と「でん」の間はテラスとなり、外の空気に触れる場所にしている。

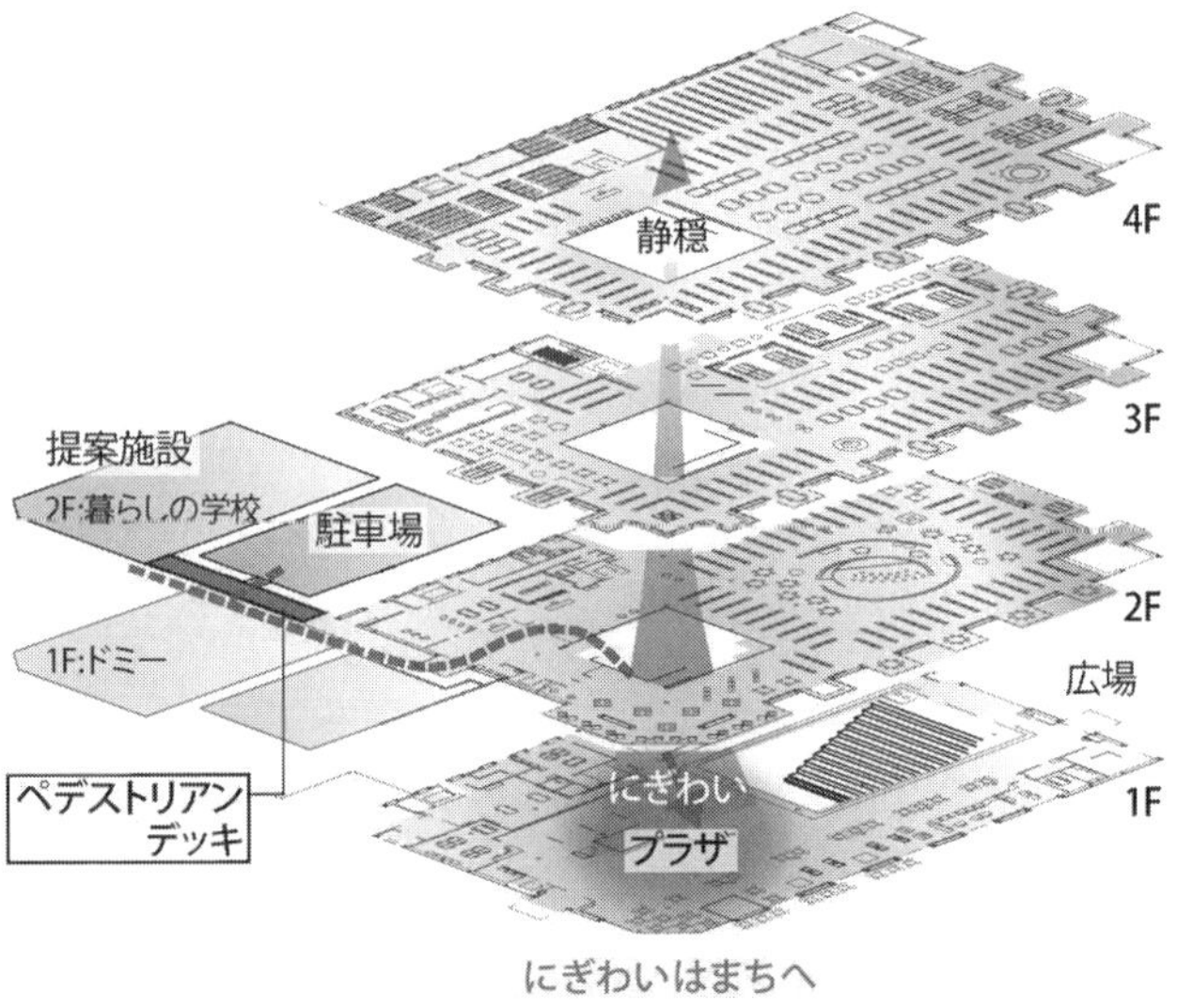

静から動へ

にぎわいから静寂へつながる階構成

中心となる本館は五階建てである。利用者スペースは一階から四階に位置づけ、一階は市民の交流空間とし、図書館は二階から四階に設けている。

三つの出入口

出入口は三カ所ある。主たる出入口は一階とし、商店街に通じる東側と広場に面する西側の二カ所にに設けた。駐車場・民間収益施設とつながるペデストリアンデッキからの出入口を二階に設けた。

動から静へ

内部空間は、下階から上階に上がるに従って「動から静」へと変化するように構成した。

一階は出会いや交流、さまざまな催し物ができる「動」の空間である。まちに開かれ、まちのにぎわいを吸収し、増幅させてまちに開放する。二階から四階は図書館専用スペースとなる。二階はブラウジング、子どものフロア、子育て支援機能などの「やや動」の空間、三階はポピュラーブックを主体とする暮らしのフロアや健康支援室など「やや静」の空間、四階は学術書や地域資料等を排架する「静」の空間と位置づけた。

全館をつなぐ吹抜け

一階エントランスホールの上部は四階までを吹抜けとしている。利用者スペース全体の各フロア相互の関係が把握できるようにして、動から静へ変化する空間構成を視覚化し、縦動線を集約した。

主たる入口のある一階と駐車場からの入口のある二階の間にはエスカレーターを用意し、開架スペースのセ

吹抜け

キュリティを確保するＢＤＳは二階に二カ所設けた。

利用者用エレベーターは、ＢＤＳの外になる一階から二階間と、ＢＤＳの内側になる二階から四階間とに分けて用意している。

各階の構成

上階へ上がるに従って「動から静」へと移行する各階ごとのイメージと基本色を、市との設計協議の中で設定していった。

地階：多目的ホール

多目的ホールは、市内の他のホールや近隣のホールとの使い分けを検討して、市民ユースを主体とするカジュアルなホールとし、地階に設けた。

ホール上部の一階部分周囲をガラスとし、エントランスホールや通り抜け通路からホール内を見下ろせるようにした。ホールでの催し物も一階・交流フロアのにぎわいをつくりだす装置とするためである。

ホール形式は、多様な催しに対応できるように平土間を基本としている。そこに、二五五席の可動席と可動ステージを備えている。平土間とした場合でも、一階から降りられるように可動席の勾配と合わせた階段を設けている。ホワイエは広場に面して設け、そこから直接広場に出られるようにすることで、ホールと広場を連携させたイベントに対応できるようにしている。

市民ユースとはいえ、音響性能と防音・防振の性能は十分に確保されている。内装の床・壁・天井ともに浮き構造とし、一階通路との間のガラスは一九ミリと一五ミリの単層ガラスを二重にしている。これらによって、ホール内で和太鼓等を演奏した場合でも、他のスペース、特にすぐ上の児童開架等に音や振動の影響を及ぼすことはない。

また、ブラインドを備え、完全遮光を可能にしている。さらに、ガラスの外側には液晶フィルムを施し、ガラス面のクリアとスモークの選択を可能にしている。スモークにすれば、周囲に配置したプロジェクターによって、ガラス面へのプロジェクションマッピングもできる。

リハーサル室は、多目的室としても利用できるように一階に設けている。搬入口は一階南側に設け、トラックを横付けできるようにしている。搬送用エレベーターは扉を双方向型として、スムーズな搬出入を可能にしている。地階バックステージには、ピアノも収納する倉庫、控室、トイレなどを備えている。

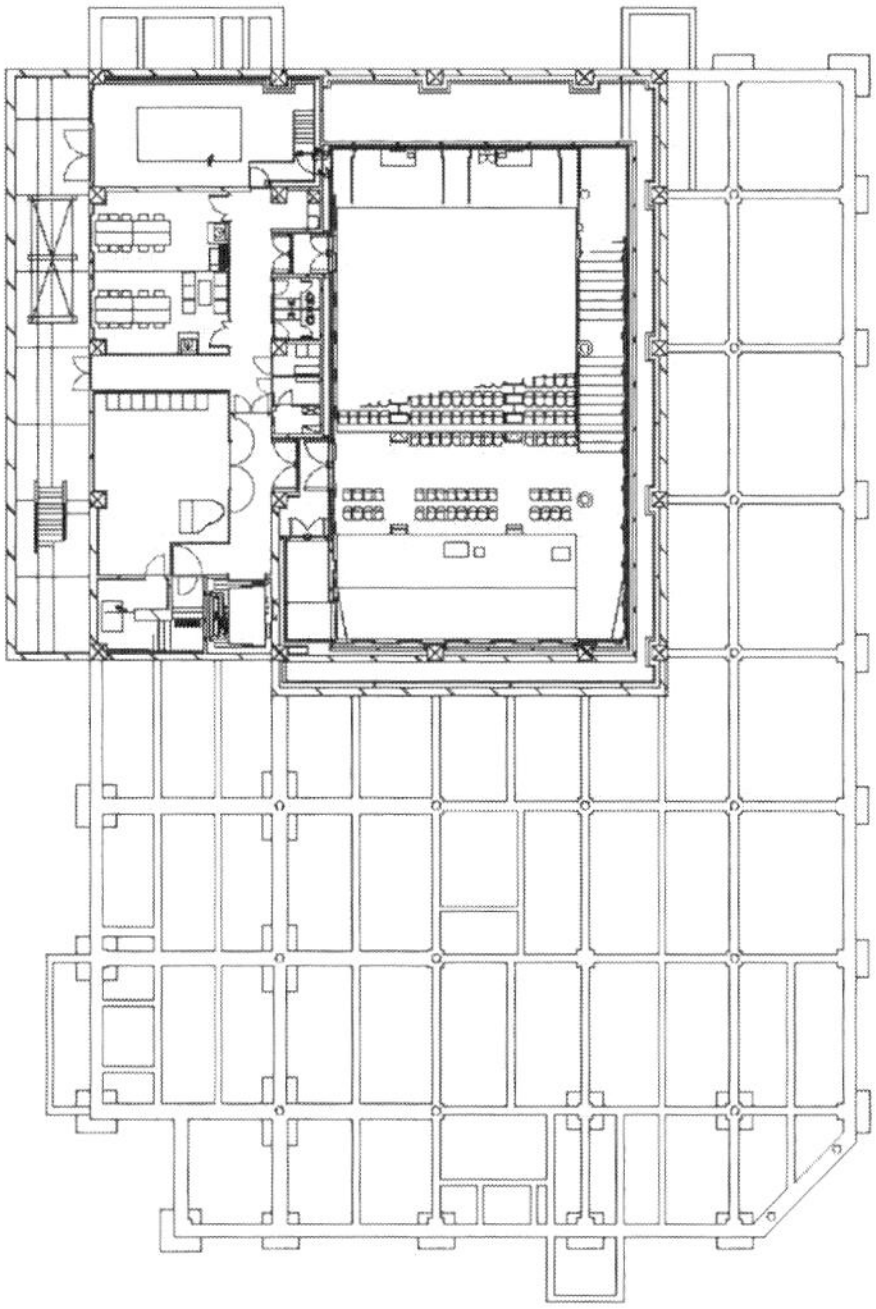

地階平面図

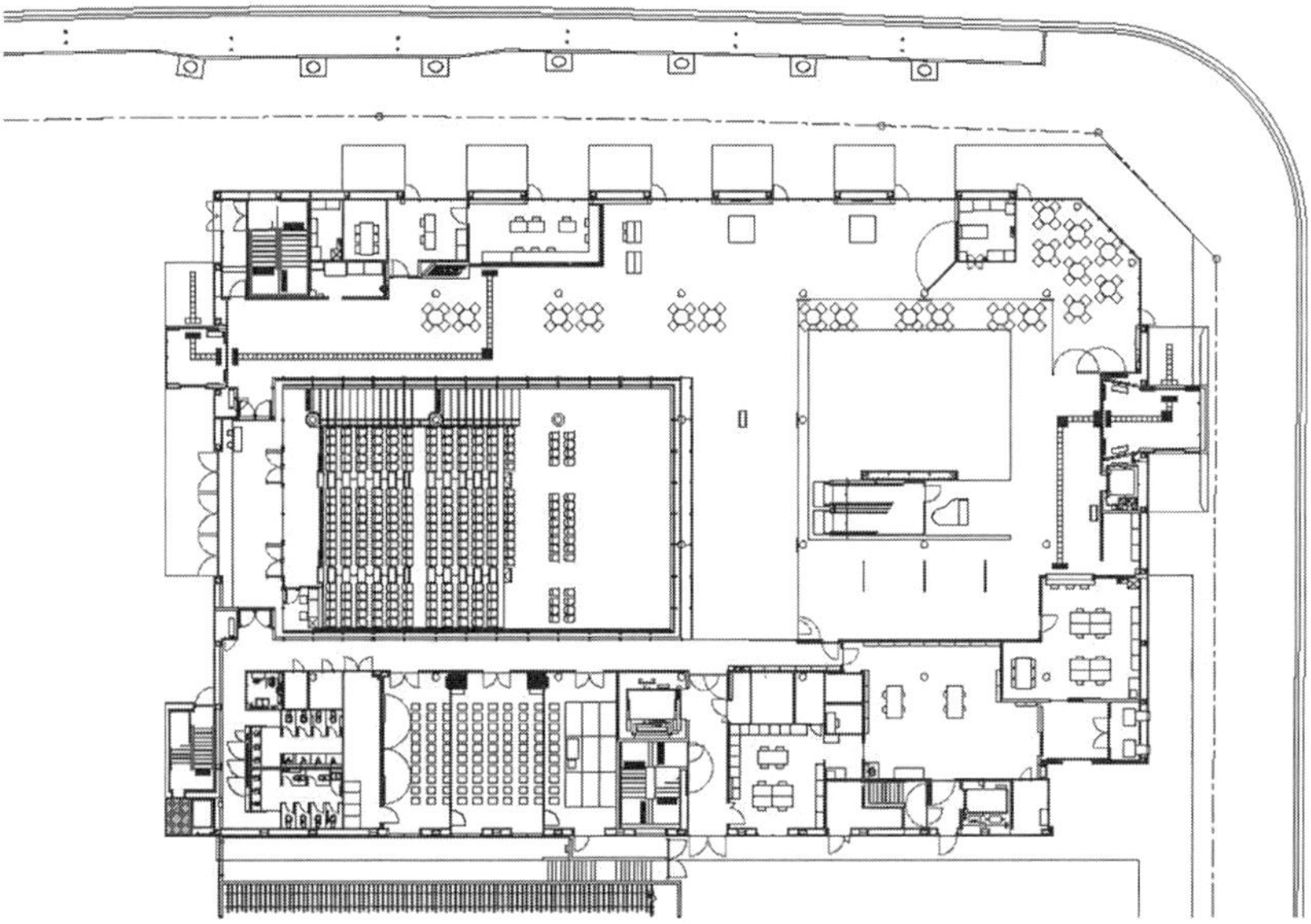

1階平面図

ホール稼働椅子あり時

ホール稼働椅子なし時

一階：情報・にぎわい・交流のフロア

一階はエントランスホール・交流ロビー・ギャラリーをシームレスに連続させた「にぎわいを創出する」空間である。東側の出入口から西側の出入口を直線状に位置づけ、通り抜け動線を設定した。この動線に沿って、カフェ、フリースペース、まちの魅力発見支援スペース、証明・旅券窓口センターを配置した。エントランスホールでは二二〇インチの大型デジタルサイネージが常時情報発信をする。一角にはギャラリースペースを設け、気軽な市民の発表の場としている。通り抜け動線からは地下に設けるホールでの催しを見下ろすことができる。

エントランスホールは、本館の導入部でもある。にぎわいや交流を誘発すると同時に、安城市の魅力発信の拠点としている。その上部は四層の吹抜けとして、エントランスホールの開放感と館内全体の一体感をつくりだしている。

東側出入口脇のカフェは、地元の豆腐店が出店している。そこから西側出入口に至る動線に沿って、休憩・談話のための椅子、テーブルを配置した。明るい彩色を施した「セブンチェア」が、華やかな印象を与える。

セブンチェアとは、デンマークの建築家アンネ・ヤコブセンが半世紀以上も前にデザインした椅子である。その秀悦なデザインと座りやすさ、優れた耐久性はいつまでに色褪せることはないであろう。必ずしも安価なものではないが、その価値と照合すれば決して高価なものではない。その椅子を市民が日常的に使えることも、この施設の価値の一つである。

道路側にはデジタルギャラリーをもつ「まちの魅力発見コーナー」「証明・旅券窓口センター」を設けている。その対面のガラス面がホールを囲んでいる。

二階：子どものフロア、ブラウジングコーナー

二階は図書情報館へのエントランスフロアである。「やや動」の空間と位置づけている。子どものためのス

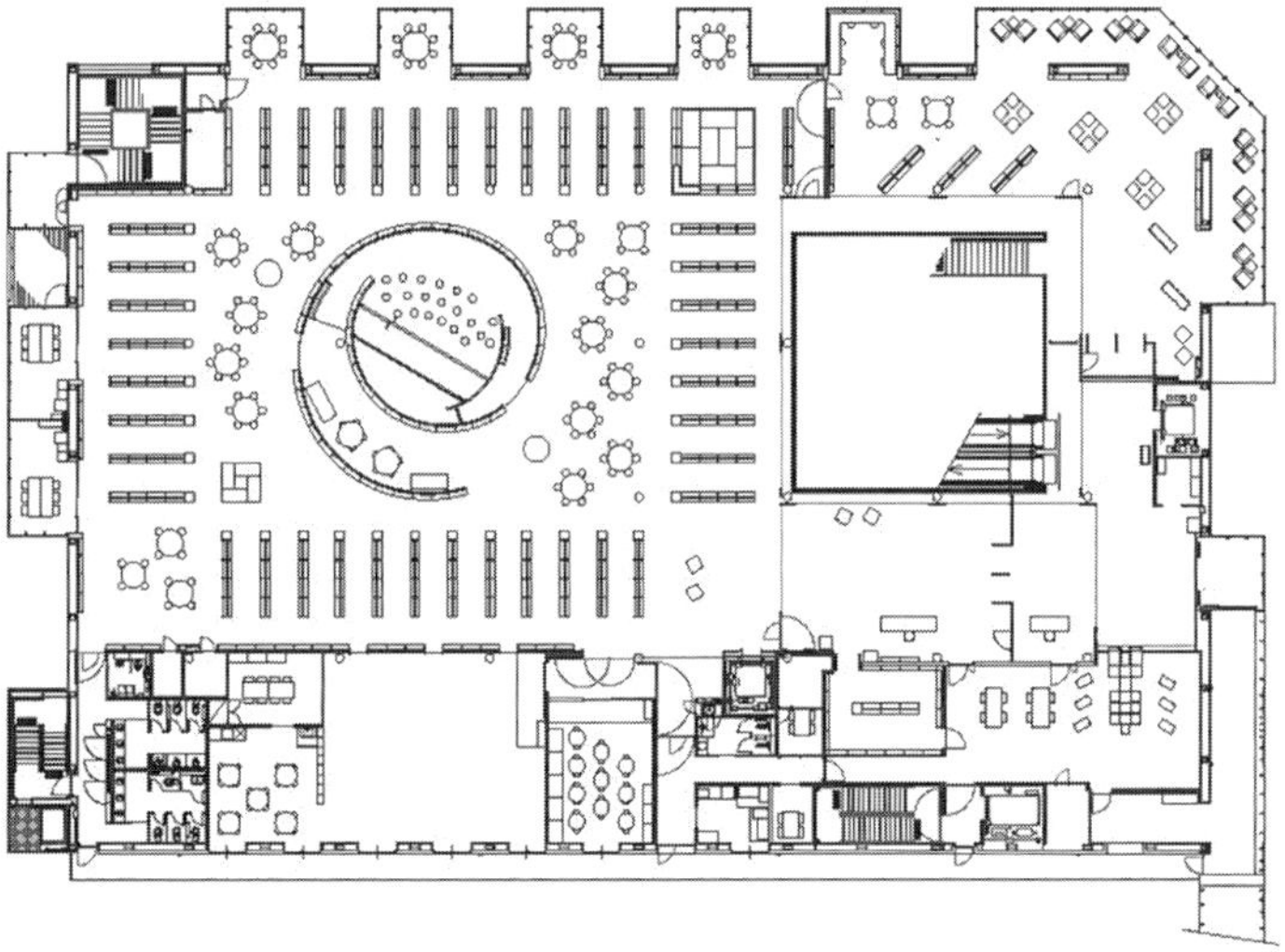

2階平面図

ペースを主体として、子育て支援機能を併設する。入口近くに新聞・雑誌、ブラウジングのスペースを設けている。

フロア中央に新美南吉の「でんでんむし」をモチーフとしたおはなしコーナーを設けた。それを取り囲むように書架・閲覧席を配置した。このフロアには子育て支援諸室を設けている。一方、新聞雑誌等を閲覧するブラウジングコーナーは、まちを眺められる交差点に面する位置に設け、そこで過ごす人たちの様子がまちに表出するようにした。

子どものフロア　児童開架は吹抜けの西側に位置づけた。子どもたちが本への興味と関心をもち、楽しみながら本の魅力に触れることができる場となることを意図している。

フロアの平面形状は、三四・四メートル×二三・四メートルの矩形のスペースを基本とする。北側・西側の外周にはキュービックな「でん」が突出している。シンプルな矩形を基本とする児童開架の中央に楕円形の平面形状としたおはなしコーナー「でんでんむしのへや」を設けた。

閲覧席は書架とおはなしコーナーの間に、おはなしコーナーを囲むように配置している。資料の配置と対応させて、吹抜け側は小さい子ども用、西側は大きな子ども用として、円形の閲覧席を散りばめた。また、ブラウジングコーナーとの間には、「なんきちさんのへや」として、畳のスペースを設けている。

「でんでんむしのへや」（おはなしコーナー）　フロアの中央に配置したおはなしコーナーの楕円形の平面形状は、新美南吉の作品「でんでんむし」をモチーフにしたものである。その導入部にはでんでんむしの形をした一人用の閲覧場所を用意している。このおはなしコーナーを取り囲むように、閲覧席を小さな子のスペースと大きな子のスペースで緩やかに連続させた。

子育て支援施設　子育て支援諸室は児童開架と隣り合う位置に設けた。背面で管理スペースに通じる通路を設け、乳幼児も親も安心できる空間としている。おやつを食べるスペース、託児室、子ども用トイレ等を備えている。児童開架との仕切りには一部にガラス窓を設けて、小さな子どもたちの本への興味を促すようにしている。

なんきちさんのへや　新美南吉は青春時代を安城で過ごした。その下宿先をイメージした畳のコーナー「なんきちさんのへや」をブラウジングとの境界に配置した。二方を書架で囲み、八畳間の広さをもつ。それぞれが本を持ち込んで、くつろいだ雰囲気で読書を楽しむことができる。

二階：入口まわり

コンシェルジュカウンターとBDS（セキュリティーゲート）　図書情報館の出入口は二階にある。一階からの動線であるエレベーター・エスカレーターと、ペデストリアンデッキからの動線となる二階出入口を東側に集約した。

ここにコンシェルジュカウンターを設けて、利用者の問い合わせに対応できるようにした。そして、北向きと

児童閲覧室

でんでんむしのへや

ブラウジングコーナー

西向き二カ所のＢＤＳゲートを設けて、利用者を振り分けるようにしている。一つは児童開架へ導く子ども用の動線を二階入口左手に、右手にはブラウジングから三階に上がる階段に通じる大人用の動線としている。

返却ポスト　自動返却用の返却ポストをコンシェルジュカウンター脇のＢＤＳ外側に設けた。二つの高さの違う口を用意して、大人と子どもいずれの返却にも対応している。この返却ポストの内側はバックヤードなっており、本の返却と仕分け処理スペースがある。

児童用サービスカウンター　ＢＤＳの外側に設けたコンシェルジュカウンターと並んで、ＢＤＳの内側には児童用サービスカウンターを設けている。このサービス前面となる吹抜けに面する場所に自動貸出機を、児童開架へ導く動線上に蔵書検索機を配置している。

二階：ブラウジングコーナー

ブラウジングコーナーは、吹抜けの北東側の交差点に面してまちに張り出す位置に設けた。大人用のＢＤＳから北側にかけてＬ字型に「吹抜けを囲んだスペース」と「外に面する開放的なスペース」の二通りのスペースを用意している。

外側の開放的なスペース　外部に面するスペースは、床面から天井面までのガラス面から外に向く開放的な空間である。図書館内部の様子が信号交差点に、そしてまちに表出するように仕掛けた。座席は外に向いて座るように配置し、木部を黒染織、黒のビニールレザー張りとしたソファー席と同色のサイドテーブルを用意した。開放的な雰囲気の中で、雑誌や新聞を眺めながら、くつろいだ時間を過ごすことができる〝ちょっと贅沢な大人のスペース〟を演出した。

内側の吹抜けを囲むスペース　内側の吹抜け側のスペースには、四人掛けに仕切られた正方形のソファベンチを複数用意した。こちらは全面赤のビニールレザー張りとして、〝カジュアルな雰囲気〟をつくっている。外側のスペースとは違った、くつろいだ様子が見受けられる。

新聞・雑誌　雑誌架は、最新号をディスプレイし、背面にバックナンバーを収納するタイプを用意した。新聞は、一週間分のみを排架し、バックナンバーは四階に別置きしている。

三階：暮らしのフロア

三階は「やや静」のフロアとして位置づけた。暮らしに役立つ書籍・ビジネス・ＩＣＴ関連書籍を中心としたフロアとした。ヤングアダルトコーナーやラーニングコモンズも、このフロアの吹抜けまわりに設けている。一般書のうちビジネスと暮らし、健康などに関連する資料を排架している。また、市主催の講座、会議や研修等にも利用できる健康支援室・講座室を併設している。

サービスカウンターはフロアのほぼ中央に設けた。サービスカウンターの前・吹抜け西側には「らＢｏｏｋｓ」と名づけられたヤングアダルト向けを中心としたコーナー、吹抜けの東側にはラーニングコモンズの役割をもつ「ディスカッションコーナー」がある。

一般開架　一般開架はフロアの西側を中心に設けた。書架と閲覧席とが相互に混じり合い、「本の中に人がいる」ようにレイアウトした。フロア周囲を壁面書架が取り囲み、壁面書架の間に規則的にうがたれた開口部の外側には閲覧席としての「でん」が規則的に並んでいる。

サービスカウンター　サービスカウンターは、フロアのほぼ中央の北寄りに設けた。吹抜けに設けた二階と四階を結ぶ階段に近く、このサービスカウンターの前は「外部データベース」の閲覧席となっている（館内利用のノートＰＣ、タブレットは、三フロアすべてのサービスカウンターで貸し出している）。

グループ学習室　フロア内に定員二四人のグループ学習室（有料）を三室設けた。部屋の周囲はガラスと書架によって開架スペースと仕切られている。三室とも稼働間仕切り壁によって二室に分割でき、定員一二人で六室として利用できる。

健康支援室・講座室　フロアの南側に、軽運動ができ、市主催の講座や会議、研修でも使える健康支援室・講座室を設けている。二室に仕切っての利用もできる。調理実演ができるオープンキッチンも隣接させている。

「らＢｏｏｋｓ」コーナー、安城資料コーナー、外部データベース閲覧席　吹抜けにいちばん近いグループ学習室の周りは、「らＢｏｏｋｓ」と名づけられたヤングアダルトコーナーを発展させたコーナーとなっている。サービスカウンターのすぐ横には「安城資料コーナー」が設けられ、隣接する外部データベースの閲覧コーナーとあわせて、レファレンスサービスの最前線となっている。

ディスカッションコーナー、ディスカッションルーム、ＡＶコーナー　吹抜けの東側に「ディスカッション

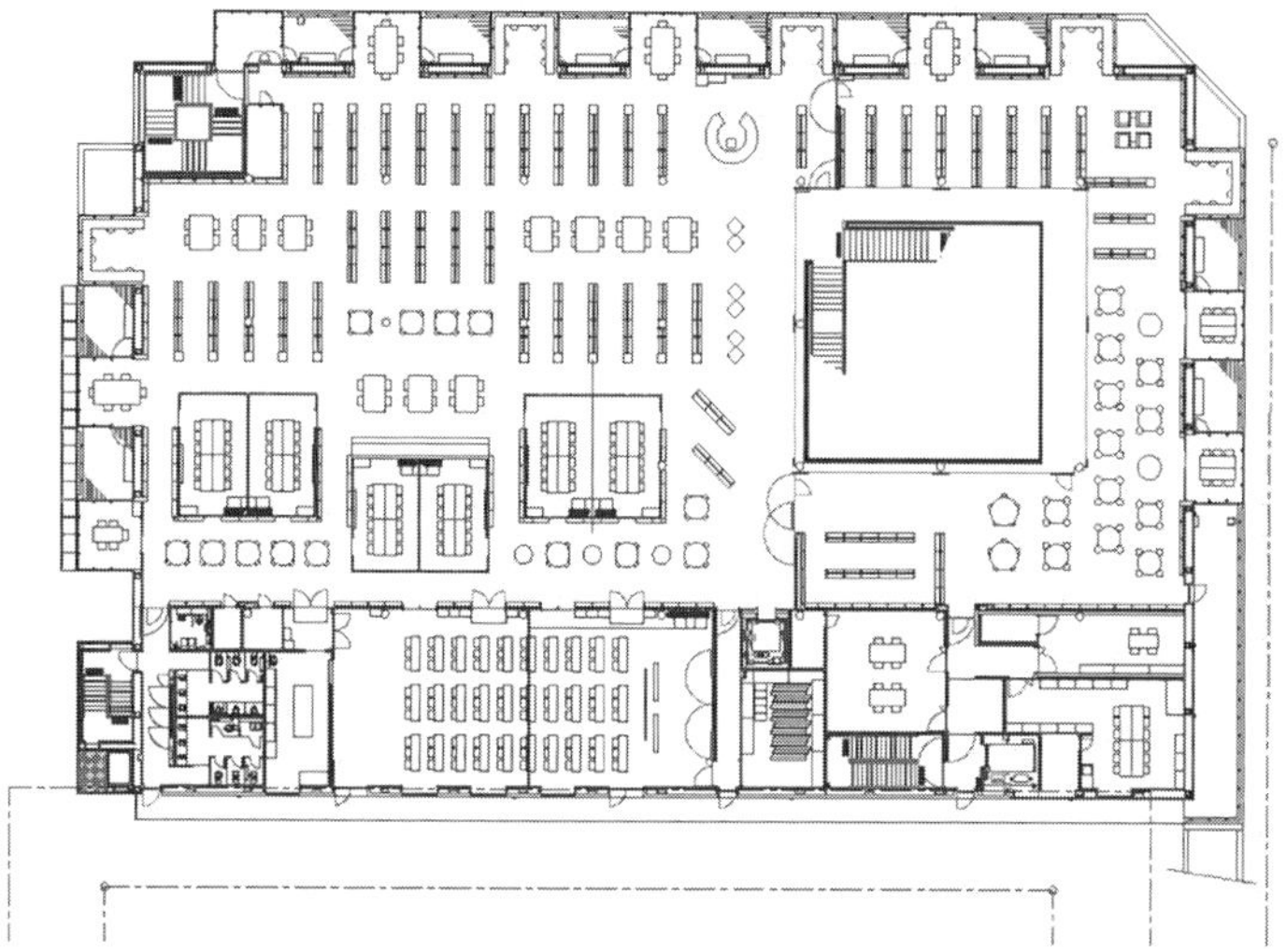

3階平面図

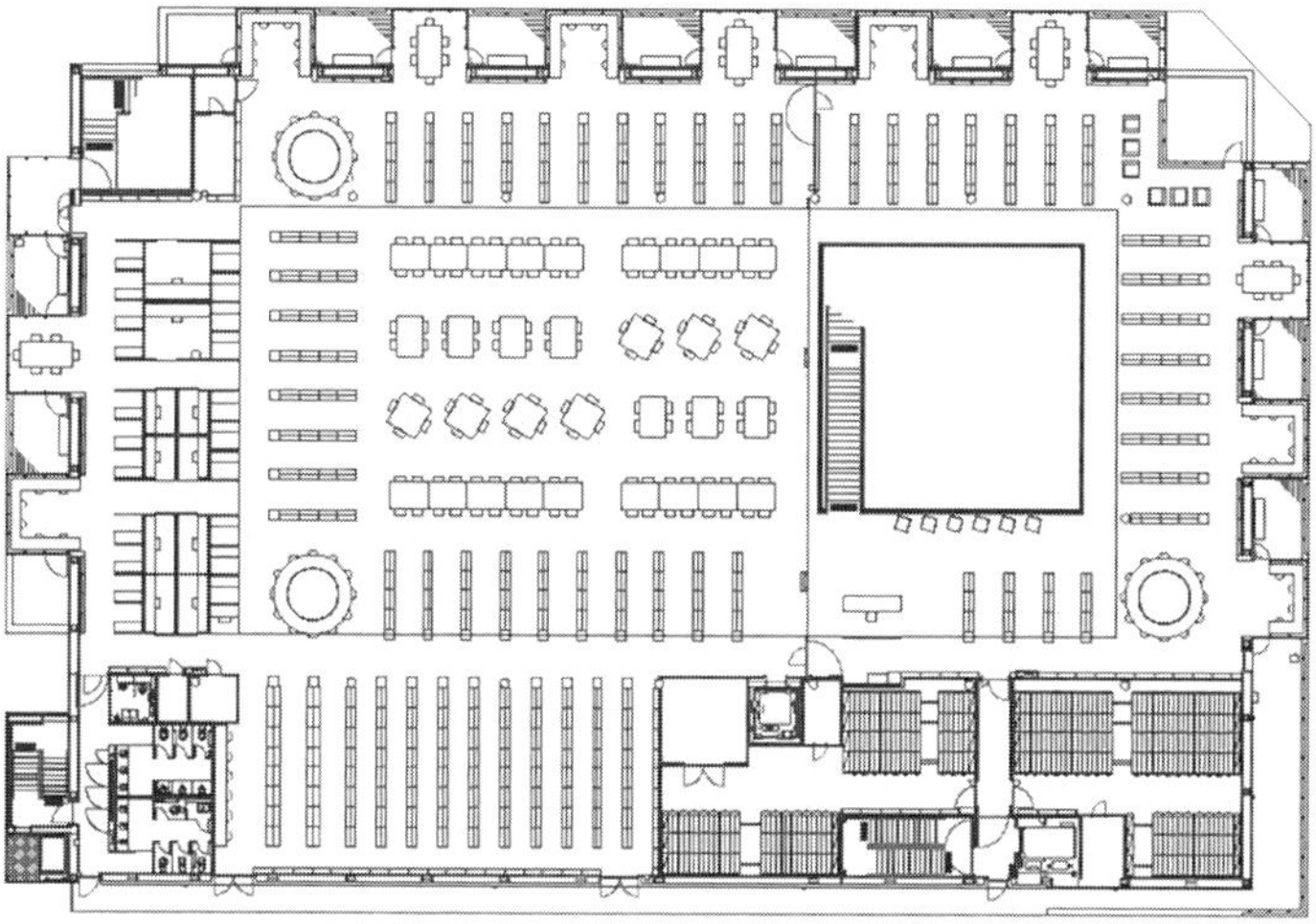

4階平面図

コーナー」と名づけられたラーニングコモンズがあり、若い人たちが寄り付きやすい場となっている。ここは、内部の二階・四階も見通せる。隣接した東側の「でん」には、ICT装置を備えた有料の「ディスカッションルーム」を二室用意している。

吹抜けの南側は「市民の創造・創作の場」と位置づけ、視聴覚資料と視聴のスペースを用意している。

ビジネス支援センター、編集録音スタジオ　AVコーナーの奥は、安城ビジネスコンシェルジュ（ABC）と名づけられたビジネス支援センターがある。近接して編集録音スタジオも用意している。

四階：学問と芸術のフロア

最上階は、一階のにぎわいから最も離れた「静」のスペースとして位置づけた。学術性の高い一般書や文学書、芸術書、安城市を除く愛知県内の地域資料が排架されている。周囲に書架、中央に閲覧席を配置し、人類の知的遺産に満たされるような空間とした。単純な矩形のフロアの中央に、一階から続く吹抜けと閲覧室、その周囲に書架をレイアウトし、さらにその外側に「でん」を設けている。最上階であることを活かして、下階よりも天井高を高くし、ゆとりをつくりだしている。個人の学習や研究のためのブース席や個室も用意した。

中央閲覧席　このフロアの主たる閲覧席は開架スペース中央に設けている。テーブル・椅子のバリエーションを設けながら、学習や調査・研究の場としての雰囲気をつくりだしている。天井から下げた照明はデンマーク製で、椅子はデンマーク製のキャンパスチェアとドイツのヴィトラ社の製品を織り交ぜている。

書架　閲覧席と吹抜けを取り囲み、外壁と直行するようにスタティックに配置している。外側には壁面書架を設け、本の雰囲気が閲覧席を取り囲んでいる。

コーナーの閲覧席　書架の方向が交差するコーナーには円形のカウンターテーブルを用意した。中央に観葉植物を置いて、中央の閲覧席とは異なるフランクな雰囲気をつくりだしている。

個人学習室　西側の一角に、個人用閲覧席（従来のキャレルデスク）を二三二席設け、個人用閲覧席の内側には扉のある個室の研究ブース十室を設けている。

「でん」の閲覧席　「でん」は三方が外部に面する開放的な閲覧席である。特に四階は眺めも良く、テーブル型の閲覧席とカウンター席を交互に用意している。椅子は赤く染色したデンマーク製のキャンパスチェアである。

個人学習室と「でん」の閲覧席は合わせて九六席あり、一区分九十分単位で一人一日二区分まで専用システムから簡単に予約して無料で利用できる。

公開書庫　フロアの南側に公開書庫を設けている。新聞・雑誌のバックナンバーなどもここに置かれてい

４階中央閲覧席

個人学習室

でんの閲覧席

る。この公開書庫によって、四階は大学図書館のような雰囲気を醸し出している。

広場・公園、外周道路

施設群西側の広場・公園は南北方向を長手に形成し、道路から奥行のある場所としている。

大屋根

広場のゲートとして、大屋根を北側幹線道路沿いに設けた。建物の西側出入口とホワイエの開口を覆う位置である。本館から広場へと人を誘い、ホワイエの扉を開いて大屋根下の広場と多目的ホールとを連続させ、多彩な展開を可能にしている。

天井高は約七メートルあり、建物二階の天井に合わせている。軒下に七夕飾り等を吊ることができる。西寄りを支える壁体の中には倉庫を設け、イベント用品等の出し入れの利便性向上を図っている。この壁は、西側住宅地への音の影響を緩和する役割ももち、映像投影もできる。

広場

広場の床にも三・六メートルのグリッドパターンが展開する。名古屋にあった明治時代の浄水場のレンガを床材に利用した。七夕まつり等のイベント会場となることを前提に車両の乗り入れを可能にしている。

敷地の西側と南側の道路沿いは生け垣と中木を植栽した。近隣の住環境を向上させながら、広場・公園利用者との視線を遮る役目も果たしている。また、広場に面する立体駐車場の壁面は、有孔折板と一部に緑化を施した。この目隠し壁も情報拠点施設と呼応する市松模様を展開している。屋外トイレと災害避難時のためのマンホールトイレは住宅地から離して配置した。

公園

広場南側の公園には明治用水をイメージした親水施設や、新美南吉の物語に登場する手押しポンプ等を設けた。また、大屋根の下部の北側幹線道路に面して、ベンチや植栽を施し、ポケットパークとして整備し、日常の市民の立ち寄りを促している。

大屋根

広場

外周歩道

アンフォーレ外観

敷地外周の歩道

設計段階での提案が実り、ＰＦＩ事業とは別に歩道部分のデザインが三上建築事務所に委託された。実施設計は土木専門の会社が行い、ＰＦＩとは別に施工されているが、私たちの基本デザインが忠実に反映されている。また、本事業に伴って電線の地中化もなされた。

舗装　周辺歩道も広場と同様に建物を構成する三・六メートルグリッドが連続する。同色系のインターロッキングを敷設しながら、歩道と自転車道を区分している。北側・東側の道路の対面も同様に仕上げられたことで、まちがここ（アンフォーレ）を起点することが明示できた。

街灯　街灯は、新美南吉の作品に登場する「竹笛」をモチーフにした緑色の細い円筒形である。この街灯も、建物のグリッドに合せて立てられている。

ベンチ　ところどころに彩色を施したベンチが置かれている。厚板の鉄板を曲げ加工したものである。

また、随所に本を重ねた庭園灯とベンチを兼ねたオブジェも配置している。人造大理石で造られ、本の背には新美南吉の書名が記されている。

特別インタビュー　グラフィックデザイナー廣村正彰氏

アンフォーレのデザインをめぐるささやかな対話

アンフォーレのロゴマーク、サイン計画の由来

——安城市とはご縁があるとのことですね。

廣村　私は安城の出身なのです。住んでいた当時は、まちにもっと活気があったような気がしますね。安城名物の七夕まつりは、子ども心に夢のような祭典だと思ったものです。行けども行けども七夕飾りがあって、どの通りもにぎわっていて、出店があって、すごいなと。世界一のお祭りだと思っていました。今でもよく帰省しますよ。

——アンフォーレのロゴマークについてご解説をお願いします。

廣村　四案を関係者へプレゼンテーションした結果、現在のロゴマークが採用されました。このロゴマークでは、さまざまな可能性を生む豊かな土壌をイメージしたブラウン

アンフォーレのロゴマーク

と、草木や稲が瑞々しく伸びていくようなイメージのグリーンを組み合わせて、地域が成長していく様子を表現しています。そのほかには、主要な産業である農業の象徴として米の形をしたものや、Anforetの〝A〟という頭文字を使ったデザインなどもありました。

――安城市のご出身ということで、デザインしやすかったりしましたか。

廣村　知らない土地だと、現地に行って何日もまわったりします。その点、安城は地域性を知っているので、やりやすかったかもしれないですね。リサーチがあまり要らないというか。

安城には昔も今も変わらない良さがあります。そういった安城らしさをいちばん表現できているのが、このロゴマークかもしれません。

――三色使っていることには何か意味があるのでしょうか。

廣村　シンボルマークは三色で表現するのがベストだと思います。再現しやすいのですよ。ウェブサイト、印刷、カッティングシートなどさまざまに展開するときには、いろいろな手法や素材が用いられるので、これ以上の色数を使うと再現しにくくなります。また、線が細すぎると遠くから見たときに視認性に欠けるため、ある程度太さを保つように気をつけています。さらに言うと、シンメトリーではありません。あまりシンメトリカルにすると、動きがなくなるのが理由です。

このマークのおもしろさは、三本の幹に始まり枝葉がどんどん伸びて増えるところにあります。人々が集まってきて大きな群衆になるなど、さまざまに想像できますよね。

「アンフォーレ」の書体はオリジナルで作りました。難しかったのは「ォー」の部分。ここにどうしても大きく空間ができてしまうのですよね。だから、音引きの長さを調整し、促音は通常よりも大きくしています。そして、「アンフォーレ」には、ご覧のとおりカーブのある文字が多い。それらのカーブを揃えることによって、一つのロゴタイプとして成立させています。

――ここからは一緒に館内を巡りながら、サインのデザインについてご解説いただこうと思います。

廣村 基本的に、ピクトグラムや記号は、アウトラインで表現しています。矢印も真ん中を塗りつぶさず線で表現し、軽やかな印象を与えるサインをめざしました。

――まずは一階から。突き出しのサインもおもしろいですね。

廣村 トイレのサインは立体の突き出しで作っています。これも線表現にして、おもしろさを演出しています。また、通常のサインと比べて少し変わっているのが、脳の仕組みを利用していることです。サインが少しだけ飛び出していることで、脳がいつもと違うことに対して発火（意識する）します。そういう気づきを与えることも

突き出しのトイレサイン

1階と2階を結ぶエレベータ

デザインの役割です。

――こちらの一階と二階を結ぶエレベータのサイン、行き先の二階に比べて今いる一階の表示がずいぶんと大きいですね。

廣村 そうですね。「今は一階にいて、次は二階に止まるよ」と、まだ文字を読みづらい小さな子どもでもわかるようなサインをめざしました。

――図書情報館（二〜四階）に行ってみましょう。

廣村 書架を分類する数字ははっきり見えるようにということで、ドイツ版のＪＩＳ規格（ＤＩＮ）の書体を下敷きにオリジナルで作っています。

頭で考えていることが現実的に本当におもしろいかどうかは、やはり描いてみないとわからないですね。ただ、紙に描いてみておもしろいことは立体にしてもおもしろいということはあります。そこは自分の感性を信じるしかありません。自分がおもしろいと思ったものは他人もおもしろいのだ、と信じないとなかなかできない。

廣村デザインの誕生

――通常、デザインの依頼は、決め打ちでくるのですか。

廣村 ほとんどそうですね。コンペはあまり得意じゃないので、指名でない限りはやらないようにしています。

――事務所を立ち上げられて、転機になったといいますか、世間に認知されたという感触を得たプロジェクトはありましたか。

廣村 一九八八（昭和六十三）年に独立して、仕事がたくさんあるのに何か物足りないというか、どうしていいかわからない時期がずっと続いていました。「暗黒の四十代」。要するに、仕事があれば幸せということではないのだというのを痛感したのです。自分が満足できる基準もわからなくて。しだいに、「満足する」というのは他人の評価というか、「他人が満足すること」が「自分の満足すること」だと発見していくのですけど。

一九九五（平成七）年頃に、グラフィックデザインとはまったく違うサインデザインの依頼を受けました。それが、ものすごくおもしろかった。提案したことが、建築という大きな枠組みの中で機能を果たしている。そこからですね、生きがいを感じたのは。

初めての仕事は中学校のサインデザインでした。それですごく良い経験をしました。それから、のめり込むようにサインデザインをやるようになりました。横須賀美術館、ナインアワーズ、すみだ水族館。そういう転機になるような仕事がこの十年から一五年ぐらいにあって、それで少し自信が出てきたかなと。

――まちに出ると廣村先生の手の匂いがするデザインがある。それで調べると、「ああ、やはり」という経験があります。

廣村　ロフトなどの仕事もしているので、「まちでよく見かけます」と最近言われるようになりました。すごく嬉しいことです。

――ナインアワーズというと、ご著書[*]やシンポジウム等で言及されている「速いデザイン」ですね。スタッフがまったくいないカプセルホテルの。

*廣村正彰『デザインからデザインまで』東京ADP　二〇一五

廣村　おもしろいですよね。人がいないからこそ機能するサインです。カプセルホテルなので、外国の方もたくさん利用されます。したがって、言葉以外でもすぐにわかることが重要なのです。あれこそ機能的なデザインの真骨頂だと思いますね。瞬間的に理解させる。つまり「速いデザイン」。

一方で、美術館など、特に個別な意識をもたなくてはいけない空間には、ゆっくりしたデザインがふさわしいのです。

——書店と図書館では、どちらがゆっくりしたデザインになるでしょう。

廣村　今は、図書館のほうがゆっくりしていると思います。図書館には全国共通の分類法があって、昔はどこの図書館に行っても何番は何と決まっていて、早く情報を見つけ出すことが優先されていました。けれど、最近は図書館に長く滞在している人が多いですよね。そういう人たちのために新しい図書の分類、見つけ方を提案しましょうという流れになってきて、個々人が心地よく過ごせる空間を意識した、ゆっくりしたデザインが多くなってきていると思います。

サインは、本当はないほうがいい？

——抽象的な質問ですが、そもそもデザインとは何なのでしょうか。

廣村　デザインには常にわかりやすさが求められます。ただ、「わかりやすく」と簡単に言うけれど「わかる」とは何か、と考えることが大事だと思います。「わかる」ということは、「わからない」ということがわかることですから、「わからない」ということが何なのかを考えていくと、「なるほど！」ということにたどりつける瞬間がありますね。禅問答みたいですが。

――身近な例えで言うと、トイレはどこだろうと困っている人に対して、どのように困っているのかを突き詰めていくというような感じですか。

廣村　理解のプロセスは人によって違います。ただ、僕らデザイナーに求められているのは、人の理解のプロセスも含めて、皆がわかるということ。でも、すべての人に理解してもらうというのは実際には難しいです。だから、七割の人が「わかる」ということをめざしています。

例えば、トイレの前でトイレを探しているお年寄りに対して、デザインでどうわからせたらよいのかという話です（笑）。その人はトイレのサインに気づいていないのです。ならば、サインをただ大きくすることではなく、気づくようなサインを付ける。お年寄りでも気づけるサインとはどういうことなのか、ということを考えていきます。

――ユニバーサルデザインという言葉がお話に出てこないところがおもしろいですね。

廣村　今はすべてのことに対してユニバーサルであることを求められます。ただ、実はユニバーサルデザインは、自治体によって解釈が違います。これくらいの大きさがなければならない、基準のラインはこのエリア内に収めなければならない、などといった規則です。

規則だけにとらわれてしまうと、仕事がおもしろくなくなってしまいます。やさしいデザインって何かなと考えていくほうが楽しいです。ただ、完璧なユニバーサルをめざしても、実現は難しい。特に公共施設は一件でもクレームがくると大騒ぎになったりします。

――図書館では、どうしても「〇〇禁止」という張り紙をしがちです。

廣村　何か起こったときには責任の所在が問題になるので、どうしても禁止するサインは付けざるをえません。私はなるべくなら付けないほうがいいと思っていますが。世界的に見ても、やはり日本は禁止するサインが多いですね。他国では自主的な判断を求められ、責任は自分で取らなくてはならない。段差があれば危険をはらんでいることは明白。たとえ転んだとしても、それは自分の責任となります。本当はそんなふうに、自分の行動に対して責任をもつほうがよいという気持ちはあります。

注意事項というのは、きれいに整っていると誰も読まない。むしろ、コピーしたものを所々に貼ったほうが人は読みます。日本にのぼりが多いのはそれが理由だといえます。バタバタとしているのは美意識的にはいまひとつだと思いますが、だからこそ注意を引くという人間の脳の仕組みがあることは否めません。

禁止のサインは一言で駄目と言えない場合もあります。そういったさまざまな条件下での最適を考えていくのがデザインなので、サインを付けるのであれば、ケースに合った素材や文字が良いなどと、解決策を練ります。

――インタビュー記事等に「サインはかわいそうな存在である」というご発言が出てきますよね。サインは、ないのがベストであると。

廣村　本当はないほうがいいのではないかと思うときがあります。「こっちに何があります」「トイレはこちらです」など、案内だけでもたくさんのサインがあります。それに加えて「飲食をしないでください」などの注意するサインも多く存在します。

脳に直接情報を送ればいいような時代が来れば解決できるのですが。例えば、図書館のエントランスを過ぎたら、脳内に直接画像が浮かんで、行きたいところを自分で探せるような仕組みになっているとか。そうすればサインは全部不要になって、すごく楽になる。今はその途上にいるように思います。

――デザインの寿命を長くするために心がけていることはありますか。

廣村　「愛着」ですかね。その人の目に入ったときに、どれだけ愛着が生まれるか。人は嫌なものは見ないようにしますが、見てもいいな、見たいな、というものは心にすっと入ってきますよね。なるべくウエルカムな状態で情報が入ってくるようなデザインを作りたいと思っています。

以前手掛けた美術館のサインデザインで、人型のアイコンが階段を上ったり下ったり、案内したりするピクトグラムを作りました。そのピクトグラムを、訪れた人やそこで働く人が、かわいいと思ってくれたのでしょう。美術館のキュレーター（学芸員）たちがそのピクトグラムに名前をつけてくれたのです。それが「愛着」ということだと思います。ものすごく嬉しかったです。

公共施設での禁止事項を一人ひとりに言ってまわることは現実的ではありませんし、もっと言うと、利用者に「ここのエリアでは飲食禁止ですよ」と言わなければならないこと自体、気が重いですよね。その役目をサインが担えればと思っています。命令されているという感覚ではなく、親しみをもって接してもらっているような感覚で。ちょっと笑えるぐらいの伝わり方とか……。誰しも、「やめろ」と言われるよりも、「やめようよ」「やめてほしいな」と言われたほうが受け入れやすいということです。そういう共感を得るということはすごく大事なことです。

——建物を使っていくうちにサインの追加や変更が必要になる場合があると思うのですが。

廣村　追加や変更は当然でてくるものですので、そのための余白をすべてのサイン設置場所に残しています。特に書架やコーナーなどの場所には、十分な余裕をもたせて作ることが基本だと思っています。

私たちの仕事はオープンするまでで、オープンしたあとに育てるのは、やはり「中の人」なのです。ですから、その方たちに愛着をもってもらえるようなサインであればあるほど、より良く育っていくと思っています。

ＩＣＴ化基本構想

天野美喜太（元アンフォーレ課 図書情報係 係長）

私が当時の安城市中央図書館に配属されたのは、アンフォーレ図書情報館が新たにオープンする三年前、二〇一四（平成二十六）年の四月になる。私自身、それまで、図書館の利用は数年に一回くらいしかなく、専門知識がまったくないなかで、新しい図書館オープンに向けての一担当者となった。そして、赴任して早々、私に課された課題が「図書情報館ＩＣＴ化基本構想」の策定を行うことであった。

図書館という場所は、単に訪れて、本を借りて、家で読んで、返す。または学生たちを中心とした学習の場として利用するというのが、数年に一度の利用者である私のイメージであった。もっと頻繁に利用している方でも、ヘビーユーザーでない限り、一般的にはそういった利用の仕方がメインではないかと思う。そのため、一担当者となって図書館の発展ぐあいを目の当たりにしたとき、たいへん驚くことばかりであった。すでに、図書館業界でも、さまざまなＩＣＴ機器が全国の図書館へ徐々に導入されている時期であった。「本を借りる」ということ一つとっても、受け取る時間や場所、本の検索や予約方法等、できるだけ早く、手軽に、そして幅広く、その機会が与えられ、どんな方でもサービスを受けられるシステムがすでに導入されていた。

この、いわゆる「本」に対するサービスのほかに、新図書館では、情報拠点としてのサービスやコンテンツの提供にも重点を置き、さまざまな利用者が交流することで、まちづくりや中心市街地の活性化、小中学校との連携、市内外の関連施設との情報活用などへ発展することを大きな目的にしようとしていた。つまり、図書館には本を読んで知識を得ること以上の用途があるということである。

このいずれの目的においても、その一助を担うのがＩＣＴである。さまざまな事業者によるそれぞれの分野で開発された機器やシステムがあり、進化を続けている途中にあった。しかし、これらをやみくもに導入したところで、つぎはぎだらけで統一感のないものになってしまう。そこで、それらのＩＣＴを基本構想という大きな枠組みの中で統一感をはかり、それぞれを連動させながら新たな図書情報館に導入していこうというものが「ＩＣＴ化基本構想」であった。

当然ながら、数年ぶりに図書館を訪れる程度の一職員に、この構想を練り上げることはできない。利用者のニーズはどこにあるのか、そもそも現状どういったＩＣＴ機器やシステムがあるのか、また今後どのようなものが開発されているのか、そしてそれらをどうやって新しい図書情報館に組み入れていくのか。こうしたことを構想に反映させていくには、その業界の最先端をいく民間事業者の高度な技術や幅広い知識に基づく提案とアドバイスを得る必要がある。そこで、策定にあたっては、プロポーザルを行ったうえで民間事業者を選考し、業務委託により行うこととなった。

こうして、図書館赴任から二カ月後の六月には策定業務事業者の募集を開始し、書類・プレゼンテーション審査を行った後、七月に事業者を決定した。

そして、八月に事業者との契約後、さっそく基本構想づくりがスタートすることとなった。図書情報館オープンまでのスケジュールを見込んで、策定期間はたったの三カ月。事業者との打ち合わせを重ねて、急ピッチで作業が進められた。
基本構想策定における基本的な考え方は、次の七点であった。

①サービスやコンテンツの有効活用
②市内小中学校をはじめとした学校等との連携
③子ども向け・親子向けの施策やコンテンツの提供
④「新美南吉」を取り上げるなど、市の施策との連動
⑤ニーズの把握と情報の収集・発信・提供
⑥中心市街地の活性化
⑦設備、コンテンツ等の改善・改定、新たな導入

そして、特に重要なポイントとして掲げたのが、明確な「ビジョン」と「コンセプト」を定めることである。こうした内容をふまえ、ICTに関連する現況の把握、そして館内にどのようなICT技術や機器を導入していくか、周辺のまちとの連携・回遊をどのように進めていくか、また施策の体系的な整理や予算・スケジュール等を取りまとめていくかなどが協議された。

このICT化基本構想策定の作業を進めるなかで、特に苦労した点が、ICTの発展のスピードがとても速いことである。せっかくの新しい図書館なので、できるだけ最新のシステムを取り入れたいけれど、それが本当に効果のあるものなのかを見極めなければならない。事業者には、たくさんの調査とさまざまな情報収集のうえ、ご提案をいただいた。

約三カ月の制作期間を経て、基本構想は策定された。重要ポイントとしていたビジョンとコンセプトは次のように示した。

図書情報館ICT化の【ビジョン】……図書情報館がすべての「まんなか」にあるまち
図書情報館ICT化の【コンセプト】……未来に導き、ともに未来を創り出す

そして、具体的に図書情報館で展開するものとして、次の四つの大項目に分けて示した（後段は主なメニュー）。

1 図書館機能……図書館システム、デジタル化図書提供、お薦め図書レコメンド機能
2 情報館機能……交流目的のウェブサイト、Wi-Fi化、大型スクリーン・タッチパネルなど
3 付加機能……電子案内、ロボットプログラミング、プロジェクションマッピングなど
4 情報通信機能……情報通信基盤整備、デジタルコンテンツ蓄積配信基盤整備など

これらの中で、新しい機器やシステム、サービスやコンテンツの提案をしている。ここで掲げたさまざまな提案は、その後、実際に図書情報館に取り入れて整備を進めていくなかでお品書きのような役割を果たすこととなり、予算を積算するうえでの根拠ともなった。

今回、私が感じた基本構想のメリットの一つが、個々のシステムやコンテンツを集めるだけでは行政の構造上実現しにくいことが、構想を策定することにより可能になったという点である。それはどういったことか。行政が予算を査定する場合、その一つひとつのモノや事業に対して、必要性や費用対効果などを綿密に考慮し、可否

を判断していく。大切な税金の使い道を決めていくわけであるから、当然の方法と言えるが、その場合、なかなか実績がない新しい機器の導入や効果が計り知れないモノや取り組みを一つひとつ査定すると、否定されることが多いのが現実である。

しかし、今回は、基本構想という大きな枠組みの中で、コンセプトとビジョンをもとに、予算を全体で確保することとなり、その枠の中で柔軟に予算の配分を行い、時間的にも余裕をもったうえで、ＩＣＴの進化にも対応した新しい取り組みにも臨むことが可能となった。当時もＩＣＴは日進月歩の進化を遂げていたため、オープン時ですでに新鮮さが失われるおそれがあった。そこで、基本構想の提案はあくまで、お品書きとし、大きな予算の枠の中で、お品書きで示された一つひとつのメニューを再度オープンぎりぎりまでじっくり検討し、ＩＣＴの

ブラウジングコーナーの電子新聞

24 時間利用可能な予約本受取機

進化に合わせ、必要に応じた提案の入替えを行うことが可能となった。

実際に、基本構想の中で提案されながら導入しなかったものや、逆に新たに採用したものもあった。具体的な例として一つあげられるのが、ヒト型ロボットである。当時は、流行し始めた時期であり、ＩＣＴ化のシンボル的な存在として積極的な導入が提案されていたが、さまざまな調査等を経て検討を重ねた結果、オープン間際に見送ることとなった。これも、基本構想を策定して進めていくなかで、柔軟な対応が可能となった一例であったと考えられる。

こうして、策定された基本構想により、その後は、提案されたメニューを再度四つの項目に分けてまとめ、実際のＩＣＴ化の整備を行うこととした。四項目それぞれに整備を進める事業者をプレゼンテーションで選考し、基本構想で示したメニューをもとにそれぞれ再構築しながら進めていくこととなった。

図書情報館のオープンの際に設置されたさまざまなＩＣＴ機器は、こうしたプロセスを経て最終的に導入されたものたちである。私自身は、オープン後、他部署へ異動となり、一利用者に戻った。担当者になる前に比べ格段に図書館を利用する機会が増えたなかで、これらの機器たちが利用者に活用されている姿を目にすると、まるで自分の子どもが好かれているようで心の底から嬉しく思えてしまう。

しかし、その一方で、思った以上に使われていない機器があるのも事実である。ＩＣＴ機器は成長の早い子どものようである。今後、さらに進んでいくであろうＩＣＴの発展とともに、図書情報館も少しずつ歩調を合わせて成長していくことが課題であるとともに、図書情報館の新たな魅力として彩られていく部分にもなりうる。今後の進化をおおいに期待したい。

チームアンフォーレの奇跡

寺澤正嗣（元アンフォーレ管理監）

どこの自治体でも大方そうだろう。図書館というのは二〇二〇（令和二）年の流行語でいえば「不要不急」の部署である。福祉は、国を挙げて高齢者、障害者、子ども、子育て世代などに対して鳴り物入りで事業を展開している。これは日本の国策であるから自治体が積極的に推進するのは当然のこと。また、土木行政、インフラ整備についても、やはり国・地方を問わず行政の根幹を成すものであり、災害等があれば最優先で対応すべきものである。

教育行政も重要である。教育行政には学校教育、生涯学習などがあって、まず優先すべきは未来を支える子どもたちを育む小中学校に関することがメインとなる。順番からいえば生涯学習行政は、その次となり、そのなかでも図書の貸出業務というものは、さらに脇の存在といえる。よく言えば、目立たず静かに住民の教養を支える縁の下の力持ちということだと思う。

この考え方は、行政に携わる多くの人間の共通認識である。あからさまに口にしないだけで、予算編成をする企画財政部局から言わせれば「必要ではあるけれどそれほど急ぐこともない。予算がなければ最初に削減対象にする」ということであり、これが図書館の現実だった。

企画政策課長から図書館長へ

二〇一四（平成二十六）年四月、私はその「企画財政部門」から「図書館」に異動となった。企画政策課長から、やはり課長職の図書館長に横滑りだった。こんな人事は安城市で初めてのことだった。口性のない連中は私のことを「菅丞相」とからかった。

そのときの「人事異動方針」にこうある。

中心市街地拠点施設の建設に着手する中での（仮称）図書情報館の情報化をはじめとする整備（中略）行財政機能の強化をはじめとする組織・機構の再編に合わせ、より効率的、効果的に行政課題に対応できるよう人員の配置を行った

脇役だった「安城市立図書館」が、初めてスポットライトを浴びる時が迫っていた。市長一押しの事業であり、それまで予算編成に携わっていた立場としても、かなり強気の予算を付けたつもりである。まさにビッグプロジェクトである。できの悪い丞相はともかくも、部下にはモノのいいのをズラリと揃えてもらった。

以後、図書館周辺では、このプロジェクトチームを「チームアンフォーレ」と呼称することになる。このスタッフたちのアンフォーレ建設への尽力は、安城市行政の中で、メインステージでスポットライトを浴びるに足る仕事となった。上のモノが悪くとも、部下が優秀なら大事業は成るという典型例だったと思う。

以下に、チームアンフォーレのメンバーを紹介したい。個々人の名前はあえて挙げないが、関係者にはおそらく類推できるだろう。いずれ歳月を経て、関係者がいなくなればただの記号となっていくけれど、それはそれで構わない。知っている人が存在する間だけ記憶が残ればよく、その後はそんなことがあったんだという記録となればいい。

優男四人が突如として異動

二〇一四年四月、私は館長（課長）として図書館にやってきた。そのときに一緒に異動してきたのが、A、B、Cという三人の男性職員だった。それまで図書館という部署は、接客が主たる職場ということもあり、女性職員の異動が目立つところだった。あわせて、「左遷人事」や、体調を崩した事務職の「リハビリ人事」が横行している部署でもある。これは、図書館が「不要不急の業務」とみなされているがゆえであって、この傾向は全国の行政組織の共通認識だと思っている。みなさん、大人なのであえて言わないだけでね。

課長をふくめ男ばかりの異動は、図書館では異様な人事と言っていい。それまで図書館とはまったく縁もゆかりもなかった男たち、それも健康なのが四人も異動してきた。突如として図書館の事務室が男臭くなったことは言うまでもない。とはいえ、どの男も優男（個人の感想です）で、女性職員には人気があったことだけは付記しておきたい（笑）

男臭さに、空調機の故障が追い打ち

二〇一五（平成二十七）年度に、また男性職員が増員された。ＩＣＴ分野を得意とするＤと、事務処理能力の高いＥ、Ｆであった。事務室はさらに男がうろつくようになり、ある意味で、建築現場の工事事務所のような雰囲気になってきた。まぁ実際にそれに近いものなのだけれども。

私はこれまでに市の部署を十以上にわたって経験してきた。その感覚でいくと、この図書館メンバーというのが、それまでに経験のないほど人的に恵まれていることに思い当たった。もちろん館長になった四月から人事当局に毎月のように「人事協議」と称して、人材補強の必要性を執拗に説いてきたことも功を奏しているのだろう。おそらくこのメンバーなら市のどの部署でも充分に通用すると力強く思ったものである。

すでに新施設の建設・オープンまで二年を残すのみとなっていた。そういった意味では通常の図書館業務をこなしながら建設業務を進めて、あわせて図書館の移転計画まで企画立案していかなければならない。これは、かなりハードでタイトなスケジュールだったが、チームアンフォーレはそれによく応えてくれた。

チームが増強されるのに比例して、図書館はさらに異様な雰囲気になってきた。「木漏れ日の似合う文化の拠点」「小鳥の囀《さえず》りが聞こえてくる静謐《せいひつ》な施設」といった雰囲気が失われ、北アフリカの砂漠に展開する外人部隊の宿舎の様相を呈してきたのである。繰り返すが、それまでは女性の多いおだやかでやわらかな職場だったのが、文学の香りとは程遠い、怒号飛び交う荒っぽい職場になってきていた。ちなみに司書たちの努力で、事務室以外の図書館フロアの品格だけは保てたことだけが救いだった。

さらに、砂漠のような状況に拍車をかけたのが、二台の空調機器のうちの一台が壊れてしまったことである。何年も前から調子が悪かったのだが「建て替えるのだから我慢しろ」というケチな財政当局からの無慈悲なお達しで、夏場はフル稼働させなければいけない空調機が片肺のみでの営業となった。

これは暑い。実際に街路樹の陰になっている事務室内にもかかわらず室温が四十度を超したときには、本当に気が遠くなった。もちろん利用者からの苦情も山のように寄せられたが、どうにもしようがなかった。改めてこれらの苦情に対応してくれた窓口の職員に心より感謝したい。

オープン一年を前に、さらに五人の補強

二〇一六（平成二十八）年度になった。オープンまで一年という時期に差し掛かっていた。この年度替わりにも驚きの人事異動が行われる。建設部門から、技師職G、Hが異動してきた。どんどん男が増えていく。人事の方針で、建設業務を図書館の直営としたのである。あわせて、企画部門からI、J、Kがまちづくりの仕掛人として配属となった。企画にあった「まちづくり」の部署を図書館にそのまま編入するものであり、ある意味でイベントに強い人材の補強ということであろう。図書館で五人の補強は前代未聞と言っていい。

彼らは明確に図書館とは一線を引いて業務を開始したのだが、それでも図書館業務との連携も良好で、「チームアンフォーレ」の一翼を担ってくれたものと思っている。

グランドオープン、「チームアンフォーレ」総員配置につけ

ついに二〇一七（平成二十九）年度がスタートした。すでにJR安城駅前に「アンフォーレ」と名づけられた中心市街地拠点施設は建ち上がっている。建物は仕上げの最終段階に入っており、チームアンフォーレは、その建物の五階に引っ越して仕事を続けていた。二カ月後の六月にはアンフォーレのグランドオープンである。このために年度当初の補強異動はL、M、N、Oという配属になった。Lは、私が以前に別の課で一緒に仕事をした

男であり、私が人事サイドに強く要望した結果、課長級での異動となった。また、M、N、Oは、宴席で「アンフォーレに行きたい」と私に希望した職員であり、その積極性に期待し、人事サイドにアプローチをした結果だった。志願兵にまさる強兵はいないと信じているからであり、まさにそのとおり期待に応えてくれた。

そして、なにより忘れてはいけないのが、図書館の生え抜きの職員たちであった。彼らは左遷人事とか、病気療養などからは独立した存在で、つねに図書館を守備範囲として業務をするプロパー的な職員である。それだけに専門分野に強く、図書館をどうするべきかということに関しては、浅薄な知識で図書館業務に携わっている付け焼刃のリーダーとは立っている場所が違っていた。

彼らにしてみれば、突如として現れ、事務所の中をわが物顔で闊歩する外人部隊に、おそらく違和感を抱いたに違いない。だが、そんなことはおくびにも出さず、外人部隊との連携を見事に遂行してくれた。そのことには深く感謝したい。

課長のサブ役に徹してくれたP、図書館のスタッフを見事に束ねてくれたQ、さらに担当だった素敵なメンバーたち。何もなければ、司書・専門職として静かな環境で仕事に没頭できたものを、アンフォーレ建設という動乱の時期に遭遇したことで、大変な業務を負わせてしまったことについては、心苦しいばかりである。でもね、平時よりも乱世のほうがアクティブでおもしろかったでしょ（笑）

さらに記憶に留めたいのは、図書館業務を担う職員と密接不可分の存在の「スタッフ」と呼ばれる非正規職員たちである。彼女たちの存在が実はとても大きい。二〇一四年度には二七人ほどのメンバーだった。この人たちがコアとなり、その後、何度も増員を図ってオープン時の部隊編成では、最終的に総員九四人の大部隊となっていた。彼女たちが支えてくれたおかげで、現在の「アンフォーレ」があると言っても過言ではない。

また、旧中央図書館時代に清掃を担当してもらっていた人も、そのままアンフォーレに移ってきてくれて、そういった土台を補助してくれた人たちまで含め百人のメンバー、この方々に感謝の意を込めて「チームアンフォーレ」と私は呼んでいる。

アンフォーレ建設は、遊び心豊かなプロジェクト

アンフォーレの建設は、施設整備ということで考えれば、遊び心豊かなプロジェクトとなった。図書館の移転というだけでなく、JR安城駅前という安城では一等地の場所に、最先端の図書館を複合施設として建設する。そのことによって寂れてしまった駅前にかつてのにぎわいを呼び戻そうというのである。これは市を挙げての一大事業であった。

ただし「一大事業」には注意も必要だ。目玉事業であればあるほど、外野からの声がうるさい。これを総花的に取り込んでいったり、八方円満に丸く収めたりしてしまうと、そもそものコンセプトがぼやけてしまう。これは市長、副市長からの意見も例外ではない。映画製作は任せた以上、監督以下の現場にすべてを委ねなければいけない。制作会社の社長や重役たちが口出しをすれば、たいがい作品を壊すことになる。仕事は現場に一任し、現場から要求があれば、とにかく惜しまずに予算をつけること、このことをしっかりと守ってくれたのでいいものができたと自負している。

行政の仕事というのは真面目がいちばんである。しかし、こういったビッグプロジェクトは、とにかく遊び心がないと成功しない。杓子定規な理屈で窮屈な施設にしてしまうことこそ、もっとも恐れなければならないと思っている。

二〇一七年六月、安城市の歴史が始まって以降、全国から注目される建物としては初めての「アンフォーレ」

チームアンフォーレのメンバーたち

がオープンした。「チームアンフォーレ」の総力戦の結実だった。

オープンセレモニーの後に

オープン当日のエピソードを記しておきたい。

アンフォーレの西側広場でのオープニングもつつがなくお開きとなり、三カ所の入口がオープンされると、この日を待ちに待った市民がどっと施設内に入っていった。私もその波に混ざって中に入っていった。都心の満員電車さながらの混雑だった。そんななか、安城市の施設としては初のエスカレーターが動き始めた。「初物は体験しておかないと」ということで、市民とともに乗ってみる。私の前に、お母さんに手を引かれた三歳くらいの男の子が、何が楽しいのか、「ファンファァーレ、ファンファァーレ」と連呼しながらぴょんぴょんと跳ねている。

坊や、ちなみにアンフォーレね（笑）

Ⅲ

運用

アンフォーレの現状整理

岡田知之（元アンフォーレ課 課長兼図書情報館館長）

公民連携による施設整備の評価

二〇一三（平成二十五）年五月、公民分棟での「直営図書館」を前提とした募集要項を公表し、同年九月、四グループから拠点整備事業の提案が出された。学識経験者三名を含む選定委員会の審査を経て、十二月に「清水建設グループ」の提案を優先交渉権者とすることに決定した。翌二〇一四（平成二十六）年三月議会での議決の後、事業契約の締結に至った。

優先交渉権者の提案概要は、北から公共施設棟・立体駐車場・商業施設棟の順に配置するというものであった。公共施設棟は地上五階・地下一階、延べ床面積約九一九三平方メートルで、二階から四階までの三フロアに約六八〇八平方メートルの図書情報館が入り、一階には四階まで吹抜けのエントランスロビーや二五〇席のホール、自由提案のカフェなどが配置された。四八九〇平方メートルの広場・公園と合わせた維持管理期間は一五年間である。

一方、二十年間の定期借地権設定による民間施設が隣接して一体的に整備され、立体駐車場は二七三台分の自走式、商業施設には一階がスーパーマーケット、二階にカルチャースクールが出店することとなった。この民間施設は、借地料として年額一七〇〇万円を事業者から受け取るが、公共施設利用者用と設定した二百台分の使用料年額四八六〇万円を事業者に支払うスキームとし、事業契約が満了する二十年後に、立体駐車場は市に無償譲渡、商業施設は更地返還としている。

公民連携による複合施設の整備について、ＰＦＩ事業及び民間収益事業のハード面での客観的な自己評価は次のとおりである。


【ＰＦＩ事業】
・一五年間の維持管理を含またＰＦＩでの節減効果として、市直営の図書館であってもＶＦＭが提案時で九・七％（四・七億円）となったこと
・総事業費約六二・五億円には、想定した修繕費等を加味した維持管理費十五億円余を含んでいること
・自由提案施設として、公共施設棟一階にカフェが出店し、安城市公有財産規則に基づき、規定の貸付料を受け取っていること

【民間収益事業】
・期待する提案施設として、延べ床面積一五〇〇平方メートル以上の「商業施設」「健康増進施設」「生涯学習関連施設」の三つを掲げたところ、スーパーマーケットとカルチャースクールで延べ床面積三〇四一平方メートルとなったこと
・民間事業者の提案によりＳＰＣ②が設立され、独立採算によるリスク分担が図られていること

アンフォーレでの運営上の新たな挑戦

二〇一七（平成二十九）年六月一日、待望のアンフォーレがオープンした。グランドオープニングイベントと銘打った四日間で、アンフォーレ本館に四万七千人余が、二階以上の図書情報館にも三万七千人余が訪れた。

アンフォーレの図書情報館における運営上の新たな取り組みを列記すると次のとおりである。

【挑戦①】図書館フロアでの会話と飲食を原則可とし、滞在と交流を促進
【挑戦②】NDCに捉われないジャンル別排架と従来のティーンズコーナーを発展充実させた図書館初心者向けコーナー「らBooks」の創設で、利用者の興味を誘発
【挑戦③】ICTを活用した貸出返却業務等の徹底的な自動化・省力化で、スタッフはレファレンスとフロア案内等の対人業務に専念
【挑戦④】公共・学校図書館システムの統合と小中学校への定期配送（週二回）による、子ども読書の更なる推進

開館から約十カ月が過ぎた二〇一八（平成三十）年三月三十日、アンフォーレ本館の入館者が百万人を突破、二八二開館日での達成となった。開館初年度の入館者数は、本館が百万人余、一日平均三五五八人、図書情報館が七十六万人余、一日平均三一四〇人となり、当面の目標としていた一日三千人を上回ることができた。

二年目の二〇一八年度は、一二カ月間で本館が百二十二万人余、一日平均三五八一人、図書情報館が七十八万人余、一日平均二六七七人となった。公共施設の通例として、二年目は一年目よりも来館者が落ちると言われて

いる。図書情報館は、この定説どおり二年目は一日平均で一割程減少した。それでも、単独施設であった旧中央図書館と比べ二年目でも二倍以上の来館者を維持しており、図書館利用者のすそ野が着実に広がっていることがうかがえる。一方、アンフォーレ本館全体では、定説を打ち破り、一日平均でも二年目が若干上回る結果となった。

三年目の二〇一九（令和元）年度も、年度末二月頃からの新型コロナウイルス感染拡大の影響で三月の入館者が前年を大きく下回ったものの本館が年間百二十万人余、一日平均三四九七人、図書情報館が七十六万人弱、一日平均約二五七四人と前年度並みを維持することができた。

開館三年を経過しての効果の検証と課題の整理

図書情報館を中心とした安城市の図書館サービスの今後の課題を整理する。

一つ目は、貸出密度の向上である。貸出密度の全国平均は五・二冊程度と言われている。これが〈十冊〉を超える自治体は全国千七百余の市町村の五％ほどであり、今後も更なる高みをめざして、図書館サービスの向上に努めたい。

全国的に図書の貸出利用の減少傾向が続くなかで、特に、少子化が続くなかで、「児童書」の貸出が、この三カ年で、六三万冊→六九万冊→七三万冊と毎年増えているのは、驚異的なことと考える。

二つ目の課題は、実利用者数の向上である。実利用者とは、一年に一回でも図書を借りたことのある人の実数で、日本国内でこの数値が二〇％を超える自治体は数えるほどしかないと聞いている。

安城市では、ここ十年、一七％前後で推移してきたが、オープン一年目の二〇一七年度は一八・三％と上昇したものの、二〇一八年度は市外の実利用者の増加はあれども、市内は三万三千人弱の一七%台に戻ってしまったため、今後は、図書館の魅力をよりいっそう発信することで、実利用率および実利用者数を少しでも向上させ、図書館リピーターを一人でも増やしていきたい。

課題の三つ目は、図書館の最も重要なサービスである「レファレンスサービス」が、まだまだ市民に浸透していないことである。二〇一八年度のレファレンス受理件数は、一日平均で五十件、年間一万四千件を超えるペースで増加しているが、実体はまだまだ簡単なレファレンス、いわゆる「クイック・レファレンス」が中心であり、外部データベース等の活用を含めたより専門性の高いレファレンスを視野に入れた、いっそうの利用促進を図る必要がある。

この三つの課題を解決するには、図書館サービスの水準を維持向上させることが重要である。

図書館サービスの根幹は「選書とレファレンス」であると考える。専門職員である司書が、継続して適切な選書を行い、レファレンスのスキルを磨いて、市民のために図書館サービスの水準を持続しなければならない。

これにより、現行の安城市総合計画の目標値である、貸出密度は一二冊以上に、市民実利用者数三万六千人以上、率で一九%以上の達成をめざしている。

四つ目の課題は、本館入館者百万人の堅持である。当市の場合、新たな取り組みが功を奏して、旧図書館と比較したコロナ禍前における入館者数は年間四十万人から八十万人前後、一日平均で一三〇〇人から二六〇〇人へとほぼ倍増した。コロナ禍以前は、アンフォーレへの年間百万人、一日平均三五〇〇人という「点の集客」は達成できた。これを、中心市街地全体への「面的な広がり」につなげ、広場やホール、エントランスなど交流スペースでのイベントの魅力を向上させるには、今後も交流多目的スペースの指定管理者によるコーディネートを促進させ、周辺商店街やイベントを開催する団体、市民のみなさんといっそうの連携を図ることが重要である。

良い図書館というのは、ハードとソフトの両面がうまくかみ合ってこそである。最も重要なのは、利用する市民と運営する図書館員の思いや考えが、常に同じ方向を向いていることではないか。めざすべき図書館像をしっかりと掲げて、市民の要求に応えるには、コストがかかるのは当然であり、市長など自治体トップの理解がなければ実現できないといえよう。

より良いスタート——総論・人的資源が重要

神谷美恵子（元アンフォーレ課　課長補佐）

二つの目

図書館を円滑に運営していくには二つの目が必要である。一つは、本、図書館の専門家としての目、もう一つは市の行政事務について精通している行政マンとして目。これは二つの車輪といってよいが、この二つがうまく連動してはじめてその町にあったより良い図書館サービスが展開できる。

スタッフの活躍

引っ越し準備からオープン直後の繁忙を縁の下の力持ちとして支えてくれたのは、スタッフ*である。当館は、一九九九（平成十一）年度から二〇〇八（平成二十）年度まで民間会社へ窓口と公民館への図書配送を委託していたが、その価値が見いだせず二〇〇九（平成二十一）年度より市の臨時職員に戻し雇用人数も増強したという経緯がある。これは新館準備にとっては功を奏した。二〇一三（平成二十五）年度は図書館現場で働く職員が先進図書館を視察するなど、新館に向けて大きく舵を切った年である。このときすでに二五人のスタッフがいたが、そのうち半数は五年以上のキャリアがあり信頼できる者ばかりであった。当時、図書館サービスを担当する図書係は係長以下七名で、新美南吉絵本大賞、ブックスタートの開始、という大きな事業を抱えながら新館準備に本格的に取りかかろうとしていた。そのため、多くの業務をスタッフに任せ、その責任者も任命した。おはなし会の実施や各種ブックリストの作成、レファレンス、中学生の職場体験学習受入れ、予約処理、閉架書庫の管理など専門的な業務を含むものである。

当時、私は係長であったが、私が賃金を上げることができない以上、「楽しく仕事をしてほしい、やりがいを感じてほしい」と常に考えていた。しかし、二〇一六（平成二十八）年度末には五十名余り、翌年度には七十名以上に膨れ上がり、どのように回していけばいいのか、夜中にメンバー表とにらめっこする毎日であった。結果、これだけの人数を数名の職員が直接指導、育成するのはとうてい無理だという結論になった。そこで、スタッフ内で新人指導チームをつくり、彼女らにそれらを任せ、陣頭指揮を執ってもらった。新人指導チームの名は「鬼」（チーム名も自身で考えた）、新人チーム名は「ひよこ」と「こっこ」であった。そのほかにも五つのチームがあり、それぞれ引っ越しにまつわる膨大な量の業務を行った。まさにベテランスタッフの面目躍如であっ

＊ここでいうスタッフは図書情報館に勤務する非正規職員のこと。以前は臨時職員、二〇二〇（令和二）年度から会計年度任用職員が正式名称であるが、親しみやすい呼称としてスタッフを使用。

た。今、当時の文書や書類を見直してみると、ほとんどの業務を紙切れ一枚で依頼しており冷や汗ものである。こんな一ペーパーでよく動いてくれたと感謝の気持ちでいっぱいだ。急激な変化でスタッフ同士の間でさまざまな軋轢が生じたことも承知している。職員も当てにならないため苦労が多かったと推測する。

スタッフが行った業務は、五万冊余りの請求ラベルの貼り替えとデータの修正、新館用図書の選書、二〇一七（平成二十九）年度早々に始まる学校配送用のセットの準備、安城資料コーナーのパネル作成、児童作家パネル作成、各種サインの作成、公民館図書室は休館しなかったため、通常の配本、予約処理、督促業務、相互貸借、システムが変わったため公民館職員の操作指導、資料登録、新刊受入れ、AV資料装備、閉架書庫の整理、出前おはなし会、ブックスタート等々である。

オープン後は「つる」「かめ」「うさぎ」という平和的な名前の三つのグループとなった。一人で二、三の業務を掛け持ちし、希望者はおはなし会やブックトークも行っている。また、各チームに三名ずつリーダーを任命し、全分野に精通できるよう二カ月ごとにフロアを移動してサービスを提供している。リーダーは一七名ほどいるメンバーの一時間ごと業務の割当表を作成し、業務が順調に遂行されるよう気を配っている。月一回開催しているリーダー会ではその月に出た問題や疑問について職員とともに協議し、より良い図書館をめざしている。この引っ越し、オープンを経験し、スタッフの自治が確立された感がある。現在では、郷土資料の宿題対策、レファレンス、本の補修等、スタッフが講師となり研修も行っている。また、オープン後に開始した、学校支援、レファレンス、さまざまなおはなし会、展示、プロ並みのポスター・チラシ作成など、専門的な能力を発揮している。

しかしながら、この体制がベストだとは思わない。行うべきは処遇改善である。専門性の高い業務であるのに、それにふさわしい対価とは思われない。リーダーは若干賃金が高いものの、安心して働き続けることができるようになんとか手を尽くさなければならないと思う。

図書館は情報提供の最前線であるため、常に臨機応変なサービスを展開しなくてはならない。これは業務内容が事前に決定している「委託」ではできないことである。常に職員と現場スタッフの間は風通しをよくし、何でも話せる雰囲気をつくり、お互い知恵を出し合いながらすすめていく、これが理想と考えている。これには、職員自身がプロとしての意識を高くもつこと、頼られる職員であることが前提である。スタッフの問題はつまるところ職員の意識の問題である。

行政マンの奮闘

二〇一四（平成二十六）年度には館長以下三名と新人司書一名が異動してきた。館長の寺澤は、建設に向けて新しい風を連れてきた。彼は今までの図書館の路線を尊重しながらも、人脈の広さを活用し民間から寄付を要請したり、着任直後に塩尻市の図書館を全員で視察したりするというフットワークの軽さとリーダーシップを併せ持っていた。また、新館での利用者拡大に向けて、市民の目を図書館に向かわせようとさまざまな取り組みにチャレンジした。真打も登場する本格的な落語会や、呉智英氏をはじめとする著名人による講座、地元作家の講演会、ユニークなところでは「きものLIBRARY」講座と称して地元芸妓さんの舞踊を取り上げた。しかし何より、各課との折衝（特に予算獲得）、調整、連携、ときにはゴリ押しなど、司書である私たちには欠けている、そして、新館建設には必須である場面での活躍である。

また、広報広聴係から異動してきた亀島は、若さとフットワークの良さ、尽きることのない泉のような豊富なアイデアで課内の雰囲気を一変させた。地元テレビ局や新聞などに積極的に働きかけ図書館の取り組みをＰＲしたり、公式ツイッターキャラクターあんずちゃんを誕生させ、オープンまでの様子をつぶやいたり、市長・部長・スタッフ全員の顔写真付き課全員名簿を作成したりの大活躍であった。

当時の私の心情を正直に言えば、彼らの活躍をしり目に、司書としての三十年余りの経験は図書館建設には通用しない、という挫折感でいっぱいであった。図書館という狭い世界で、自分の手の届く範囲でしか仕事をしていなかったため、本庁内の人との交渉、折衝の経験が乏しく、そのような場面では腰が引けてしまい、言いたいことも言えなくなる始末で後悔することが多々あった。建設・設計業者との詳細な打ち合わせにも参加したが、業者と堂々と渡り合う水上を見て、同じ専門職とは思えないと感嘆したものだ。

二〇一五（平成二十七）年度に、加藤が係長級で異動してきた。彼は、初めての係長級職とは思われないほど、持ち前の能弁さを武器に部下の管理、業務の進捗管理、システム業者や引っ越し業者との打ち合わせや契約をスマートにこなしていった。まさに事務屋のプロフェッショナルであった。しかも図書館初心者であり、図書館への思い入れはないにもかかわらずである。与えられた業務に粛々と取り組み次々とクリアしていくさまに私は呆然とし、彼に任せればいい、というズルい気持ちも芽生えた。当時、新館の利用者拡大を目的としたイベントの予算が二〇一五年度百万円、翌年度一五〇万円とついていたため、これを実施することを隠れ蓑とし、台風が過ぎるのをドキドキしながら傍観していた。なかには、重責や繁忙に耐えきれず、通院や病気休暇を取得する職員もいたことは、痛恨の思いとともに記憶している。

彼らの働きにより二〇一七年度のオープンを無事迎え、その後、当然のごとく、一人また一人と異動していったが、図書館の理解者となった彼らは、去ってもチームアンフォーレの貴重な一員であり、今後も図書館の味方として本庁内で発言してくれるであろう。

執筆時現在（令和二年度）のアンフォーレ課の職員体制は、正規職員（行政職）八人、正規職員（司書）六人、そして図書館サービス最前線のスタッフ六十人である。建設時の行政マンも重要なポジションであったが、オープン三年目を迎え、今後も成長する図書館としては、やはり司書だけではなく、庁内の複数の部署を経験し、事務能力、現在ではＩＣＴに関する知識・能力の長けた行政マンがサービスを前進させるには必須な存在である。また、正規職員の司書は、資料の選定・保存の最終決定し、読書活動推進のためのさまざまな方策を考え、そして、スタッフとともに現場に立ち利用者の動向やスタッフの個性を知りそのマネジメントを任務に含むこととしている。まさに両者は図書館という車の両輪である。

排架計画とラベルの変更、「らＢｏｏｋｓ」の創設

神谷美恵子（元アンフォーレ課 課長補佐）

排架計画は、利用者の利便性を最優先に考えて

新館建設が決まったとき、旧中央図書館ではできなかったことが思い切りできると考えた。一つは、開架スペースがほぼ限界にきていたため、泣く泣く閉架書庫に移動させていた本たちを再び開架に戻し、生き返らせたいということ。もう一つは、従来の分類番号にとらわれない、利用者の利便を最優先に考えた排架にしたい、ということである。

図書情報館四階南側に、通常より書架間の通路幅が狭く、八段の書架が設置されている収容能力十万冊の公開書庫がある。ここに、本来ならば閉架書庫に入れる新聞原紙、新聞縮刷版、雑誌のバックナンバー、県内地域資料を排架したが、それ以上に、出版年は古いが、内容は古びていない叢書（『西洋古典叢書』（京都大学学術出版社）、『ワイド版東洋文庫』（平凡社）等）、基礎的な資料集（『大日本史料』（東京大学史料編纂所）等）、および個人全

集や0類・1類・2類の全集を排架し、利用者が窓口で出納を希望しなくてもみずから図書を手に取ることができるようにした。ここは、通路が狭く高い書架に囲まれた本の森ともいうべきスペースになっており、迷い込んだ利用者にとって、人類の知的財産である図書の息吹を感じ、好奇心に目を輝かせる場所となってほしいという気持ちで設置した。

もう一つ、これは当館の大きな特徴といってよいが、「ジャンル別排架」をすべてのフロアに採用したことである。もう随分前のことではあるが、名古屋市のナディアパーク内にあった紀伊國屋書店に頻繁に出向き新刊の情報を得ていた。あるとき、なぜ書店では、請求記号もないのに、あるべき場所に本が並んでいるのか、という疑問をもった。この書店の棚では本の内容で集めたうえに、入門書から専門書へと順番に並んでいた。図書館は日本分類十進法（NDC）というルールにもとづきその番号順に並べることを常識としている。図書館では返却の際に元の棚に戻す置き場所としての住所が必要であるし、NDCをもととした検索を容易にするためでもあることは承知しているが、肝心の利用者の利便性はどうであろうか。花の育て方とフラワーアレジメントと植物学の図書は隣接していたほうが利用者には便利であるのは当然のはずが、そうではなくバラバラに置いてあるのは不親切である。狭い常識にとらわれ、利用者に不便をかけていたとなれば、いったい誰のための図書館なのか。早速、当時の図書館に戻り、関連のある分野の図書を移動、隣接させた。とはいえ、すでに開架スペースは手狭になっていてうまく排架できないジレンマがあった。そこで新館では、今までの利用者の声を最大限反映させた排架をしたいと考えた。また、本が分類番号順に並んでいないと利用者からクレームを言われたことがなかったということも後押しした。

まず二階は、「子どものフロア」とした。零歳から小学生までを対象とした絵本、児童書と、一般向けの子どもについて書かれているすべての分野（0類から8類）の図書を壁側に排架した。児童書と一般書の混排は、図書館が行う子育て支援の施策の一つと考えている。読書に限らず、子どもを取り巻く環境の向上は大人の責務であるため、さまざまな分野の情報の提供をすべきと考えたからである。

絵本の分類は今でも悩ましいものであるが、例えばおはなしの絵本では、「ウチの子は乗り物の絵本しか喜ばない」という保護者の声から乗り物絵本はＥＶ（Vehicle）とし、「七夕の絵本の読み聞かせをしたい」というボランティアさんの声から季節の行事の絵本をＥＣ（Custom）へ、「『しんぶんし』みたいな本（回文）が読みたい」という子どもたちの声から、詩・言葉遊びの絵本はＥＬ（Language）へ等、絵本の分類Ｅの後ろへアルファベット一文字を追記することにより、目的の本が探しやすいようにした。また、ノンフィクションの絵本は、たとえば「たんぽぽ」の絵本であれば、E47というように、Ｅの後ろに分類番号を追記した。また、小学校三、四年生の子どもたちのいちばん多い質問は「こわいおはなしある?」というものであった。旧館では三、四人の作者からそれぞれの棚を紹介したものであるが、図書情報館では「こわいはなし」というジャンルをつくった。児童書の回転率が四・四回であるのに対し、「こわいはなし」は七・七回で、利用者はもちろん小学生が六〇%とその保護者の年齢層の利用者が二五%である。「やりすぎか」と懸念したが杞憂に終わった。また、教科書に載っている本を読ませたいという保護者の声もよく聞かれたため、学年別に教科書と教科書に載っている本を集めたコーナーも設置した。

三階は「暮らしのフロア」とし、健康支援（H）、動物・植物（A）、ビジネス支援（B）等、フロアすべてを九つのジャンルに分け、エリアを確定し、そのエリア内で分類番号順に排架する、という方法をとった。例えば、旅行・地理（T）では、分類29だけでなく、日本の地域史（分類211／219）、国旗（分類288.9）、各国の事情（分類302）、温泉（分類453.9）、車の運転・カタログ（分類537.8／537.9）、鉄道（分類546／686）、世界遺産（分類709）、登山（786.1）を含むものである。このようにすべての分類をどの場面で暮らしに役立つ資料かどうかという観点で見直し、ＮＤＣの本表編を片手に一つずつ安城独自のジャンルに組み直した。この作業は長年の利用者対応の成果といってよい。

また、安城に関する資料はレファレンスがしやすいようにカウンターの隣に設置し、図書だけでなく、郷土の偉人紹介パネルや年表、地図なども作成し親しみやすいコーナーとした。安城以外の県内の地域資料は四階公開書庫へ排架した。

四階は、三階以外の分野および文学（９類）を排架し、「学問と芸術のフロア」とした。おおむね分類順に排架してあるが、唯一のジャンルは、時代小説（ＨＮ）である。池波、司馬、藤沢、佐伯……。この分野の利用者は固定客が多く以前からまとめて排架したほうが利便性が高まると考えていた。現在では、９類の回転数が一・

児童書の古典的歴史文学を揃えた「蔵出し時代小説」のコーナー。時代小説の棚はご年配の方に好評

五回転であるのに対し、時代小説は五・八回転という好成績である。利用者は六十歳以上が七八％である。また、古い児童書の中には、書庫に入れてしまうのが惜しいような歴史文学や伝記文学の良書がたくさんある。これらを蔵出しし、ＨＮのジャンルとし新たな利用者との出合いを創出した。その後、高齢のご夫婦が共にシルバーカーにちょこんと腰かけて、あれこれと本を選ばれている姿を目にしたときは、このコーナーをつくって本当によかったと思った。

「らＢｏｏｋｓ」の創設

アンフォーレはＪＲ安城駅前に建設され、中心市街地活性化という目的をもつ複合施設である。旧館は市街地の外れにあり図書館単独の施設であったため、図書館利用という明確な目的をもった利用者しか来館しなかったが、アンフォーレでは一階に交流やにぎわい創出するためのさまざまなスペースやホールがあり、常にイベントや物販が行われている。その来場者を逃すことなく、図書情報館にも足を踏み入れてもらうため、排架の面で一工夫した。それが「らＢｏｏｋｓ」という新たなジャンルである。

旧館では「らＢｏｏｋｓ」の元となる「ＹＡ（ヤングアダルト）コーナー」を、玄関ホール延長線上のスペースという一等地に設置し利用を促進していた。目に留まりやすい場所であったためか、利用者は中高校生だけでなく、多くの年配の方々がそれぞれの分野をわかりやすく解説した図書や、最新の社会問題を扱った図書を利用されていた。特に海外の児童文学では四十代以上の文学好きの女性の利用が多かった。この経験を活かし、新館では三階フロアの階段を上がった正面に「らＢｏｏｋｓ」を設置した。

その内容は「ティーンズ」（ジャンルＹＡ）、「進路・進学」（ジャンルＣＡ）「話題書・入門書」（ジャンルＴＯ）

「コミックス」（ジャンルCO）、「英文多読」（ジャンルYT）、ユニークなのは「再読」（ジャンルRE）である。これは、一九四六（昭和二十一）年から一年ごとの歴代ベストセラーや、昔、教科書に載っていた作品や少女小説などの懐かしの児童書を随時入れ替えしつつ揃え、新規の利用者や久しぶりに足を運んだ利用者に目を留めてもらうことを狙ったものである。実際多くの利用者が足を止め感慨深そうに本を手にする光景が見られる。結果は、ジャンル以外の図書の回転率が一・一に対して四・〇、利用者の五三％が五十歳以上である。

なお、「らＢｏｏｋｓ」という名称は、当館オリジナルで若手職員市川の考案によるものである。「Light（軽い、明るい、入門的な）」の「ら」で手に取りやすい読書への誘いという意味、「Like（好き）」の「ら」で本を好きになってほしいという意味、「Love（愛する）」の「ら」で、本を愛し、人生を豊かに生きてほしいという意

らBooksコーナーの様子。ティーンズ向けのほか、進学・就職支援の図書が並ぶ

味、そして、「La（英語の The にあたる）」では、豊富な資料の中から特に当館司書がセレクトしたとっておきの資料という意味が込められている。「らＢｏｏｋｓ」全体の平均回転率は六・七回転である。

このジャンル別排架は完成形ではない。今後も利用の傾向を常にチェックしながら微調整を繰り返す業務が必要と考えている。

コラム

押樋良樹氏との出会い

押樋良樹さま

安城市中央図書館の神谷です。先ほどは突然のお電話にもかかわらず快く応じていただきありがとうございました。

新しい図書館は、JR安城駅前に平成二十九年六月にオープンの予定です。（略）しかしながらレイアウト、デザインに関しましては素人の集団ですので、手に余ると危惧していたところ、所属している「児童図書館研究会」の平成二十七年十一月号が届き、久しぶりに先生のお名前を拝見しました。これぞ天の助けと思い、早速ご連絡をさせていただいた次第です。

先生のご連絡先は、今年の一月二十三日に行われた愛知県公立図書館長協議会研修会に参加した亀島という職員が名刺交換させていただいていたために知りことができ、たいへん幸運でした。（略）

これは、二〇一五（平成二十七）年十一月十八日に、私が押樋氏へ送ったメールの文面の一部である。新図書館のレイアウトや展示、排架について思い悩んでいたところ、久しぶりに目にした押樋氏のお名前に、藁にもすがる思いで連絡したのである。

押樋氏は、空間プロデュースやディスプレイデザインを手掛ける、株式会社乃村工藝社の社員であり、図書館のシンボルマーク、利用者カード、移動図書館車などのデザインに携わり、みずから「図書館員応援団」と称し、レイアウトや展示、また「魅力的な図書館員」について語ることができる稀有な人物である。

そのときお伝えしたのは、私たちが排架について考えていたことで、要約すれば、

①図書館を利用したことのない市民でも、求める資料に簡単に出合える、分類番号順にとらわれない排架

②資料に関連した模型、グッズ、紹介パネル等を配置し、それらを本と結びつけることによって利用者の興味を引き出し、貸出を推進する

というものであった。

当時の私は、先進図書館として視察した、山梨県立図書館の本を乗せる観覧車や川崎市中原図書館のパオに触発されていた。頭の中は、絵本の書架にはキャラクターのぬいぐるみを、科学の本のコーナーには岩石等の実物を、図書と並べて排架する、などという夢であふれていた。

押樋氏は返信のなかで「開館後のメンテナンス費用はつかないことが多いので「モノ」はない方が良い」とアドバイスをくださった。また、お願いした研修やアドバイザーへの就任については「お声掛けは嬉しかったが他の方を探してほし

い」と断られた。お引き受けいただけるものと早合点していたので大慌てで電話をし、こちらの熱意を伝えたところ「お役に立てることがあるならば」ということでなんとかご承諾いただけた。

二〇一六（平成二十八）年六月に「魅力的な図書館員と見せる図書館」をテーマとしたスタッフ向けの講義、その後、スタッフの服装・エプロンのデザイン協議、ポスターの描き方実技指導三回という内容でお世話になった。

押樋氏の講義に、私たちは「どのような新図書館をつくりたいのか」という基本的理念を考えることをおざなりにしていたことを突きつけられた。改めて、図書館の魅力はそこで働く図書館員の存在にあること、魅力的な図書館員であるためにどうふるまうべきか、「中央図書館」から「図書情報館」への名称変更が意図することは何かなど、新図書館についての考え方を整理し、共有することができた。

また、押樋氏の言葉をヒントに、オープンと同時に始めた「日めくり展示」（「その日の社会の風を図書館に！」という趣旨で、朝十時までに、朝刊から選んだ記事を紹介する内容のポスターを描き、関連書籍を集めて展示・貸出に供する）はその後も継続している。

さて、開館して三年目であるいま、書架に「モノ」を展示しなくてよかったと思っている。予算や保管の問題もさることながら、本はそれ自体が力を持っており、「モノ」による補完を必要としない。そして、その魅力を伝えることこそが、私たちの使命だからである。

開館準備のパニック状態で右往左往する私たちにとって、押樋氏の冷静な目と温かい励ましの言葉は、何物にも代え難い支えであった。なお、押樋氏にはいまも年に一度、フォローアップ研修の講師を務めていただいている。

神谷美恵子（元アンフォーレ課　課長補佐）

情報発信の模索

亀島章広（元アンフォーレ課 図書サービス係）

配属まで

二〇〇九（平成二十一）年、私は広報広聴係に配属された。主な仕事は市の情報発信。私が配属されたときに最もホットな話題の一つが、駅前の中心市街地に図書館をつくる、というものだった。ただ当時は多くの話題の一つとして、特別に意識することなく記事にしていた。

アンフォーレ関係で、私が最初に講演を聞いたのは、二〇一二（平成二十四）年六月二十四日に市民会館で開催された「中心市街地拠点施設フォーラム」である。そこで披露された図書館がまちづくりに貢献できるという可能性には、驚いた反面、まだ他人事のように感じていた。ともあれ中心市街拠点整備事業としてアンフォーレの計画は進み、図書館のほうもブックスタートや南吉生誕百年の絵本大賞などがあって、何回か取材や広報記事の作成をしたことを記憶している。

「広報あんじょう」（平成 26 年 2 月 1 日）表紙
ブックスタートの様子

特に二〇一四（平成二十六）年二月一日号「広報あんじょう」での、建物の外観や開業までのスケジュールを紹介する記事を作成したことは強く印象に残っている。この記事に取り組む少し前、「これからの図書館に明るい人間がいないか」と拠点整備部局の職員が話していたのを聞き、高校の同級生で本書の編者でもある岡部氏を紹介している。これを機に同氏に図書館界のトレンドを確認したり、記事構成に悩んで図書館職員に確認したりと、取材や記事作成に苦労した記憶がある。同時に「こういう施設に携わる職員は大変だろうな」とぼんやりと考えていた。

それが、二〇一四年三月下旬、私に中央図書館への異動内示が出た。私と同じく中央図書館への異動辞令を受け、館長となる寺澤に挨拶に行った際、「市の一大事業である新しい図書館の開館には、情報発信が不可欠だ。

そこで広報で活躍した君が抜擢されたと思う。一緒にがんばろう」と言われた。これまで学んだ仕事がそのまま生かせるのはありがたいし、「君が必要だ」と言われればこんなに嬉しいことはない。意気揚々と新年度を待っていた。

そして図書館に配属になり、「図書館は宝の山だ」と思った。それまでの広報のデスクでは、日々市民へ提供するネタを探しながら過ごす日々だった。各課が出してくる行政ネタはあるが、表紙を飾る写真や「おもしろいなー」と目を引くようなネタはそうそうにない。それが、図書館をPRする者という立場で見たとき、魅力的なネタがゴロゴロと転がっていると感じたのだった。

図書館に来て、館内各所のテーマ展示や、毎週来る新刊本、週に何回もある絵本読み聞かせ会、来館者やその過ごし方、貸出・返却される本のタイトルなどなど、図書館で働いている人にとっては当然であるものが、私にとっては驚きと感心の連続だった。図書館を利用している人、その魅力を知っている人は、人生得していると思ったと同時に、多くの「まだ知らない市民」に伝えるべきだと感じた。当時の私は、図書館内では当然ド新人である。とはいえ魅力を伝えないといけないし、今後、新しい図書館をつくるという仕事が待っているので、とにかく仕事を覚えたくて、貸出カウンターのうち最も利用者が来る窓口に入らせてもらった。配属三日目までに、カウンターやフロアで仕事をする数十名のスタッフほぼ全員の顔と名前を頭に叩き込み、教えを請いながら、中央図書館のことを頭と体で覚えていった。同時に、図書館のネタをとことん発信していった。

情報発信への体力づくり

情報を発信する。それも魅力的に、市民に、報道機関に、図書館を知らない人や興味のない人に売り込む、という行為には普段使わないパワーを使うものだ。そこで最初に意識したことは、私以外の職員が、あまり力を使わずに情報発信できるようにすることであった。

図書館を含め、市の一般的な情報発信のツールとしては大きく三つある。

一つは広報紙（市報）。これまでも毎月一回、「図書館からのお知らせ」と題した記事に、月一五回程度ある絵本読み聞かせ会の日程や、事前申し込み制のイベントなどを掲載していた。

二つ目はウェブサイト。これも以前から図書検索システムやイベントのお知らせ、利用案内などを掲載していた。

三つ目は、報道機関への投げ込みである。市では、新聞やテレビの記者などを集めた記者会見を毎月実施しており、また、広報係へ依頼すれば、その都度、各報道機関へ情報をつないでくれる。そこで記者の目に留まったネタは、取材などを経て各メディアに載って視聴者に届けられる。

私が注力したのは、三つ目の報道機関への情報提供に向けた体力づくりである。

報道機関のみなさんにはたいへんおこがましいと思うが、本書を読んでくれている図書館職員へ伝えたいことがある。報道機関は「来てくれるものじゃなく、呼ぶもの」である。

彼らは、常に情報に飢えている。何かおもしろいものがないか、良いネタがないか、常に探している。図書館は、本を通じて、イベントを通じて、毎日出せるネタがある。というか「館内には」出している。みなさんは普段やっているテーマ展示、読み聞かせ会、イベント等を、ぜひ報道機関に教えてあげていただきたい。ニュース性の高さを決めるのは報道機関であって、図書館ではない。十発中一発掲載されればいいや、くらいで考えてもらいたい。というのも、季節や時事ネタに合わせてテーマ展示や読み聞かせ会をどんどん変えて打ち出しているという、図書館司書の存在の大きさ、能力の高さは、情報発信において何よりも強い武器だからだ。司書の存在によって、図書館は話題の宝庫であることを報道機関に印象づけるべきだと思う。私は特に自信があるネタは直接電話で掲載を依頼した。こんなおもしろい展示やイベントが、誰にも知られないなんてもったいない、という思いだ。私が当館の情報発信の体力づくりでめざしていたのは、外部の報道を受けて、自分たちの活動に自信をもつことができ、次はこんなのはどうだろうと、報道発表を楽しめる雰囲気だった。

中央図書館時代はテーマ展示を中心に毎月数本の報道発表を続けたことで、月一回以上は、何かしらのニュースが新聞に掲載された。その結果、利用者や本庁の職員から声を掛けられることも多くあり、私自身も自信につながった。最初は「こんなネタで報道発表するの？」と聞いてきた他の職員やスタッフには、「ほら、新聞に載るだけの価値のあることをやってるんですよ」と言うことができたうえ、だんだんと報道発表に対する意識の変化と、全体的な士気の上昇を感じた。

定期的な展示以外にも、ノーベル文学賞や本屋大賞、作家の死去のニュースが入ったら即座にミニ展示をつくり、撮影し、急いで報道発表をした。すると、たいていの展示が新聞記事になった。このように展示をつくるだけでなく、図書館外に知らせるところまでをワンパッケージとした。

こうしたことを通じて、小さくても何か動いたときには、外部へ情報発信することが、あたりまえになるようにした。おかげで、図書館職員の中で、どんなに小さなニュースでも発信すること、報道記者は呼ぶという意識が根づいていった。

ツイッターで毎日発信

次に取り組んだのが二〇一五（平成二十七）年四月から運用開始した、公式ツイッターである。多くの人に図書館を知ってもらいたいと考えた。図書館を身近に感じてほしくて、働くスタッフのまさに緩やかな「つぶやき」調にしたいと考えた。「安」城「図」書館の、安図で「あんずちゃん」という名前とし、本庁でイラストの得意な職員に萌えキャラを描いてもらった。

運用で意識したのは継続性である。「つぶやくことが無くなる」という状態を最も避けたかった。運用開始当時の職員はやる気に満ちていても、担当を変わった途端に「やーめた」となるアカウントが非常に多い。また、つぶやくネタを毎回考えていては、いつかネタ切れになることはわかっていた。

そこで、一日一回は必ず（強制的に）つぶやく仕組みをつくることにした。それが「日めくり展示」である。毎日、その日の記念日にちなんだ本で数冊程度の展示を作成し、挨拶とともにツイートをすることとした。この展示では、悲しい話題（忌日、戦争等）は選ばない、十冊以内に絞る、全体的に楽しい展示にする、というルールを敷いた。司書としての知識や技術が無い私でも、何とか図書館らしく話題性のある取り組みができないかと考えた結果が「毎日テーマ展示をつくる」であった。ただ、集められる本の少ない記念日などもあり、作成に半日ほど費やしてしまう日もあった。

日めくり展示は、うまくできたと思ってもまったく手に取られなかったり、マニアックなテーマなのにたくさん借りられたりと、反響そのものがおもしろかった。同時に、NDCや排架もろくに知らない私にとっては、本を探すという行為そのものが本当に良い修行になった。図書館に足しげく通う高齢の常連さんが、日めくり展示をほめてくれたときは、非常に非常に嬉しかったことを覚えている。

ツイッターでのつぶやきは、中央図書館が引っ越しのために閉館してからもほぼ毎日続けていた。新しくオー

あんずちゃん

プンするアンフォーレの中身を少しずつ出したり、引っ越しの様子を見せたりして、オープンの気運を高めようと思ったからだ。市の大きなプロジェクトではあるが、市民と同じ人間である中の人がいることを伝えることで、少しでも親近感を湧かせる意図があった。

日めくり展示は、アンフォーレになっても継続することができ、休館日を除いては、いまだにツイッターのつぶやきが途切れることはない。それどころかコロナ禍の休館中も、職員が日めくり展示を毎日つくってツイートし続けていた。

図書情報館をつくっている途中の話

PRしやすい図書館

中央図書館の配属時には、図書情報館の建物の設計は完了していたが、細かい配置や配色、ICT設備の詳細は決定していなかった。そのため、図書の排架や設置する機器の選定について意見を言える機会があった。そのなかで、各フロアにテーマやテーマカラーを決めることを提案した。これがあると、後々に図書情報館全体のPRがしやすいのである。結果として、四階が「森」でグリーン、三階が「水」でブルー、二階が「光」でイエローというテーマに決まり、背ラベルや床の色にも反映されることになった。特に床の色については、フロアごとに空気感が違って、われながら良いアイデアだったなと今でも思っている。

建設業者、設計業者との話

中央図書館に配属後、まだ建設予定地が更地だったときに、建設業者(清水建設)、設計業者(三上建築事務所）、市などによる定例協議の場に何度か出席させてもらった。一般的に公共施設を建てる際は、建設部局が担当課の希望を吸い上げた設計書をつくり、これをもとに請負業者と定例協議を行う。このPFI事業による定例協議も「市から言われた内容はあってますか」と、最終確認をするような場であった。図面と工事の進行計画などが配られ、図面には柱や壁はもちろん、コンセントやLANケーブル、書架の位置などが書いてあり、協議の場で合意をもらいながら業者が工事を進めるのである。

この協議の場で印象に残ったことは、建設業者は、例えば図面に描いてある棚やコンセントが「何に使われるものなのか」をほとんど知らないことだ。自分たちが設置する棚に何が入るのか、コンセントにどんな機器が設置されるのかを、知らされていないことが多いようである。そのため業者から、「この施設を実際に使う職員に、目的を教えてもらうのはとてもありがたい」と言われた。「これは自動貸出機のコンセントです」「じゃあ今のコンセントの形状は邪魔になるので変えます」や、棚の向きが違うといったやり取りがあり、若手ながら出席の機会があったことや、実際の運用を想定できる経験と知識を学んだことは良かったと思った。

建物の要望は、市の建築課と中央図書館職員とで、何度も協議を重ねたうえで業者に伝えているものの、やはり伝言ゲームになり、細かいところまでフォローしきれない。一方で、この最終協議の場は、発言がそのまま最終決定となるため、平職員の発言にはリスクもある。ただ、業者には「市民にも職員にも誇れる建物をつくりたい」と、最後まで貪欲にこちらのニーズを聞く姿勢があり、図書館側も、肩書きや経験より、わかる者、できる者に任せる雰囲気が全体にあった。もちろん協議には係長も同席しており、責任を押し付けられたわけでは決してなく、後日になって「役職者がただ承認するだけでいいのかと思い、呼ばせてもらった」と教えてもらった。この協議の場に出席させてもらえたおかげで、より満足のいく施設ができたことは言うまでもない。

図書情報館のパンフレット

図書情報館の開館にあたって新たに作成したパンフレットは全部で八種ある。利用案内、子ども用利用案内、外国語利用案内、フロアマップ、子ども用フロアマップ、乳幼児の保護者向けガイド、小学生向けガイド、中高生向けガイドである。

三種類の利用案内

まず、一般向け・子ども向け・外国語の三種類の利用案内について、全体的な装丁は静岡県三島市立図書館の利用案内のデザインをそのまま使わせていただいた。図書情報館開館に先立ち、他館を訪問し、すばらしいデザインのパンフレットは参考にしたいと伝えた。説明文を書く、象徴的な写真を載せる、冊子を作る、という作業は広報部局の経験者にとってはそれほど抵抗を感じるものではない。作成にあたっては、司書の市川が、書いてほしい内容を、時に文章、時に箇条書きで示してくれた。それを話題ごとにページ分けし、ざっくりとしたラフ絵を添えて、デザインから印刷会社に依頼した。意識したのは、できる限り写真やイラストで見せることと、写真もアンフォーレや安城市民という「本物」を素材にすることだ。自動貸出機や返却ポストなど、館内のいろいろなものをカメラに収め、子ども向けパフレットでは、近隣の小学校図書室に行って、そこにいた小学生にモデルになってもらった。印刷会社から上がってきた第一校は、正規職員のみならずスタッフにも見てもらい、見やすさ、使いやすさを意識した。

利用案内

館内マップ

マップについては、これまでの中央図書館や他の図書館のデザインを「反面教師」とした。大きな特徴は「分類番号（ＮＤＣ）が無い」という点である。図書館の館内マップは、とにかく分類番号をすし詰めにしたものが多い印象がある。ひどい例でいえば、番号は有るのにジャンルが無いものすらある。市川と相談して、多くの市民は分類番号で探ることはないだろうと考え、図書のジャンル名だけを記載することにした。装丁は、人気の商業施設やアミューズメントパークでの配布や手渡し方法を勘案した。ちょうどエプロンのポケットに入るサイズで、利用者から聞かれたときにさっと開いてすぐに案内できる折り方を採用し、スタッフにとっても案内ツールとして使いやすいパンフレットを意識した。書き込みができるよう白地としたことも、工夫の一環である。

職員へのＰＲ

ある研修に参加した際、講師が話した「自分ごととしてサービスを考える」という言葉が、強烈に頭に残ったのを覚えている。これがきっかけだったか、「最も身近な利用者」として市職員をターゲットの一つに考えるようになった。ＰＲは大きく二つあって「職員としての図書館」と「利用者としての図書館」である。

職員としての図書館

本庁職員にもっと図書館を印象づけ、魅力的な職場であることを知ってもらいたかった。そこで、本庁を訪ねる際は必ずエプロンを着用した。多くの職員が「エプロン似合うねー」とか「違和感があるなぁ」と声を掛けてくれた。加えて報道発表や後述の庁内サービスを通じて、職員に「何やらおもしろそう」と足を運びたくなるイメージをもってもらい、味方を増やすことをめざした。その先に、優秀な職員が異動希望先に図書館を書くことも狙っていた。

利用者としての職員

職員の内部事務ポータルサイトには週三回、新刊本から選んだおすすめ本を掲載した。選ぶテーマは育児世代に向けた「子どもの本」、自治体職員向けやライフハック系の「仕事に役立つ本」、そして単純に読み物としておもしろい「ノンジャンル」である。これは思いのほか反響があった。貸出数ではない。実際に職員から「思わず予約してしまった」「自分の姪に借りていったら喜ばれた」といった声を多くかけてもらえた。

この職員向けサービスは、図書情報館開館二年目に、「政策支援サービス」へと昇華している。市職員や議員への図書サービスは、間接的な市民サービスにつながると考え、業務で必要な資料を集めて貸し出したり、積極的に図書購入リクエストを募ったりしている。二〇二〇（令和二）年度は二〇五件三七万三二六三円分の図書資料を、市職員や市議会議員に提供できた。職員も利用者であり、そして本庁職員を味方につける、という考えは非常に重要だろう。

中央図書館での展示、図書情報館での展示

中央図書館での展示

中央図書館にはテーマ展示コーナーが一般向け二カ所、子ども向けが一カ所あった。私を含めた六人程度のチームで担当していたが、私は「このテーマいいですね。この選書センスいいですね」と、鼓舞するばかりであった。スタッフとして働いている全員が、個々人のセンスやアイデアを出せる、できる限りトライできる展示にしたかったのだ。スタッフが楽しんでつくれば、利用者にも楽しさが伝わる。職員の好きな作家や、夏には青色の特集、ベタに食欲の秋としてレシピ本を並べるといったバラエティに富んだ展示ができた。別の課の職員とのコラボ展示も企画した。背景として、図書館が情報発信施設として使える場所だと、職員に認識してもらいたかったからだ。

図書情報館での展示

図書情報館の開館にあたり、展示用のテーブルやミニ書架を揃えることができた。おかげで、二階から四階ま

での、各フロアに季節の展示やテーマ展示をつくることができた。

展示で大きく変わったのは、日めくり展示である。株式会社乃村工藝社の押樋氏を講師に招き、その日の朝刊からテーマを選んでつくるものに変わった。始業から午前十時までに、テーマを選んで看板を描き、図書を集めて展示を作成する。時事ネタとリンクするので、図書館が課題解決、日々移り変わる情報にいかに対応できるかが伝わるものだと思う。

また、ホールやイベントスペースのある複合施設アンフォーレの中にあることから、図書館の宣伝を兼ねて出張展示（屋台展示）も展開した。講演会があれば、講師や講演内容に関連した図書を集めて、会場の出入口付近に屋台を構えることもしたし、多くの出店があるマルシェでは、一区画に「本の福袋」ブースを設け、貸出も行った。

隣接のカルチャースクール「暮らしの学校」の中にも、開講している講座にちなんだ図書を並べさせてもらい、複合施設の中にある利点を活かし、展示を館内に限定しない工夫も行っている。

展示は図書館の顔

図書の展示は、外部への情報発信という側面を除いても、図書館業務の大きな柱の一つとして位置づけている。図書館の醍醐味である「図書と出合う楽しみ」を十分に発揮できるからだ。図書館に初めてくる人にとっては、「図書館っておもしろいかも」とワクワクを感じることができるし、常連にとっては、変化と出合い、図書館職員との会話にもなる。オンラインの蔵書検索・予約システムがあるにもかかわらず、市民が図書館に足を運ぶのは、思いがけない本との出合いを求めているからだろう。

ある女子高生の話がある。彼女は「市の紹介をする」という学校の宿題に、アンフォーレの紹介を選び、取材にきてくれた。その際、こんな話をしてくれた。館内で中高生向けの展示「らぶフェス」を見かけたのだが、同世代の著者による本が目に入り、思わず手に取ったそうだ。内容は著者の留学経験で、これをきっかけに自分の進路を真面目に考え、進みたい大学と学部が決まったことを教えてくれた。このように、ある本との出合いが人の一生を左右することがある。図書館にはその手助けをする力があると感じ、よりいっそう展示に対する気持ちが高まったのである。

図書館司書の情報発信について思うところ

数少ない経験からの印象とはいえ、図書館は「情報」を扱う立場の割に、それを発信しようという意識がとにかく低いという印象がある。日々利用者のことを考え選書し、断腸の思いで除籍し、頑張って展示をつくって、苦労して排架して、身を削って業務に携わっている。もっと自信をもち、どんどん情報を発信すべきと思う。図書館は一つの施設ではなく、一つの「機能」だからだ。苦労してつくっている「機能」に乗せて、良い本、良いサービスをさらに知ってもらうべきである。

そして人も「情報」である、という意識をもつべきと思う。例えば、図書館見学の際、名刺交換もせず、本当にただ見て帰ってくる人が多い。「行ったことがある」は、行ったことにはならない。どんな些細な話題でもいい、名刺を渡して話を聞く、それではじめて行ったことになる。外から見えているものだけが図書館ではないことは、図書館で働くみなさんがいちばんわかるはずだ。名刺交換をすれば、自館のサービス展開で悩んだ際のヒントが聞けるからだ。

もう一つ。みなさんは利用者にみずから声をかけているだろうか。アンケートやメールという顔の見えない媒体ではなく、面と向かって聞いているだろうか。これはサービスを考えるうえで非常に参考になるし、悩んだときにすごく助けられる。私はよく、学生に声をかけた。新図書館は中高生をターゲットに置いた仕掛けも多かったので、図書情報館になって学習室が無くなったがどうか、とか、新しく導入した座席予約システムは使いやすいか、など。学生は適応能力が高いので、ほとんど良い意見しか聞かれないが、受け入れられていることがわかるだけでも、職員としての意義は大きい。ほかにも図書館を家族でよく利用する本庁職員や、いろいろな図書館に足を運んでいるウィキペディアンなど、さまざまな利用者の声を聞いてきた。

情報発信は、言い換えればPRすることである。PRの意味は「Public Relations（パブリック・リレーションズ）」、ざっくり言えば周りのみなさん（Public）と良い関係（Relations）を築くための活動である。情報を発信することは、人と資料を、人と人をつなげることにつながるし、膨大な図書資料（情報）を扱っている図書館だからこそ、それを発信するPRは、非常に重要な意味があるのである。

にぎやかな図書館

市川祐子（アンフォーレ課 図書サービス係）

ある日の光景

旅行ガイドを広げて囁き交わす初老の夫婦、サンドイッチ片手に資料を眺めるビジネスマン風の男性、机上にタピオカドリンクを並べながら問題集に取り組む女子高生三人組、ベビーカーを連ねて絵本架を巡るママ友たち、子どもに絵本を読み聞かせするお父さん、机をつなげて何か作業をしているグループもいる。返却ポストや自動貸出機の周りでは、子どもたちが自分で手続きをするのを両親が見守っている。個人学習室では、課題でも出たのか、たくさんの資料を広げながら持ち込みのＰＣを叩く大学生の姿がある。ヘッドセットをつけて語学の勉強をしている人がいる。これらは、図書情報館で日常的に見られる光景だ。昔ながらの図書館をイメージして来館した人々は、みな驚きを隠せない。

図書情報館では、他の利用者の迷惑にならない範囲内での会話・飲食を認めている。電子機器を利用しながら

2階子どものフロアの様子

の飲食、飲み歩きやこぼれる可能性がある状態での持ち歩き、飲食目的での利用などは禁止し、ゴミは持ち帰りとしているが、マナーを守ったうえでの利用については自由である。中学生以上の一般向けフロアである三・四階では、アルコールの持ち込みさえ可能だ。

また、ICタグを活用した図書館関連機器（自動貸出機、返却ポスト、IC棚予約コーナー、予約本受取機）の導入により貸出返却作業をセルフ化し、利用者の待ち時間の短縮とプライバシー保護を実現するとともに、職員の省力化を図った。持ち込み学習（図書館資料を利用しない学習）での座席利用に対しては、フリー閲覧席の大幅増と完全予約制の個人学習室（三二席）・閲覧席（六四席）を設定した。予約は時間区分制となっており、前日十九時からウェブサイト上で申し込みができるほか、空席があれば当日来館して申請することもできる。そのため、中高生のテスト週間など極端に利用が増える時期以外は、閲覧席が不足するという問題もなくなった。三階フロアにはグループ学習室（有料）とディスカッションコーナーを設置し、グループでの利用に供している。

「図書館」とは何か

新しい図書館をオープンするにあたり、私たちが常に自問自答してきたのは「図書館って何だろう?」ということである。そしてその逡巡のなかで、図書館とは「市民一人ひとりがその利用を通して自ら学び、考え、自立した市民として豊かな人生を送ることをサポートするために存在する」「市民のライフステージをサポートする「知の情報拠点」」(「安城市図書情報館運営基本計画」基本理念より)であると結論づけた。この場合の「情報」とは、図書や雑誌などの紙媒体資料や、視聴覚資料、電子書籍やオンラインデータベースなどの電子情報だけでなく、「人」をも含んでいる。図書館の資料やサービスを触媒とすることで、新たな意見や人との出会いという「情報」を提供するのである。この考え方は、にぎわいを創出するというアンフォーレ全体の目的とも合致している。

人の交流を促すならば会話は生まれるし、その潤滑剤として飲食物も必要になるだろうという発想は、幸いなことに副市長をはじめ、上層部のなかにもあったと記憶している。では次に問題となるのは、それを図書情報館の運用のなかでどこまで許すのかということである。ルール決めのための会議において、生粋の図書館員である神谷や私が「全フロアで飲食自由にしましょう」と述べたことは、他の職員からは意外に映ったようだ。なぜなら、図書館資料を貸出する以上、その先で資料がどう扱われるかは制限のしようがない。誰だって飲み物片手に本を読んだ記憶があるだろう。人によっては、ポテトチップスを食べながら読んでいるかもしれない。であるならば、図書館内だけ制限をかけても意味がない。どうせなら交流を促進できるように全面的に許可しましょう、というのが私たちの意見であった。

結果的に決まったルールの効果は、二階フロアで顕著に見られた。小学生以下の子どもと子どもを取り巻く大人のためのフロアである二階においては、本を一緒に探したり、読み聞かせをしたりするなかで、楽しい会話が生まれるのが当然である。また、乳幼児にはどうしても声が大きくなってしまうときや、水分補給が必要なときがある。彼らにたくさん利用してほしいならば、「静寂を守る」というルールは足枷にしかならない。その点からも、会話・飲食OKのルールは理にかなっていると言える。他自治体でも、子どもが泣いても大丈夫な時間を設ける「赤ちゃんタイム」という取り組みを行っている図書館があるが、安城市の場合はさながら毎日が「赤ちゃんタイム」なのである。小さい子を含む家族連れの来館者は、旧館時代と比べて目に見えて増えている。

ディズニーランドのホスピタリティ

では、フロアでスタッフはどのような役割を果たしているのか。図書情報館オープンに伴っていちばん大きく変化したのは、フロアワークのあり方である。従来のメインだった貸出・返却の業務は、ICT機器の導入によって利用者がセルフで行えるようにした。そして、その分の労力をレファレンスサービスに振り分けたのである。

レファレンスサービスとは、何らかの情報を求める利用者に対して図書館員が行う人的援助のことである。直接的には利用者が求める情報を提供する質問回答サービス、間接的には情報欲求に応えうる蔵書の収集・整理・保存が含まれる。これらは車の両輪のようなもので、いかに情報の検索が的確で素早くても、該当する資料の所蔵がなかったり適切な位置に収まっていなかったりすれば、利用者に提供することはできない。したがって、図書館資料を背ラベルに基づいて書架に戻す排架業務は、地味ではあるが図書館内でいちばん大切な仕事なのだ。

また、利用者のほとんどは自分が本当に知りたいことをストレートに尋ねてこない。例えば「安城市の地図はどこにありますか？」という質問の裏には、「知人宅への交通手段・経路・所要時間を知りたい」「五十年前に市内にあった店の名前を知りたい」「家を建てるので購入予定地の周囲の地形や地盤を知りたい」「安城市に学校が何校あるのか知りたい」「安城市が愛知県のどこに位置するのか知りたい」などさまざまな欲求が考えられる。いつごろの？ 安城のどこ？ その地図で何を知りたいのか？ などのレファレンスインタビューを通してはじめて、利用者自身にとっても本当に知りたいことが明確になるのである。このようなレファレンスサービスは、図書館の根幹であるとともに、機械化できない業務であると言えよう。

図書情報館では、三階にレファレンスカウンターを設置し、利用者からの質問に対応している。カウンターでは来館者に対応するほか、新着レファレンスブックやオンラインデータベースの把握、レファレンス練習問題での自己研鑽などを行う。受理したレファレンスについては、担当スタッフが国立国会図書館運営の「レファレンス協同データベース」に登録し、事例の記録とサービス向上に努めている。さらに二階のコンシェルジュカウンターは、図書情報館の顔として、利用者からのどんな質問に対しても案内を行う役目を担う。時には図書情報館内だけでなく、一階ホールの催しや南館にあるカルチャーセンターなどについての質問を受けることもあるが、適切な窓口につなげるのもレファレンスサービスの一環と考えている。

これらのサービスに威力を発揮しているのがインカム（IPトランシーバー）の活用である。飲食店などで導入されているのはよく見かけるが、図書館での利用は全国的にもめずらしいのではないだろうか。図書情報館ではフロアに出るスタッフは原則全員がインカムをつけ、バックヤードの作業場所にはスピーカー状態のインカムが置いてある。インカムを通した会話は全員が聞くため、どこにいても館内で起こっていることが即座にわかるのである。フォローやアドバイスが必要なときには、インカムに呼びかければ誰かが助けてくれる。レファレンスに際しては、蔵書を調べている間に別のスタッフがインターネット情報源を検索、また別のスタッフが関連本を探しに棚に走る、などの同時並行的な探索が可能となった。

　しかし、市民へのレファレンスサービスの周知は十分とは言えない。図書館で質問ができるとは思っていない人も大勢いるだろう。そんななかで私たちが目標にしたのは、ディズニーランドのホスピタリティである。フロアでは積極的に挨拶をして話しかけやすい雰囲気をつくり、困っていそうな人に対してはこちらから「何かお探しですか？」と声をかける。そのときに活用するツールがフロアマップであり、利用案内である。作成を担当した亀島とは「利用者のところに飛んで行って、ディズニーランドみたいにマップを渡してレファレンスしたい」「誰よりも案内する自分たちが見やすく、使いやすいものを」と意見を出し合った。接遇にも力を入れ、開館前

インカム（IP トランシーバー）

には航空会社から講師を招いての研修を実施した。利用者が本当に望んでいることをひもといてふさわしい情報を差し出すためには、常にフロア全体の様子を把握し、その時々に応じた対応をとる必要があるからである。開館してからも、月に一度の整理休館日には各フロアの連絡・相談や研修を通して、より良い利用者対応をめざしている。

「日本デンマーク」のにぎやかな図書館

図書情報館にはいろいろな利用者が訪れる。なかには「こんなうるさいところは図書館ではない」「図書館で飲食させるなんて考えられない」という市民もいるし、テスト週間になれば中高生が大挙して押しかけて騒がしく、批判されてもしょうがないと感じることもある。しかし、中央図書館時代と比べて若い年齢層が来館するようになったのは紛れもない事実だ。ティーンズ世代になれば、図書館は親に連れてこられるところではなく、みずからの意思で訪れる場所になる。図書館資料を使わずともテスト勉強等で友達と通った経験があれば、図書館は彼らにとって大切な場所となるだろう。そしてふとしたときに、机の横にある書架から本を取ることがあれば、それで良いのではないだろうか。

『デンマークのにぎやかな公共図書館』（新評論　二〇一〇）の著者である筑波大学の吉田右子教授によれば、北欧でにぎやかな図書館が現れ始めたのは一九七〇年代である。そして五十年経った今、公共図書館はにぎやかなところという考えが根づいているそうだ。今後日本の図書館がどの方向をめざすのかはわからないが、図書情報館で育った安城市の子どもたちが大人になったときには、もしかしたらこれがあたりまえの図書館になっているのかもしれない。

変わらないメインサービス①

二〇二〇年四月策定「安城市図書館運営基本計画」から

神谷美恵子（元アンフォーレ課　課長補佐）

旧中央図書館の最終年、二〇一六（平成二十八）年度の実績は、蔵書冊数七〇六千冊、個人貸出冊数一五九三千冊、市民一人当たりの貸出冊数八・五六冊である。[*1] 人口一五万人以上二十万人未満の市立図書館四九館中、市民一人当たりの貸出冊数順では第六位である。

図書館の評価は数字だけで表せるものではない。貸出冊数に大きな影響を与えるものではないが、館内の雰囲気、職員の接遇、利用のしやすさなども評価のポイントとなるであろう。そこで旧中央図書館では「利用者満足度アンケート」を実施していた。旧中央図書館での最終アンケートは二〇一五（平成二十七）年度に実施し、「職員の接客態度、言葉遣い」では八七・六％の方が、「職員の説明のわかりやすさ」では七八・三％の方が「満足」

＊1　日本図書館協会図書館調査事業委員会編『日本の図書館　統計と名簿　二〇一七』日本図書館協会　二〇一八

としている。また、「利用のしやすさ（貸出・返却・予約のしやすさ等）」では八〇・三％の方が満足であると回答され、全一三の質問の内、これらが満足度ベスト三となっている。自由記入の欄には、蔵書が豊富、居心地が良い、職員が親切など好意的なものが多い。一方、駐車場が少ない、開館時間が短い、空調の不備（最終年は空調がパンク）等のハード面での不満が多かった。

以上のように、旧中央図書館は、利用実績、利用者の満足度ともに高評価の図書館であったと言えるだろう。これらの長所を新図書館でも継続・拡大し、短所は減らす、という観点からオープンの興奮と喧騒が一段落した二〇一九（平成三十一）年度に「安城市図書館運営基本計画」を策定した。これはこの先十年間を計画期間とする、腰を据えた計画となっている。「飲食・おしゃべり可」としたことで、今までの図書館の常識を覆した風変わりな図書館というイメージをもたれたようだが、この計画の中身は従来の図書館サービスの一つひとつを今後も地道に進めていこうとするものである。

その基本理念は、次のようにうたわれている。[*2]

図書館は、市民一人ひとりがその利用を通して自ら学び、考え、自立した市民として豊かな人生を送ることをサポートするために存在します。今後も安城の図書館の良さを生かし、市民に積極的に働きかけ、信頼され役立つ図書館を目指し、十年後の目指す図書館像としての基本理念を、「市民のライフステージをサポートする「知の情報拠点」を目指して」とし、四つの基本方針を立て、具体的には二一項目の重点施策に基づいた取組みを推進していきます。

現代はさまざまなメディアや電子情報が満載で、目まぐるしく変化し一秒たりとも静止していない情報過多の時代といえる。データベースや電子書籍を取り入れながらも、自分のペースでじっくり選び、読み、考える、ということができる「図書資料」を豊富に揃え、市民の生涯学習に役立ちたい、また、「困ったときの図書館頼み」と言ってもらえるように、市民から当てにされる図書館でありたいという気持ちで策定した。市の計画は業者に委託して策定するものが多いが、この計画は職員手づくりのものである。課内で何度も協議を重ねていくうちに、自分たちの使命や希望が表出し、それを適切な文言で表現することは、若い職員にとっては良い経験であった。時には館長に詰め寄るような白熱した場面や、他課との打ち合わせが不十分だったため八方塞がりになることもあった。パブリックコメントにも多くのご意見をいただいたが、それもなんとかクリアし、二〇二〇(令和二)年四月一日の施行に漕ぎつけたときはホッと一安心したものである。

さて、この計画を簡単に紹介することで、当館の図書館サービス=変わらないメインサービスを紹介することとしたい。図書館を移転、オープンさせるという大きな山は越えたが、これからは一つひとつの図書館サービスについて地道な努力、小さな山を越えていこうとするものである。現在はどれも道半ばであり、端緒が開かれたばかりのものもある(図参照)。

いま、ここで内容を逐一紹介することは、あまりにもあたりまえのことばかりなので避け、本稿以降に記述のないものから三点ご紹介したい。

まず、重点施策のトップに、「資料の継続的な収集・整理」を掲げた。これは裏を返せば資料費の確保を全力で死守するという考えからである。身もふたもない言い方ではあるが、お金がなければどうにもならない、利用

＊2 「安城市図書館運営基本計画」一七頁からの抜粋。

者の多様な知的欲求、必要を満たすことはできないということである。当館は貸出密度が一〇・七冊と利用の多い図書館である。この数字をたたきすことができた第一の理由は、豊富な図書費によるものである。もちろん選書や排架、そしてレファレンス、接遇が大切なのは当然ではあるが、先立つものがなければどうにもならないのである。そしてこれをトップに据えたのは、今後もこの豊富な資料費を確保する努力、つまり財政当局に認めてもらうための折衝を果敢に行うという宣言でもあるのだ。

二つ目は「ビジネス支援サービス」である。図書館サービスが貸出中心から課題解決支援へシフトしてから早一五年ほど経つだろうか。多くの図書館がビジネス支援に取り組み、ビジネス関連書籍のコーナーを設けたり、データベースを提供したり、関連機関のパンフレットを設置している。当館ではそれらに加えて同じフロア内に

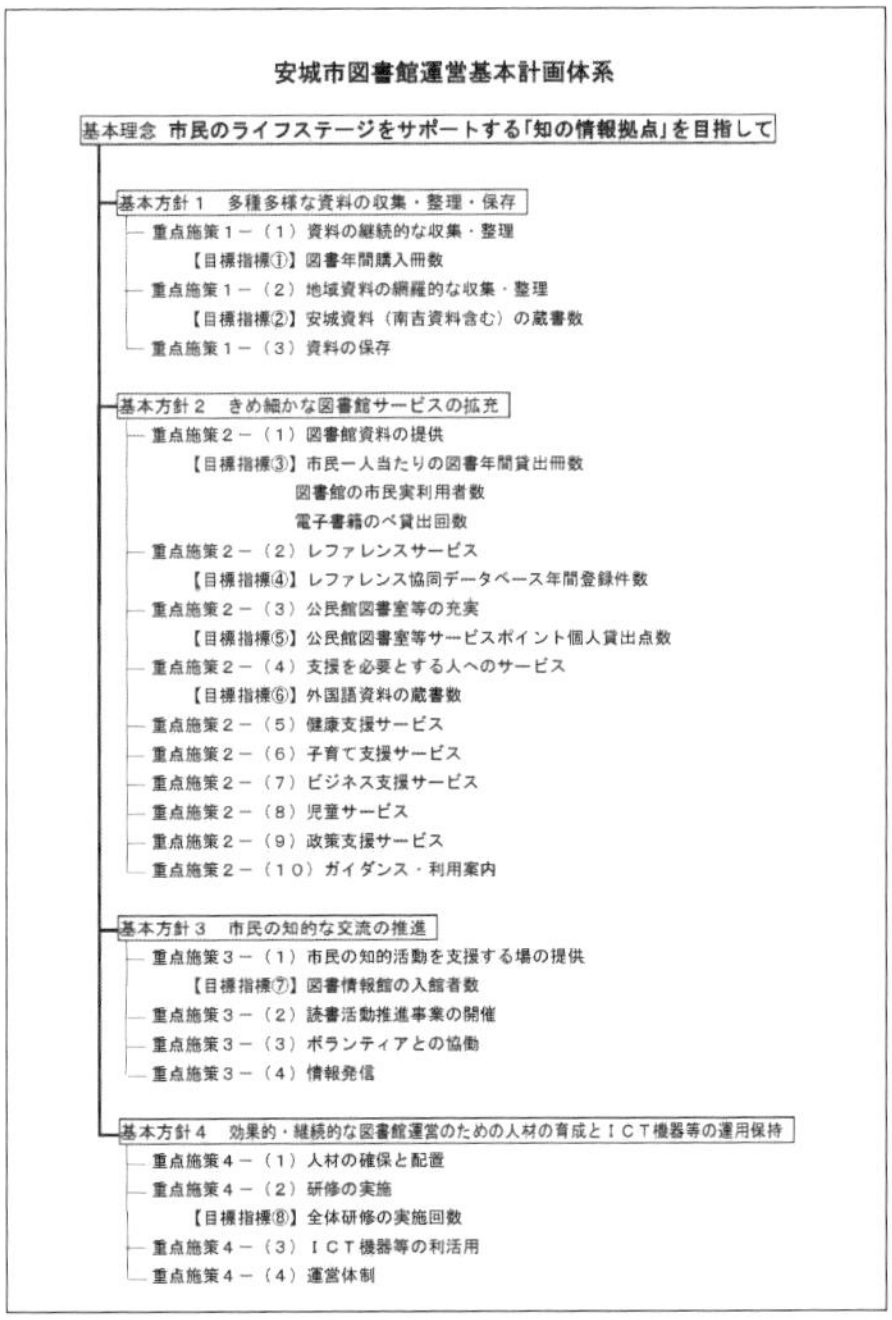
安城市図書館運営基本計画体系

基本理念　市民のライフステージをサポートする「知の情報拠点」を目指して

基本方針１　多種多様な資料の収集・整理・保存
重点施策１－（１）資料の継続的な収集・整理
【目標指標①】図書年間購入冊数
重点施策１－（２）地域資料の網羅的な収集・整理
【目標指標②】安城資料（南吉資料含む）の蔵書数
重点施策１－（３）資料の保存

基本方針２　きめ細かな図書館サービスの拡充
重点施策２－（１）図書館資料の提供
【目標指標③】市民一人当たりの図書年間貸出冊数
図書館の市民実利用者数
電子書籍のべ貸出回数
重点施策２－（２）レファレンスサービス
【目標指標④】レファレンス協同データベース年間登録件数
重点施策２－（３）公民館図書室等の充実
【目標指標⑤】公民館図書室等サービスポイント個人貸出点数
重点施策２－（４）支援を必要とする人へのサービス
【目標指標⑥】外国語資料の蔵書数
重点施策２－（５）健康支援サービス
重点施策２－（６）子育て支援サービス
重点施策２－（７）ビジネス支援サービス
重点施策２－（８）児童サービス
重点施策２－（９）政策支援サービス
重点施策２－（１０）ガイダンス・利用案内

基本方針３　市民の知的な交流の推進
重点施策３－（１）市民の知的活動を支援する場の提供
【目標指標⑦】図書情報館の入館者数
重点施策３－（２）読書活動推進事業の開催
重点施策３－（３）ボランティアとの協働
重点施策３－（４）情報発信

基本方針４　効果的・継続的な図書館運営のための人材の育成とＩＣＴ機器等の運用保持
重点施策４－（１）人材の確保と配置
重点施策４－（２）研修の実施
【目標指標⑧】全体研修の実施回数
重点施策４－（３）ＩＣＴ機器等の利活用
重点施策４－（４）運営体制

安城市図書館運営基本計画体系

図書情報館内でABCによる経営相談が行われている

「安城ビジネスコンシェルジュ（通称ＡＢＣ）」が入っている。

ＡＢＣは、図書館とは別組織で、安城市内の店舗・中小企業や起業家に向け、経営全般に関する相談や具体的なサポートを行っている。元商工会議所職員、地元大手企業のＯＢ、現役金融マン、中小企業診断士などの専門家を揃えた相談窓口であり、月に二百件以上の相談を受けている。

図書館ができるのは「資料・情報提供」である。それ以上の実際的な支援・アドバイスは不可能であるし禁止事項でもある。両者が同じフロアにあることで、訪れた人が資料・情報の入手と実際的なアドバイスを受けることが可能であり、相乗効果も狙えるのである。しかしながら十分な連携ができているとはいえず、図書館におけるビジネス支援サービスといいながら、「人のフンドシで相撲を取っている」後ろめたさが拭えないのである。今後どう連携強化を展開させるかが課題である。

三つ目は、政策支援サービスである。これは、市会議員や市職員等の政策立案・決定や行政事務に必要な情報収集を支援するものである。以前から行っていた市議会議員向けの百冊の団体貸出（あまり利用状況が良いとはいえないが）に加え、市役所各課に、電話一本で予約・リクエストを受け、業務に必要な資料を庁内便で届ける

（図書館職員が運ぶ）というものである。利用する側にとってみれば簡単な手続きで職場まで届けてもらえるため、図書館の印象が良くなるサービスといえる。ＰＲを重ねた結果、二〇二〇（令和二）年度は二〇五件（三七万三二六二円分の図書の貸出）、二〇二一（令和三）年度は二月現在で二三四件（五七万三〇九九円分の図書の貸出）の利用があった。このサービスは本市の現在・未来を決定するための重要な情報提供である。より良い決定のため、恒常的なサービスとして定着するよう努めなければならないと考えている。

以上、当館の運営基本計画のうち三点について内容をご紹介したが、計画を立てることの意味については、図書館の姿勢を広く市民に提示するという表の役割と、もう一つ内部の都合という裏の意味ももっている。

図書館は「丸腰」である。図書館法や条例などはもちろんあるが、図書館サービスについては細かな決まりはほとんどない。もちろん罰則もない。これは逆風が吹いたとき、とても心許ないものである。幸い当市の市長以下上層部は図書館行政に理解があり、現在私たちは大船に乗った気持ちで業務を遂行していられるが、これが永遠に続くとは思われない。本当は命や財産と同じくらい大切な施設なのだが、図書館は市民の命や財産に直接関係がないので、トップが変われば、また予算が厳しい状況になればそのあおりをまともに食らうことは容易に想像できる。いつか逆風が吹いたとき、この計画を盾として、ささやかな盾かもしれないが、当局としのぎをけずるのである。

今一つは、長年、図書館経験者でこの図書情報館の計画からオープンまで携わった職員である岡田、神谷が、二〇一九（令和元）年度末に同時に定年退職となり、職員は二十代、三十代が中心となった。そのため、次世代へスムーズにバトンタッチをしたい、という気持ちで策定したという背景がある。

変わらないメインサービス②

児童サービスに関わって

神谷美恵子（元アンフォーレ課　課長補佐）

読み聞かせボランティアのみなさんとともに

一九八五（昭和六十）年にオープンした中央図書館で、当時の係長から「児童担当になれ」と命令された。当時の私は、文学や社会評論、民俗学などに興味をもっており、また、「子どもの本」は子ども向けの幼稚なものと思い込んでいたため、断固として断った。「子どもの本以外なら何でもいいから」と食い下がったが、係長は、数名しかいない係員を見て「オマエしかおらん」と言い放った。子ども時代の読書体験といえば、昔話と少女小説という貧弱なもので、当時出版され始めていた国内外の児童文学や絵本などとは無縁の世界に住んでいたのだ。さて、どうしようと思い悩んでいるとき、たまたま目にしたのが、隣接する岡崎市の「子どもの本研究会」が開催する童話作家の連続講演会の新聞記事だった。さっそく入会し、以降約三十年わたり会員のみなさんから良い刺激を受けた。それは、子どもの本に関する知識というより、「子どもと本との関わり方」というべきもので、わが子や地域の子どもたちとともにどう楽しむかという視点によって貫かれていた。大人になっていた私は子どもの本の「おもしろがり方」を学んだのである。固くなった土壌（私の頭）をせっせと耕し、種を蒔き、水をやり……「子どもの本のおもしろさ」という果実を収穫しつづけたのである。この体験は、「本への信頼」をもつことにつながり、自館で児童サービスを始めるには、たいへんラッキーであった。

また、そこで活動されている市民のみなさんがたいへん生き生きと、みずからの課題に自主的に取り組まれているのを目の当たりにし、安城でもぜひこのようなグループを立ち上げたいと考えた。試行錯誤の結果、現在では絵本の基礎知識から読み聞かせの実技、グループ運営の方法までを含めた八〜十回の連続講座「読み聞かせボランティア養成講座」を開催している。結成されたグループは、登録ボランティアとして、年に一回程度の「読み聞かせボランティアスキルアップ講座」によりフォローアップをしている。また、「学校読み聞かせボランティア研修」（随時）を開催し、子どもと本との橋渡しをする大人を育成、支援するとともに、みずからの生涯学習として「子どもの本」の学びを応援している。

現在一七のグループがあり、図書情報館または、公民館で定例おはなし会、そのための勉強会、市内すべての公立幼稚園・保育園・こども園への出前おはなし会を行っている。図書館がハブとなり連絡・調整を行っているが、あくまでも自主的な活動である。

活動が長くなれば、さまざまな事情が発生し継続が難しくなっていくと思われるが、閉会したグループは今のところない。「引っ越します。長い間ありがとうございました。新たな地でも始めます」という挨拶もあったが、定年後に子どもの本と出合い「生きがいができた」とおっしゃった方もいる。本でつながる良き友、良き学びである。

三十年以上当館はこのような「学び続ける人」とともに児童サービスを展開しており、読み聞かせボランティアを続ける市民の存在を間近にして育った子どもたちは「良い大人の見本」として心に残り、人生に良い影響を受けるだろう。

子どもの本は、次々と新しいメディアが出現するなかでいちばん古くて、いちばん目立たないものである。しかし、一人ひとりの個性や成長にじっくり寄り添うことができ、心を育て、考える力を伸ばすことができる宝である。児童サービスは永遠のメインサービスである。

スタッフによる「アル・カモネおはなし会」の様子。希望があればフロアで行っている

レファレンスサービスを積極的に行う

コレクションの形成と蔵書の確保

市川祐子（アンフォーレ課 図書サービス係）

蔵書の特色

安城市では従来から資料購入費として潤沢な予算措置をとっていた。図書情報館の準備が本格化する前の二〇一四（平成二十六）年度予算においても、七千万円が資料購入費として計上された。同一人口規模（一五～二十万人）での貸出密度上位自治体一〇％における平均資料費が六五〇〇万円程度であることからも、資料購入費に恵まれていたことが伺える。

どこの自治体でもそうであるように、図書館の蔵書はその土地の特色や利用者の要求によって独自のコレクションを形成していく。安城市では、先進的な農業経営で「日本デンマーク」と呼ばれた歴史から農業資料、全就業人口に占める第二次産業従事者の多さ（二〇一五年の国勢調査によると、安城市四一・五％、全国平均二五・〇％）から自動車工業などのものづくり関連資料を重点的に収集してきた。また、情報社会の進展に伴ってＩＣＴ関連資料も積極的に収集し、情報工学の専門書、特にオライリー社の出版物を豊富に所蔵していることで、SNS上で話題になったこともあった。

排架においては本籍方式をとらず、中央図書館と一一カ所のサービスポイントの所蔵資料を配送ネットワークで結ぶことによって、あたかも一つの大きな図書館を使っているかのような利用が可能であった。資料は基本的に返却された場所で排架されるが、基本書や専門書など中央図書館に必ず置いておく必要のある資料には目印を付与し、資料提供に不便がないよう工夫していた。これらの運用は現在も継続している。

新館用資料の購入

二〇一五（平成二十七）年度から二〇一七（平成二十九）年度の三カ年は、新館用の資料購入費として年二千万円が増額された。この増額分で新館での重点サービスである「健康・子育て」「ビジネス」「まちの魅力発見」に関わる資料、CD・DVD、多言語資料を中心に、蔵書の増強を図ることとなった。だが、もともと資料購入費に恵まれていたため基本的な資料についてはすでに所蔵している。さらに、選書を行う正規職員（司書有資格者）は三人しかいなかった。このようななかで大きな力を発揮したのはベテランのスタッフ（臨時職員）である。

二〇一五年度は、スタッフ二五人が正規職員のもとに「子育て」「芸術」「洋書（英語）」など一四のチームに分かれ、担当ジャンルの選書を行った。図書館の業務システムで検索できる書誌情報をはじめ、出版社目録、インターネット情報源、名古屋市内の大型書店での見計いなど、あらゆる方法を用いて一万点を超える資料のリストを作成し、購入に役立てたのである。

二〇一六年度には、スタッフ二八人に通常業務と並行して新図書館業務を担当してもらった。継続して選書に携わるスタッフもおり、ＣＤ・ＤＶＤ、レファレンス本、闘病記、コミックス、多言語資料などのリスト作成を行った。重点サービスにあたる「ビジネス」「健康」資料の収集を行ったのもこの年からである。この分野は日進月歩で変化するため、ギリギリまでリストの調整を行った。特に困難を極めたのは多言語資料の収集である。当時の安城市民に占める外国人の割合は三％であり、国籍別ではブラジル（三二％）、フィリピン（二八％）、中国（一八％）、韓国・朝鮮（六％）の順となっていた（二〇一七年十月現在）。これに合わせて、英語資料だけでなく他の言語の資料を収集したいと考えたが、大型書店でもほとんど取り扱いがない。かろうじて中国・韓国語資料の情報は入るとのことだったので、頼み込んで日本人作家作品の翻訳本リストを作成してもらい、それを用いて選書を行った。特に必要と思われたブラジル（ポルトガル語）資料については、直輸入の専門業者に依頼し、現地で出版されている書籍を取り寄せてもらった。このような取り組みの結果、外国語資料の蔵書数は二〇五二冊（二〇一五年度末）から四二七七冊（二〇一七年度末）へと増加した。図書情報館開館後も収集は継続し、約五千冊に上る多言語資料コレクションとなっている。

二〇一七年度の開館直前には、最新の住宅地図やＪＩＳハンドブックなどを購入。開館後には利用の状況を見ながら、随時資料の買い足しを行った。

地方自治体の会計には会計年度独立の原則があるため、予算はその年度に執行しなければならない。しかし、建物ができる前に一万冊を大幅に超える資料が届いても置き場がない。そこで、図書館専門業者からの購入については、アンフォーレの建物引き渡しまで納品せずに預かってもらう条件で契約を交わした。また、図書目録データ（ＭＡＲＣ）や背ラベルなどの装備も込みで依頼し、購入した資料を新図書館用にするためにできるだけ手間がかからないよう準備を行った。

このように新館用資料の購入には、かなりのパワーが必要だった。しかし、今まで溜めていた「いつか所蔵したいリスト」の本を片っ端から購入できたのは幸せな経験だった。作業が深夜に及ぶこともざらであったが、ずっと蔵書にしたかった「藤子・F・不二雄大全集」全一一五巻や大活字本を一気買いしたときなどは有頂天になり、映画「サマーウォーズ」の主人公張りに「よろしくお願いしまぁぁす！！」と発注ボタンを押したものだ。旧館では児童利用の呼び水として小学生向けを揃えていたコミックスは、大人向け資料中心の選書に切り替えた。子ども向けに限定しなくとも、彼らはコミックスであれば頑張って読んでくれる。日本財団「これも学習マンガだ！」プロジェクトで選ばれたタイトルを中心に、コミックスを読むことで新しい世界を知ることのできる本や手塚治虫などの名作・受賞作を揃えた。担当になった職員は、休日にマンガ喫茶で候補作を読み漁ったこともあったらしい。ある意味、選書にいちばん力を入れたジャンルとなった。

本はそのときしか買えない

日本における年間の書籍新刊点数は約七万五千点（二〇一六年時点）。そのうち半数以上は絶版や品切・重版未定で一年も経たずに入手困難となると感じている。だから実は、開館の直前だけ予算がついても必要な資料を揃えることはできない。安城市では二〇一四年から、文学の複本を中心に、手芸、料理、絵本など、年を経ても利用に耐える資料について日々の除架作業の際に選別を行い、段ボール箱に詰めて保存していた。最終的には一万冊以上の資料がストックされた。

ストックを行った理由はもう一つある。他自治体で新館をオープンした際、今後増える本を見越して開架の五割くらいしか埋めないでいたら、オープン直後に利用者によってほとんど借りられてしまい、棚がガラガラで苦情が来たという話を聞いていたためである。そこで、図書情報館における分野ごとのキャパシティを計算し、最終的に開架の八割方が埋まるよう資料を準備した。結果的に開館した二〇一七年六月の貸出数は前年度月平均の約一・五倍に上ったが、棚がガラガラになってしまうことはなく胸をなでおろした。

学校図書館支援サービスの拡大

市川祐子（アンフォーレ課　図書サービス係）

新たなサービスへの助走

二〇一三（平成二十五）年四月、私は三年の産休・育休から復帰し、再び中央図書館の司書として働き始めた。舞い戻った中央図書館では、新図書館への準備が始まっていた。年度当初の打ち合わせでは、職員それぞれが新図書館で行いたいサービスを考え、その実現に向けて先進都市を視察する方針が示された。私は、学校へのサービスを強化するならこの機会を逃してはいけないと考えた。そこで、当時から学校図書館支援で有名であった荒川区（東京都）・市川市・柏市（千葉県）へ視察に伺った。いずれもすばらしいサービスを展開していたが、最も刺激を受けたのは柏市である。

柏市では、学校教育部の主導のもとに学校図書館・学校図書館指導員の整備と利活用を行い、公共図書館が資料提供でサポートする理想的な関係が築かれていた。実はこの年から安城市でも学校教育課により八人（中学校区に一人）の学校司書が配置されていたが、まずは学校図書館の環境整備が課題であったため、研修等は中央図書館が丸抱えしている状態であった。学校からは「学校司書＝中央図書館の人」と思われていたのではないだろうか。柏市の取り組みからは、学校図書館や学校司書が「チーム学校」の一員と認められなければ、活用にはつながらないとわかった。またそのうえで、学校教育側と公共図書館側それぞれに熱意ある担当者が必要であると示唆された。なるべく予算をかけず、組織の連携がサービスのベースとなっている点も、安城市がめざすべき方向性だと感じた。視察に対応してくださった柏市の学校教育部の梅津健志先生と市立図書館の諏訪部正敏氏から異口同音に「制度は人です。あなたがその中心の熱となってくださいね」と言われたことは、今も私の支えとなっている。

その後、二〇一五（平成二十七）年三月策定の「ＩＣＴ化基本構想」で図書情報館と学校図書館のシステム連携が明記され、学校図書館支援の拡大は既定路線となった。サービスの実施に向けて司書教諭や図書館主任との意見交換を行うなかで、いちばん声として大きかったのは物流の問題である。多忙な先生方に取りに来てもらう方式では、どうしても一部の利用にとどまってしまう。物流ネットワークの構築は必須課題だった。図書館トップの寺澤は「良いことは何でもやれ。責任は俺がもつ」と常々言っていたとおり、物流について相談してすぐ教育長の許可を得てくれた。物流ルートを検討するため一枚物の安城市全図を机に広げ、学校を一つずつマッピングしていったことは昨日のように覚えている。全小中学校を四つのルートで回れるよう設定して Google マップで各ルートの所要時間を計算したら、きれいに三時間ずつとなった。嬉しくなって思わず上司の加藤に報告したものだ。

もう一つ欠かせなかったのが、学校教育側の「人」の存在である。ハードが整っても、人がいなければシステムは動かない。その「人」として、図書館教育アドバイザーが置かれることとなった。図書館教育アドバイザーには、学校図書館の知識を有するほか、学校教育現場および安城市の教育行政に通暁している人材、という贅沢な要望をしたところ、なんと長らく学校図書館に携わってきた元学校長の青山が配置されることとなり、神谷と拍手して喜んだ。また、図書館教育アドバイザーの業務場所として、図書情報館に学校図書館支援室が整備されることとなった。

新たな学校図書館支援サービス

このようにして、図書情報館の開館に合わせ、①図書館システムの連携、②定期配送便、③学校図書館支援室の新設、の三サービスを展開することとなったのである。*

図書館システムの連携

まずは資料情報へのアクセスとして、学校図書館と公共図書館のシステムを連携させた。スタンドアローンであった学校図書館システムをネットワーク化し、公共図書館の書誌データに紐づけることによって、これまで書名など最低限の書誌事項からの検索しかできなかった学校図書館資料が、あらすじや件名など多様なキーワードから検索可能となった。また、学校図書館で不足している資料について、どんなタイトルが公共図書館にあるの

＊学校図書館支援の事業については、『学校図書館』二〇二〇年八月号でも報告している。

定期配送便の種類

名称	朝読便	テーマ便	きーぼー便
目的	朝の読書活動や学級文庫で活用できる読み物について、目新しい資料を定期的に提供	調べ学習など授業で使用される資料について、学校図書館で不足する部分を補う	教職員および児童生徒が希望する特定の資料について、学校図書館で不足する部分を補う
冊数	1コンテナ20冊 小学校：3コンテナ／学年 中学校：8コンテナ／学校	クラス毎に40冊まで	制限なし
依頼方法	不要	1週間前までに「安城市内小中学校テーマ便連絡票」をFAX	学校図書館システムから希望する図書を直接予約
貸出期間	3週間		
貸出日	年間巡回スケジュール	配送日を連絡票で指定	準備ができ次第
内容	朝の読書活動や学級文庫に活用できる読み物を中心とした図書20冊セット	調べ学習や総合学習など、授業で活用するテーマにあわせた資料	安城市図書館所蔵の図書・雑誌・紙芝居のうち、貸出可能なもの
選書	図書情報館	図書情報館・図書館教育アドバイザー	利用者

学校図書館支援サービスの効果

年度	2015	2016	2017	2018	2019	2020
小中学校貸出総数（冊）	59,759	25,649	130,067	131,175	134,918	116,551
うちテーマ便（冊）	3,600	2,807	5,492	9,546	12,176	8,860
うちきーぼー便（冊）	—	—	247	500	1,243	989
学校図書館貸出数（冊）小中学校29校の計	243,102	275,226	276,139	307,886	301,882	206,881

・2017年1～4月は開館準備のため、2020年3～5月は新型コロナウイルス対策のため団体貸出休止
・2018～2020年度、学校図書館は新型コロナウイルス対策のため休館・利用制限等を各校で実施

か学校図書館システムから直接調べられるようになった。なお、この検索は学校↓公共の一方通行であり、学校教育に必要な資料が一般市民に借りられることのないよう配慮している。

定期配送便

二つ目は定期配送便である。学校に居ながらにして資料の提供を受けられる「足」ができたため、これまで利用が伸びなかった遠方の学校からも盛んに依頼が届くようになった。

定期配送便で運搬する資料は、目的によって表の三種に分けられている。

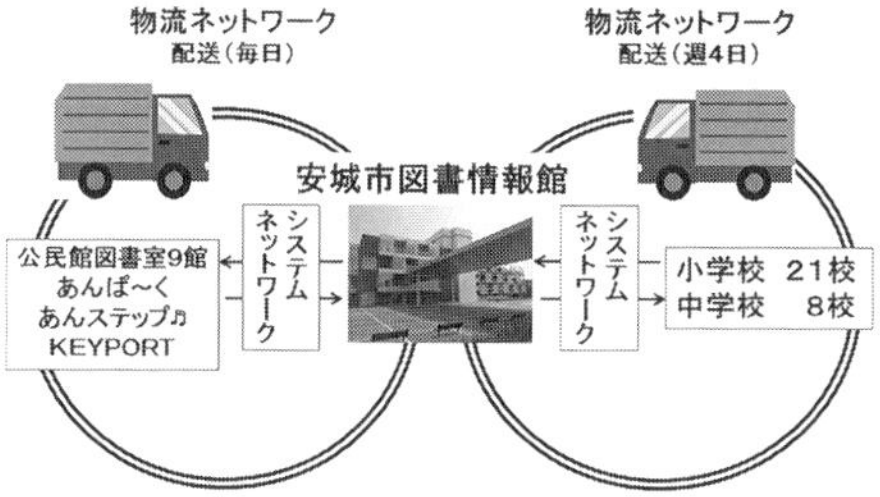

学校図書館連携のネットワーク

配送はシルバー人材センターに委託

学校図書館支援室

図書情報館に設置された学校図書館支援室では、図書館教育アドバイザーと図書館職員が協力して学校支援サービスにあたっている。学校教育課の職員である図書館教育アドバイザーの業務は、テーマ便依頼者への問い合わせ、学校・教育委員会との調整、学校司書の監督と研修の実施など、非常に幅広い。学校図書館支援室には学校支援専用として一万冊以上の資料を準備しているが、その資料が生きるのも人がいてこそである。学校教育現場と図書館資料を結ぶ要として、図書館教育アドバイザーはなくてはならないポジションとなっている。

公共図書館の役割

図書情報館の開館から四年が経ち、学校図書館支援サービスの効果は徐々に現れつつある。特に、学校図書館と公共図書館の連携による相乗効果によって、学校図書館の利用も伸びているのが喜ばしい。ただし、サービスを行ううえで常に心に留めておきたいのは、あくまで公共図書館が行うのは学校図書館のバックアップであるということだ。学校教育で必要とされる資料・情報は、本来学校の学習センター・情報センターである学校図書館が提供するものである。毎日気軽に立ち寄れる学校図書館に、読みたい本・調べたい本が整えられていることが、子どもたちにとっていちばん良い。公共図書館の使命は、直接サービスの件数を増やすことではなく、学校図書館が充実していく手助けをすることなのである。

まだサービスは始まったばかりである。今後もサービスをとおして、子どもたちに読書の楽しみと情報利活用のきっかけを届けられるよう工夫を重ねていきたい。

職員インタビュー①

にぎわいを創出する仕掛け!?

沓名広紀・池田貴之（元アンフォーレ課　まちなか連携係　係長）

――お二人の経歴を簡単にご紹介ください。

池田　二〇一九（平成三十一）年にアンフォーレ課の係長に着任しました。ただ、すぐにまた異動になってしまい、アンフォーレの業務に直接携わったのは一年ですね。といっても、予算上の関係で財政課当時から絡みはずっとありました。

沓名　僕は一九九三（平成五）年四月に入庁しまして、収税課に五年、生涯学習課生涯学習係に一年。一九九九（平成十一）年四月から霞が関の中小企業庁に研修生として出向していました。当時は、中心市街地の活性化が国の政策の一丁目一番地のときです。小売商業課で、全国の中心市街地活性化に携わりました。出向研修を二年で終え、二〇〇一（平成十三）年四月に戻って市街地整備課へ。二〇〇四（平成十六）年に名称が変わり、まちづくり推進課となりました。

その後、環境保全課ごみ減量係へ異動しました。神谷市長が二期目の選挙公約でごみ減量二〇%を打ち出されて。ごみ処理に年間三十億かかっている。これは小学校一校をつくるのと同じ金額だ。だからごみ減量を進めることが必要だと。ただ、実際にごみを減らすのは各家庭ですから行政側は啓発しかやりようがない……。その後、企画政策課の新美南吉生誕百年にあわせた南吉プロジェクト係に異動しました。終了後はシティプロモーション全般のプロジェクト推進係をやるぞと。そのころにアンフォーレができるわけですが、なぜか広場やホールを活用してにぎわいをつくる担当セクションがなかった。図書館の職員は図書館のこと以外は考えないし、ハード面担当職員は都市整備部だからにぎわいなんていうソフト面はやったことないし。そこで、「これは企画政策課でやるべきだろう」と課長が声を上げ、「にぎわいの部分を沓名が担当しろ」と。建物のデザイン、図書館やホールの用途も決まったあとでしたので、だったらもっと早くから関わらせてよ……（笑）

そのころ、課長はstudio-Lの山崎亮さんの本を読んでいたく感動されたらしく「studio-Lと一緒に仕事をしたい」と言い出されたのです。当時のstudio-Lは引っ張りだこの人気会社でしたので、いろいろな自治体からオファーがあったようです。当然、料金が高い。これはstudio-Lから聞いた話ですが、見積額が一千万円を超えるとだいたいの自治体は「ああ、うちにはちょっと……」と言われるそうなのです。安城市への見積額は一二〇〇万円くらいでした。市としては、この拠点施設のソフト部分はにぎわい創出の肝だという気概があったので、委託費として一九〇〇万円の予算要求をしていました。なのでstudio-Lに電話して、「もっと高くていい、もっといろんなことを手がけてほしい」という話をしました。studio-Lの社内では「安城市さん、こんなこと言っている！　ここと契約して大丈夫か！」と大騒ぎになったらしいです（笑）

――クリエーター側としては本当に嬉しいでしょうね。

沓名　そうかもしれませんね。やりがいがある。だけどそれだけお金を振られるということは、次に経験したことがないような重圧がのしかかってくるのでは、という恐怖感があったと思いますよ。結果的に、二〇一五（平成二十七）年度からの三年間、studio-Lと一緒ににぎわい創出のためのワークショップなどをやりつつ、アンフォーレのスタートダッシュを決めようということになりました。

そこで、今後のアンフォーレを考えたとき、機構改革が必要だと。図書館の運営とにぎわい創出スペースの運営を別々のセクションが担うのは好ましくない。教育委員会から中央図書館（図書情報館）を外さないと、と。機構改革を行う部署の課長が、教育委員のもとへ何度も何度も説明のために足を運びました。

――図書館は教育委員会が所管するというのが長い間あたりまえでしたよね。しかし教育委員会だと動きにくいので市長直轄にするという動きがありますが、安城市はけっこう早い段階でしたよね。

沓名　そうですね。アンフォーレ全体を市長の意向を反映できるところに置きたかったのです。そうすると教育委員会から出さないといけない。でも図書というのはやはり教育の中枢ですから、自分たちの手から離されることに対する抵抗は強かったみたいですね。あとは、図書館をつくったら、まちづくりの話が出始めてきた。そういったなかで、市長部局にもっていくことへの反発もあったようです。

僕らにしてみれば、特に図書館は、すごく言葉が悪いですけど、年間五十万人を確実に引き寄せるための装置でしかない。中心市街地活性化は東京へ出向したときから二十年間ずっとやっているのですが、まず活性化の定義が決まっていないことが諸悪の根源だと僕は思っています。人通りが減ったとかまちが寂れたとか、感覚論でしかない。そもそも、お店側が歩いている人に向けて商売をしていない。だから、人を集めるというところを行政がやるよ。でも、その集めた人たちをお客にできるかどうかは、商店側の仕事だよ、と。これは市長も同じ考えです。「馬を水飲み場に連れていくことはできるが、馬に水を飲ませることはできない」というイギリスの諺を、商店街の人たちの前でじきじきに話されていましたので。年間五十万人が集まる施設をまちなかにもってきました。そこを活用してにぎわいをつくるプレーヤーを育てて年間百万人が来館する施設をつくったよ。あとは商店街のみなさん、あなたがたの仕事だよと。

――結果、商店街はにぎわいましたか。

沓名　商店街の多くのお店は小売ではなく卸売を中心にしているために、アンフォーレにどれだけの人が来たとしても、そもそも興味を示さないというのが一つ。あと、市民はワンストップで済ませたいので、駐車場から図書館へ行き、駐車場へ戻って帰っていく。商店街には何も用はないという先入観がすでにあるため、最初から歩こうともしないですね。たぶんそれは日本全国どこも同じだと思います。

――一つでまとめたかったらショッピングモールへ行ってしまえばいいという話ですか。

沓名　そうです。モールへ行けば、遠くの駐車場に停めて、二、三分歩いて店の中に入って、一、二時間ぐるぐる歩きますよね。しかし商店街ではそれができない。なぜできないのか、おそらくいちばんの要因はドアですね。商店街の店へ入るにはカランコロンとドアを開けなくてはいけない。消費者心理としてハードルが高いのですよ。「店に入ったら、何か買わないといけないのではないか。何も買わずに店を出るのは、申し訳ないのではないか」と。

にぎわいの定義というものは存在しないのです。だからアンフォーレの一階のスペースを指定管理に出すとき、商店街との連携が必須と仕様書にうたったのです。指定管理者と商店街とで話し合って催しごとを決めてくださいという仕様にしました。そこに商店街が立ち上げた「安城スタイル」というまちづくり会社が手を挙げて、採用されたのです。だから、どんな趣味嗜好の人たちを集めたイベントをそこにつくり、商店街を歩かせるか、目を向けさせるか、安城スタイルが選ぶことができる、商店街が望むにぎわいの形がつくれるのです。

池田　去年（二〇一九年）一年担当したなかでは、日中の商店街の人通りは期待したほどは増えていないというのが実感でした。しかし御幸商店街の中でも有志の方で組織化されている団体が、定期的に会合をもったりしながら、前向きに取り組んでいましたので、心強く思っていました。

――具体的にどのような方針を定めたのでしょう。そしてそこにあった意図とは。

沓名　指定管理の仕様書や貸館のルールとして僕がつくったのは、エログロ以外はOK。まちなかに人を寄せてきてくれて、このまちには人がたくさんいる、という状況をつくってくれるのだったら何でもあり。商売ができる公共施設はないです。公共施設だから商いをさせないようにしようという意見もありましたが、それは違うでしょ、むしろ商いをさせないと、と。

これは東京にいたときは気づくことができなくて、こちらへ戻ってきてから、こうして仕事をしていて、自分の中にできた一つの考えなのですが、中心市街地の活性化って求心力だと思うのです。あそこの場所に行けば何かある、と消費者側もプレーヤー側も期待する。そう思ってもらえる求心性が、中心市街地にいちばん必要なものだと僕は思っていて。ショッピングモールもそうですよね。明確に買いたいものがなくても、どんなテナントが入っているか知らなくても、何かあるという期待があるからそこに行く。

それはシビックプライドの部分にもつながります。まちを象徴する一枚の映像がほしい。例えば、パリと聞いたときに凱旋門とかエッフェル塔とかの絵が頭に浮かぶ。浅草といったら雷門の絵が出る。でも安城にはそういうものがない。

――つまり、シビックプライドにつながる交流の場を仕掛けていった、と。

沓名　そうです。これは僕にとってはおもしろかったのですが、指定管理の募集説明会を当時の中央図書館の会議室でやりますとリリースしたら、ビルメンテナンス系の会社を中心に、わんさか六十社ぐらいの参加があったのです。そこで施設のねらいや指定管理者にやってほしいことを説明したのですが、開始五分ぐらいで、全員、死んだ魚の眼になっている（笑）。途中退席可とすればよかったなと、そこは反省しました。安城市にも指定管理の仕様書の雛形はありましたが、それはいわゆる貸館などを前提にしていて「にぎわいをつくる施設」には向いていなかったので、その雛形はほとんど使えませんでした。

――仕様書をつくる際にコンサルは入れなかったのですか。

省名　入れてません。日本で初めての施設ですから、誰も仕様書をつくることはできないです。これは役所の中でも少し揉めましたが、いわゆるプロポーザルの採点表から、金額の欄をなくしました。

　これはたしか、副市長まで説明しに行ったのです。予算で上限は決まっているわけだし、これだけの予算を投入してまちのにぎわいをつくるというところまでもうセットしているのだから、安くて貧相なものは要らないです、と。

――私も指定管理の選定委員をしたことはありますが、ほとんどの案件は予算で決まってしまうばかりで、委員として提案書の意図を汲む余地がない。残念に思っています。

省名　公園をつくる、ビルのメンテナンスをする、というような、やることが決まっているものであれば、より安いものを選ぶということでいいと思います。金額の欄をなくすことについてはすごく揉めましたが、なんとかクリアで

週末にはマルシェなどでにぎわう願いごと広場

きてよかったと思っています。

あと、安城市のルールで、初めて出す指定管理事業は三年、二回目からは五年と決まっています。アンフォーレの場合、初めての施設で、そこを使うプレーヤーを育てていかなければならない。人づくりの構築には三年では足りない。これではにぎわいづくりはできないですよと、副市長を説得に行った。採択された指定管理者が失敗したらどうするのだと言われましたが、そこは何とかしますと言って。

本当は直営でやりたかったです。僕だったら指定管理よりもうまくできるという根拠のない自信があったので。自分の担当前に決まっていたので、指定管理にせざるをえなかった。

——いろいろとおもしろい話を伺えました。今の状態は当時の担当者からするとどう思われますか。

沓名　できてからの困りごとは数えきれないほどありましたよ。

池田　アンフォーレは物販もできるイベント施設であるとか、会話できる図書館であるとか、利用者も運営側もみんな初めての経験なので、トラブルの対応とか、とりわけオープン直後はすごい状態だっただろうと想像はしますね。僕が来たときは、もうだいぶん利用者のほうも慣れていた。オープンのときは大変だっただろうな、とよく思いましたね。

職員インタビュー②

引っ越しとオープン直後

加藤康平（元アンフォーレ課 図書サービス係 係長）
亀島章広（元アンフォーレ課 図書サービス係）
市川祐子（アンフォーレ課 図書サービス係）

――引っ越しとオープン直後の様子を伺います。まず、みなさんのバックボーンについて。

市川 市川です。大学で図書館情報学を専攻して、卒業後の二年間は山梨県庁（県立図書館）で働き、そのあと二〇〇七（平成十九）年に司書職採用で安城市役所に入庁しました。中央図書館時代からずっと異動なく、今はアンフォーレ課ということになります。途中、二〇一〇（平成二十二）年から三年間、産休育休でお休みして、二〇一三（平成二十五）年に復帰しました。

亀島 法学部を卒業して、二〇〇五（平成十七）年に安城市役所に入庁しました。最初に体育課へ配属されて、体育館に四年間勤務していました。そのあと広報の部署を五年間経験して、中央図書館に配属されました。そこからアンフォーレの開館後一年目までの四年間、図書館にいました。

加藤 一九九六（平成八）年に入庁しまして、アンフォーレオープンの年が入庁二二年目だったと思います。資産税課や企画政策課など、いろいろな部署を経験して、二〇一五（平成二十七）年に係長級職で初めて図書館に来ました。

――みなさん開館準備を経験されたわけですが、どのような感覚をおもちだったのでしょうか。

加藤　図書館に呼ばれて、大変な時期に来ちゃったなと（笑）。できれば違う部署に行きたかったですね。

亀島　私は、それまでが広報で、市長の公約の一丁目一番地を、市役所の中で先陣をきって宣伝している部署でした。だから、まさにその中に飛び込む感じで拝命したと記憶しています。率直に言って、当時の中央図書館と本庁は別の組織のような印象でした。異動の内示が出て挨拶に行ったときは、正直なところ、伏魔殿のような雰囲気を感じました。

私自身は体育館という外の施設を経験しており、図書館勤務自体が良い悪いというのはなかったし、嘘か本当か知らないけど「君が必要だ」と次期館長から言われていましたので、どちらかというとやる気に満ちていました。新年度は、私も含め多くの職員が入れ替わったからか、雰囲気は全然違いました。良いところだと思いました。

市川　二〇〇七年くらいのシンポジウムで「図書館が中心市街地に行くんだ」と。それは絶対、私の仕事になる、と思っていたような記憶はあります。実際にはあの時期には、まだ図書館と正式に決まってなかったようですが。

亀島　もう万策尽きて、市役所がいろいろ考えたあげく図書館にしました、という感じだった。そのタイミングじゃないかな。

――加藤さんはいかがですか。

加藤　亀ちゃんが一年間で良い雰囲気をつくりあげてくれていたので、すごく入りやすかったです。初めての庁外施設勤務でしたので、どんなところだろうな、と思っていましたが。

市川　たしかにあの年の四月の人事異動でいっぺんに雰囲気は変わりましたね。当時はまだカウンターの委託を引き上げて直接雇用にして数年というところで、スタッフにもそこまで仕事を任せていなかった。そこに館長として異動してきた寺澤さんが、スタッフに対して、あなたたちが大事だ、協力しあってやっていきたい、すべての責任は私がとる、ということをはっきり言われた。そこから雰囲気が変わりましたね。私もすごく働きやすくなりました。

――なるほど。では、図書館でどんな仕事をされていましたか。

加藤　初めて係長を拝命したのが中央図書館だったのです。ただ係長でしたので、何か具体的な担当業務をもっていたというわけではないです。

亀島　館長も係長も事務処理的な総括の仕事は当然あります。計画をつくる、進捗に従って報告書をつくる。でも、共通して言えるのが、それを厳密に進めていくというよりは「みんな元気でやっているかい」と常に表情を見ながら仕事をしてくれていました。それがいちばん大きかったと思います。

市職員って二パターンいると思うのです。正規じゃない職員に対して「金を払っているのだからやれ」という人と「なんとか一緒に頑張ってください」という人と。寺澤館長も加藤係長も、全員がいないとこの課は成り立たないという意識で仕事をしてくれていたので、非常にやりやすかったです。「いいよ、失敗しても」と言ってもらえると、部下としても素直に「失敗しました」って言えますしね。

加藤　いいこと言うね、亀ちゃん。お茶もってこようか。お代わり（笑）

亀島　いただきます（笑）。そういう配慮は目に見えないことだけど、アンフォーレの立ち上げがうまくいったいちばんの理由かもしれないですね。

――市川さんはどうでしたか。

亀島　ずっとびびっていたからね（笑）

市川　いや、本庁は怖いですよね（笑）

亀島　僕が図書館に入ったときに最初に言われたのが、島流しだと思わないでくださいねって。本当に最初に言われたのですよ。それはちょっと驚きでしたね。

加藤　でもそれ、聞かなくなったね。今は、人事異動の希望で「アンフォーレに行きたい」という職員が何人かいるみたいだよ。

市川　当時はもう、お二人含めてすごい人たちが来たと。一線級の人が来たなっていう。

——たしかに、立ち上げの際、市役所の第一線の人材をぼこぼこ入れたっていう話を、いろいろな人が同じように言いますね。

市川　そうです。「あの人はすごいらしい」って内部で噂になるような人たちがやってくるので、ヒイッて思って。亀島さんとも一年ぐらいは「すみません、今よろしいですか」みたいな（笑）

亀島　覚えていないけど（笑）

市川　「加藤さん、お話させていただいてもいいですか」みたいな（笑）

加藤　物理的な距離も遠かったよね。

——今、みなさん爆笑していますが、その距離感はどのくらいだったのでしょうか。

市川　困ったときや、私の判断では決められないところがあったときに相談すると、必ずちゃんと答を出してくださるので、すごく守られているという印象でした。「図書館のことは専門家のあなたに任せるよ」と言ってくださるので、自分の専門分野ではできるだけのことをしようと思えるし、業務の線引きがちゃんとされていたので、すごくやりやすかったですね。

——逆に、係長からすれば、部下は広報でバリバリ鳴らしてきた、図書館をずっと学んできた、という顔ぶ

れ。使いにくかったとかはありませんか。

加藤　それはなかったですよ。それぞれ得意分野があるから。新しい図書館をいかにつくるかというのを自分一人で考えるのは無理ですわ。だけど自分がやれる分野というのは必ずあって、ここは自分がやれるエリア、「ここは外部に発信していかないかんね、亀島君お願いします」「ここは本を揃えてもらわないかんね、市川さんお願いします」って、うまく役割分担できていた気がします。

大きく間違っていなければ担当の思いは絶対汲んであげたいし、新しい図書館でやりたいことをやれるのがいちばん。それに、みんな仕事はパッパとやってしまうものだから、すごくやりやすかった。本当に、いいときに係長をやらせてもらった。好き勝手やってコントロールできないとか、仕事をしてくれないとか、自分の守備範囲から絶対に出ないとか、そういう部下はいなかったので悩みはなかったですね。うちは協力しながら、うまく回っていたような気がします。得意分野はそれぞれだけど、みんな同じ方向を向いていたので仕事が楽しかったですね。

市川　「こういう仕事があります、誰かやってください」と言われると、誰かが率先して声を上げる。「やります。これは私の仕事ですよね」って。今もそれは変わりませんね。

亀島　ざっくり「新しいことをやれ」としか言われていないわけですよ。だから何が失敗か、とかもない。あえて言えば、去年と同じことをやっているのが失敗、ぐらいの話で。当時の館長も、失敗を恐れるな、金もどんどん使えと、そういうことを平気で言う人だった。もともと企画政策課長という市役所の未来を一手に指揮していた人が館長になっているわけですからね。ほかにも、予算の部署や商工課という部署を経験している係長がいる。コネと知識はすべて揃う職場でしたね。なので、ある程度の方向性はすぐ指示してもらえる。そこがよかったです。

——円滑な業務や人間関係のために試してみたアイデア、工夫したことなどはありますか。

亀島　小さなことですが、みんながいかに仲良くできるかを重視して、課内での顔写真つきの名簿をつくりました。お互いの名前を呼ぶことでコミュニケーションが生まれるし、風通しがよくなると思ったのですね。正規職員とスタッフ間で、新しく来た館長はなんていう人なんだろう、あの郷土資料担当さんはなんて名前だろうとわかるだけでも一体感が生まれますよね。そういう、チームが一丸となれる仕組みづくりを考えていました。

加藤　部下のアイデアは全部採用しましたね。基本、駄目出しはしないです。もともと駄目なものは出てこないし、やってみなきゃわからない。

——新館立ち上げの仕事量って、並大抵じゃないですよね。しんどかったこともあったのではと思うのですが、いかがでしたか。

加藤　引っ越しの休館期間の設定はけっこう揉めたよね。休館期間を四カ月と決定するまでの内部調整がすごく大変だった。二、三、四、五月の四カ月間休みますよというところが、なかなか理解をしてもらえない。「更生病院の引っ越しは一週間で終わったんだぞ。なんで図書館が四カ月もかかるんだ。一カ月でやれんのか」みたいな。病院の引っ越しとはやり方が違いますよってオーソライズするのに相当時間がかかったかな。

結論としては、図書の貸出サービスは止めませんよ、休館期間中も公民館図書室で本は貸し出しますよ、と。ですから開館準備はじっくりやらせてください、ということでね。ただ、引っ越し業者は嫌がったよね。せっかくセットしたのに棚から本を抜いていくわけだから。

市川　安城市の図書館は、中央館と公民館図書室などのサービスポイントがあるなかで、基本的には本が返却された場所で棚に並ぶという運用になっているのです。本籍地方式を採っていないのですね。そう考えると、全部で一つの図書館。

サービスを止めないということは、本がいずれかの窓口で借りられればいいわけです。そこで、引っ越し最中の中央図書館の蔵書も、検索も予約もかけられるようにしていたのです。そもそも、段ボールに入っている時間をできる限り短くしました。「何万冊の本を一斉に段ボールに詰めました、箱が山のようにできました、それを移動させます」ではなくて、「数百冊ずつちょっと入れて運ぶ、開ける、棚に並べる」という繰り返しです。

加藤　引っ越し業者さんに言われたんです。段ボールに全員で詰めて、それを一気にトラックで運んで、一気に全部開ける。そういう方式がいちばん早いです、と。だけどそれはできないので、常にトラックが一日何便も動いている。だから、梱包する業者もいれば、運搬する業者もいれば、開封して排架する業者もいる。

市川　全部で五十万冊に及ぶ本の移動は二カ月ぐらいかかりました。

亀島　クレームはほとんどありませんでしたね。

安城市の図書館の強みの一つは、予約本の流通が非常に速いことなのです。今まさにダンボールに入っている本は別として、棚にある本を予約したら遅くとも次の日には借りたい場所に届くのです。ですから、ブラウジングができなかったことを除けば、そんなにサービス水準は落ちていなかったと思います。

加藤　今、亀ちゃんが言ったように、サービス水準を落としませんという引っ越しなので、いつもより長いお休みをいただきたい、そしてじっくり開館日を迎えさせてほしい、良いものをつくるにはこれだけの期間はどうしても必要なのです、と説得しましたね。

市川　当然ですけれど、引っ越し作業と並行して、新刊の購入やリクエストの受付もずっと休みなく行っていました。

――建築周りについても少し、お話を伺いたいです。

亀島　当時、建築会社との会議には係長が参加していたのです。そこにどういう経緯だか、私も参加させてもらうようになったのです。そこで気づいたのですが、建築会社は、なんでこの動線なのかということをわからないまま進めているのです。そこに私が参加できたのがありがたかった。このあたりは「情報発信の模索」（一三三―一四七頁）で書いています。図書館サイドに一級建築士の資格をもっている技師も配属されたので、建物の担当職員の側から見て判断ができた。

加藤　同じ課にいるからいいのだよね。アンフォーレ課と建築課と何とか課でやっていると、課長もばらばらで、一枚岩にはならないのだけど、建築士が同じ課にいるっていうのは大きかったよ。

――ソフト面についてはどうでしょう。

亀島　各個人が自由にやってくれと言われたら、過大なプレッシャーと責任を感じることになりますよね。そこを真正面に捉えずに、楽しくやれば何とかなるでしょうという気持ちで、なんとなく走り抜けたような気がする（笑）

市川が、受入れ、排架、除籍、すべてを一手に担っていたのですが、夜中までずっと新館の書棚の前にいるのを横目で見て、加藤係長も私も手が出せないから、「頑張れ」「いいよ、大丈夫」とか言って。それしか言えなかったですね。地獄です。

市川　もう、家庭は「ごめんなさい」しかないですよね。私がこういうことに突入するということが育休明けからわかっていたので、主人は基本的には在宅勤務でやるよと言ってくれて。もともと家事をやる人だったのもよかったです。子どもたちは「お母さん帰ってこないね」って（笑）。気がついたら「あれ、なんか車、新しい？」みたいな（笑）。自家用車を買い替えたのも認識していなかったのですよね。正直、忙しすぎてあのあたりの記憶が全然ないのです。

――忙しすぎて記憶が飛ぶということですね。

市川　出勤は普通に朝八時半に来て、夜九時ぐらいに同僚にコンビニでお菓子を買ってきてもらう（笑）、そのころに亀島さんが戻ってくる。

亀島　私も子どもが生まれてすぐだったので、五時十五分のチャイムと同時にいったん帰って、寝かしつけをしてから夜九時に戻ると、同僚が「亀島さん来たからそろそろ帰ろう」って。そこから市川と二人でラジオが「おはようございます」と言う時間ぐらいまで仕事して、それから帰る、という感じでしたね。

市川　いちばん大変だったのは、システムの調整です。その時期は職場で朝を迎えましたね。いまだに私のロッカーには毛布が入れてあります。

加藤　僕はそんなに遅くまでっていうのはないのですけど、みんな総力戦だった。部下に「ここ出てくれる?」って言ったら「いいですよ」って言ったあとに「僕これで二十何連勤です」って。俺、係長なのに把握してないぐらい。「この子二十何日働いちゃったのか」と思って。全体像が見えてなきゃいけないのに、それぐらいぐちゃぐちゃだったね。開館前後はみんな休んでいないよね。

亀島　休めないですよね。

加藤　開館初日だって、バックヤードにはまだ段ボールが積んであったよね。

市川　もちろん見計らいもその間ずっとやっていますし、新刊は休館中でも毎週六百冊ぐらいは選書して買っています。

加藤　いまだに開館初日のイメージが思い出せないのだよね。そんな大事な記念すべき日に、どこにいたのかな。

亀島　とにかく職員は全員フロアに出て、聞かれたことにすべて答えるっていう体勢でしたね。

市川　私はエスカレーターを上がったところにいて、フロアマップを配っていました。「ようやく利用者に会えた!」って思いましたね。事務室に戻ったときに「死なたくてよかった」って言った覚えがあります(笑)。超楽しいって。もうハイですよね、完全に。

加藤　もうとにかく、すごいお客さんだったよね。

市川　とにかく全員どなたも、すごく嬉しそうに入ってこられるじゃないですか。私は「図書情報館へようこそ！」って（笑）。インカムを持って、ずっと一日フロアに立っていましたね。

――たしか私は、子ども連れで訪ねたのです。当時は京都に住んでいたのでその住所を書いたら、職員さんがすごく嬉しそうな顔をされたのを覚えていますよ。

亀島　利用者登録の住所要件を撤廃したのだよね。

市川　新規の利用者カードを作るのも大変でしたね。専用の部屋を準備して。

加藤　ひと月で一年分の発行枚数になったのだよね。旧図書館の利用者カードも使えるようにしたから、そんなに新規発行はないだろう、と僕は少し楽観的に考えていたのですよ。それが完全に外れた（笑）

――市川さんからは、開館のときにはハイだったと伺いましたが、亀島さん、加藤さんはいかがでした。

亀島　どうだったかねえ。覚えてないけど。

加藤　どこにいたのかなあ。どこかにはいた。

亀島　私は、初日かどうかは別にして、とにかくメール、手紙、電話の問い合わせや苦情に対応していましたね。当然、中央図書館とアンフォーレの図書情報館では、いろいろなものが違いますから。まったく方向性も違う。まず吹き抜けで人の声はダダ漏れ。フロアマップには、わざと分類番号一切書いていません。ウェブサイトも、システムが変わって全然違うものになっていますから。昔のものに慣れている人からしたら使いにくくなりますよ。問い合わせの九割九分は、改悪だという内容でしたね。それに対して、いやいや、そうじゃありません、この図書館にはこういう良さがありますよ、とご説明していました。たとえば、飲食ができることです。みんなコーヒー飲みながら家で本を読んでいるでしょ。吹き抜けで人の声が聞こえますが、みんな電車の中で読んでいるでしょ、家の中でテレビつけながら読んでいるでしょ。なんで図書館だと急にそんな制約が入るのって。にぎわいを創出するための図書館です。これが魅力なのですって。

——クレームをつけてくる人は、それで納得するんですか。

亀島 納得するかしないかということではないです。宣伝なのです。とにかく、「ごめんなさい」だけは言わないように心がけました。「そういう図書館なのです。これをぜひ好きになってください」ということを貫きました。

印象に残っていることが一つあって。受付のすぐ横に、席を予約する機械が置いてあるのですが、オープン直後に若い子がやってきて「あれ、明日とれないっすね」って。そのときの指の動きが、もう慣れてるんですよ。「休館日なのです。慣れてますね」と声をかけると、「使いやすいっすよ」って。やったと思いましたね。

図書情報館のコンセプトとして、静かに本を読むとか、本だけがとにかく好きな人たちはメインターゲットではありません。なので、当たりだとそのとき思いました。文句を言う人もいるけど、潜在的にこれを受け止めてくれている人はもっとたくさんいるはずだという確信は、そのときからありましたね。

——ネガティブなフィードバックはすぐ来るけれど、ポジティブな意見は寄せられないですものね。

亀島 公共施設は特にそうですね。積極的に声を聞いて、情報も届くように出して、意見があるなら言ってくれという姿勢でやっていたので、クレームがあっても、クレームとは思っていなかったですね。

——部下の働き方はどうでしたか。

加藤 正直、あまり見えなくなってしまった。今までの図書館は小さかったから、一階か二階を見たらいいけれど、守備範囲がぐっと急に広がっちゃったから、どこに行っちゃったのだろうって。

亀島　見えないですね。インカムを導入してよかったです。ちょうど業務用の無線ＬＡＮを通していたので、そこにインカムを載せました。フロアにいるスタッフはインカムを持って、事務室の真ん中にはそのやり取りがわかるようにスピーカーを置いて。「こういうことを利用者から聞かれました、誰か教えてください」「これはどこにありますか」「迷子を見つけたら教えてください」というように運用しています。もうインカムが無いと不安ですね。

市川　どこにいても全館の様子が把握できるというのは、非常にありがたかったですね。

加藤　僕は基本的に事務所にいるので、インカムのやりとりを全部聞いていましたね。音声がかぶるぐらい飛び交っていた。それはすごく覚えている。質問に答える前に次の質問がでるくらいに。

亀島　館内で何が起きているかがすぐわかる。トランシーバーから何かしらのクエスチョンが入れば、一人はすぐに図書館システムを叩くし、一人はインターネットを見るし。自分の作業が結果的に役に立たなくても、無事解決したことがわかれば、すぐ自分の仕事に戻れるし。

「こういう本を探しています」という利用者の問い合わせに、司書が「それは△△という本だと思いますよ。□□出版の本で今は貸出中です」などとバッと返している様子がほかの職員にもリアルにわかる。これはうちの図書館の大きな特徴だと思います。

――最後にこの質問で締めましょうか。もう一回同じことをやれと言われたら？　同じように、こういう建物、図書館をつくれと言われたら？　……みなさん、動きが止まりましたね（笑）

亀島　私は、楽しかった。仕事はどうあれ、図書館の現場スタッフを含めて総勢百人弱、みんなと仲良くやれたので楽しかった。あの雰囲気だけはもう一回味わいたいですね。

加藤　人が良ければ、雰囲気が良ければもう一館建てられますよ（笑）、アンフォーレ二号館。あのときの雰囲気はとてもよかったな。スタッフとの距離感もすごくよかった。だから忙しさも乗り越えられたよね。

市川　私は今の段階では、現在の形がかなりベストに近いものにできたかなと思っているのです。ディズニーランドを目標にしようという話を亀島さんとしたの、覚えてます？

亀島　覚えているよ。ディズニーランドのキャストさんだね、イメージとしては。

市川　お渡しすることを前提としたフロアマップをつくったのです。「何かお困りですか」と私たちから利用者に声をかけて、すぐにご案内できるように。それが象徴するように、カウンターのこちら側とあちら側でのやり取りではなく、利用者と一緒に並んでご案内する形の図書館ができたと思っています。またつくれと言われたら、たぶん同じようなものをつくるだろうと思います。

コラム

引っ越しの怪

本の引っ越し作業は、開架から始まり、閉架書庫へと進んでいく。ブックトラックに本を載せ、そのブックトラックを二トントラックに積み込み新図書館へと運ぶ、という繰り返しである。作業員は責任者の指導のもと、テキパキと仕事をこなしていった。

そして、最終日。中央図書館から本が一冊もなくなる日がついに来た。図書館としての最後の日だ。この図書館がオープンしたのは一九八五(昭和六十)年七月十二日。私は二五歳だった。吹き抜けの玄関、贅沢なつくりの木製書架、はじめて触れるコンピュータ。図書館前の公園の木々は木陰ができないほどの若木だった。それから三十年、私はこの図書館と、まさに一心同体で歩んできた。一冊一冊の本にも、書架のそこここにも、気持ちが残っている。それが今、最後の時を迎えようとしている。

最終日の朝、いつものように閉架書庫に行き照明のスイッチを入れる。アレッつかない! 昨夜まで正常についていたのにどうしたのだ。本が残っている側の通路は真っ暗。おまけに児童書が残っている電動書架の電源も入らない。何度スイッチをおしてもつかず、閉架書庫はほぼ真っ暗になってしまった。他の部屋の照明はつくのに。

隣接の事務室から机などはすでに運び出され、事務の機能は一足早くアンフォーレに移っている。うっすらとほこりが積もり始めた床に、南の窓から朝の光が差し込み、ほこりのオビを浮かび上がらせている。いるのはジャンパー姿の自分と引っ越し業者数名だけ。ガランとした中、呆然とたたずむ。運よく残っていた懐中電灯を見つけ、書架を照らしながらの作業でなんとか乗り切った。

それにしても、中央図書館としての最終日、最後に残された本たちの叫び声を聞いたような気がした。「まだまだここに居たいんだ!」そう、それは私も同感だ。アンフォーレに行き、スタッフに伝えて共に泣き崩れる……。ああ、いとしの中央図書館!!

神谷美恵子(元アンフォーレ課 課長補佐)

職員インタビュー③

雑誌スポンサー制度の導入

大見明司（元アンフォーレ課　図書サービス係）
河合潤（アンフォーレ課　図書サービス係）

――雑誌スポンサー制度に携わったお二人に伺います。まずは大見さんから。

大見　大学で司書資格をとって、安城市役所に入庁しました。実は大学四年のときにも市役所を受けたのですが落ちて、翌年にもう一回受け直しました。入庁直後の配属が中央図書館で、そこから五年間図書館に携わり、アンフォーレの立ち上げを経験して異動しました。

――立ち上げにも関わっていた。大変だったでしょう。

大見　そうですね。ただ、終わりよければという感じです（笑）。もともと、図書館で働きたくて市役所を受けたので、夢が叶ってしまって、今後、どうしようかなというところですね。中学生のときの職場体験で中央図書館にお世話になって、そのときから図書館で働きたいなと思っていたのです。

――面接では、図書館に行きたいという希望を伝えたのでしょうか。

大見　はい。新しい図書館ができることは知っていたのですが、まさか入庁直後に図書館に配属されるとは思っていませんでした。

中央図書館のときは特に担当業務が振られていたわけではなく、いろいろな人の仕事に付いていったり、受付をさせてもらったりと幅広く学びました。

雑誌スポンサー制度は中央図書館時代にはやっておらず、アンフォーレの開館に合わせて、二〇一七（平成二十九）年度に始めた事業です。

——そして河合さん。

河合　大見さんから引き継いで、雑誌スポンサー制度を担当しています。

——改めて雑誌スポンサー制度について伺えますか。

大見　各雑誌の購入代金をスポンサーに払っていただく代わりに、雑誌最新号のカバーの表紙、裏表紙、棚板に広告を付けます。事業者からすれば宣伝効果を期待できるし、図書館としては別の雑誌の購入費に当てられるということで、双方が得をする事業です。

——どのような意図で始まったのでしょう。

大見　図書情報館ではビジネス支援をしっかりやっていこうという話があったので、その一環という意図がありました。

——スポンサーの募集はどのように行ったのですか。

大見　基本的にはチラシを配ったり、広告を掲載したり、商工会議所の会報に記事を掲載させてもらったり。駅前の商店街にあるクリエーションプラザという商店街活性化の拠点施設にお願いして、チラシを各商店街に配布してもらったりもしました。

オープン当初、八社のスポンサードで二十誌についてもらえたのです。一社一誌のところもありますが、三誌や六誌にスポンサードしてくださるところもありました。例えば、自動車関係の会社が『月刊自家用車』や

『オートメカニック』に広告を付けてくださったりしました。

――旧館から新館になったときに、雑誌は増えたのですか。

大見　増えました。大幅に増やしました。中央図書館では二百誌ほどでしたが、図書情報館では最終的に五百誌以上に増やすのが目標だったと思います。近隣市の大きな図書館に負けないようにというか、雑誌購入費をかなり付けていただいていたので、ありがたく使いました。

――雑誌の選定で大変だったことは？

大見　雑誌のリストを調べたり、ほかの図書館で何を入れているかを見たりして選びました。

専門的なジャンルになると自分一人ではわからなくて、スタッフにそれぞれ得意なジャンルがあるので、「この雑誌がいいんじゃないか」と推薦してもらいました。あと、入れるかどうか迷ったときに、例えば近隣の図書館が入れていたら安全かな、と判断材料にしたこともありますね。

――雑誌スポンサーがどれくらいつくかわからない状況だと、行政としては予算を立てにくいと思うのですが、そのあたりはいかがですか。

大見　そうですね。もともと付けていただいた雑誌購入予算がありますので、初年度はその中で全部収まるように購入雑誌の構成を組もうと思ってやっていました。それをもって、次年度は雑誌スポンサーでこれだけ浮いているから追加で何を買おうか考えようと。予算が足りなくなることを恐れたので、まずは、もらった予算の中でやり繰りをして、浮いたら浮いたで、そのぶん市役所にお返しするというのが初年度の考え方ですね。

――柔軟でいいですね。広告の体裁などは？

大見　広告についてはすべて業者任せです。「こういうふうに広告を出したい」と提出されたものを、公序良俗に反しないかチェックしていただけです。なので、こちらからこうデザインしてくださいという指定はしていま

雑誌コーナー

せん。広告と雑誌の表紙のサイズが合わずデザインし直してもらうことがけっこうありましたが、それ以外のトラブルは特には起きていないですね。支払いの面でも、始まるまでは滞ったりしないか、正直ちょっと怖かったのですが、幸いにもしっかりしたスポンサーばかりでまったくの杞憂でした。

――ありがとうございます。では、担当を引き継がれた河合さんに伺いましょうか。

河合　アンフォーレ開館・スポンサー制度開始の二年目から担当を引き継ぎました。年度を追うごとに雑誌スポンサーの数はどんどん増えています。話題性があるということもすごく大きいのだと思います。四年目の二〇二一（令和三）年三月末時点で、雑誌スポンサーの数は二八社七二誌まで伸びているのですよ。開始当初からの変更点は、雑誌スポンサーの特典としてスポンサー会社のチラシを入り口近くに目立つように置いていることです。

――雑誌スポンサーが降りてしまい、継続が難しくなっている図書館もあると耳にします。

河合　ほかの市から何件かご相談を受けたりしたことはあ

ります。当館では毎年二月頃、次年度も継続していただけるか、雑誌の変更等はないかを文書で確認します。解約されるスポンサーもなかにはいらっしゃいますが、継続されるスポンサーが多く、また、年度途中も含めて新規の申込みもあります。

アンフォーレが複合施設で、イベントや講座をたくさん行っていて、それで集客も好調で、年間の来館者数が約百万人、一日平均で三千人を超えている。それほどの人が集まる場所ということで、スポンサーになられる事業者が多いのではないでしょうか。スポンサーから直接そういう話を聞くこともありますし、広告効果が大きいと言ってくれているところもありますね。ただ統計などがあるわけではないので、推測も若干入っていますが。

――スポンサーが付く雑誌には何か傾向がありますか。

河合　スポンサーの業種に合わせた雑誌を選ばれることが多いと思います。庭をつくる会社だったらガーデニングの雑誌、保育園なら保育や子育て関係の雑誌、ということですね。

――逆に、この雑誌を図書館に入れてくれたらスポンサーになるよ、といったことはあるのですか。

大見　ごくまれにありますね。私たちも雑誌を調べるのですけど、専門誌についての知識では、やはり専門の事業者にはかないません。だから、事業者からご提案をいただいて、その雑誌の中身を調べて問題がなければ受けるという体制にしていました。こちらとしても新しい雑誌が増えれば利用者の調査研究に役立ちます。なので、そういった提案には前向きな方向で対応していますね。

ただ、お金の流れについては、あまりややこしくないようにすることを心がけました。そもそも、雑誌には書店を通して買えないものもあります。雑誌スポンサー制度では、スポンサーが市内の書店で直接支払いができるものに限定して、図書館は金銭面で間に入らないように整えています。

――書店と図書館のウィンウィンは考えていかないといけないと、常に言われていますよね。日本ではまちの

書店がどんどん閉店している現状がある。それをきちんとわかっている図書館は、書店や出版社とも共存共栄を図ろうとしている。

大見　正直、お金をあまり触りたくないという思いもあったので。結果オーライな感じでした（笑）

――例えば資料費の削減に苦しんでいる図書館が苦し紛れに雑誌スポンサー制度を導入するという背景も、なくはないです。どう思われますか。

大見　結局のところ、その広告がどれだけ目につくかというところだと思います。もちろん「お世話になっている図書館に社会貢献の一環で」というスポンサーもいるでしょうけれど、自分のところの広告を見てもらって製品やサービスの購入につなげていきたいということがあると思うのです。なので、さまざまな年代の方の来館があって、雑誌広告が目につくということであれば、問題なくスポンサーになってくれるのかなという気はします。

――ＫＰＩ（重要業績評価指標）を考えることもあると思いますが、そのあたりはいかがでしょうか。

大見　そこはなかなか難しいですね。言えることは、アンフォーレの入館者はこれだけいるから、これぐらいの人の目に触れる可能性がありますよ、ぐらいです。

誇大広告になるのはよくないので、図書館ではここのスペースでこんな感じで見てもらえますよと、控えめな提案になってしまいます。広告はあくまでも雑誌のカバーについていて、雑誌本体に貼り付けているわけではありません。だから雑誌を借りた人の家に広告が行くわけでもない。あくまで図書館に来てくれて、雑誌の最新号を手に取ったときにしか目に入らないものなのです。だから結局のところ、広告の効果を上げるための努力というのは、図書館に来ていただくことに回帰するのですよね。

職員インタビュー④

南吉コーナーと安城資料コーナーの新設

水谷隆志（元アンフォーレ課 図書情報係）

——南吉コーナーとは何ですか。

水谷　安城ゆかりの童話作家、新美南吉に関する資料、情報を集めたコーナーです。二階「子どものフロア」に設置した畳の間「なんきちさんのへや」にあります。「ごんぎつね」や「おじいさんのランプ」などの作品で知られる南吉は、二九歳の若さで亡くなる直前の五年間、この安城で女学校の教員をしていました。その安城時代の下宿をイメージした八畳のスペースが「なんきちさんのへや」です。

——どんな資料があるのですか。

水谷　ここには、南吉の童話、著作集、絵本をはじめ、研究書、地域での発掘資料などを揃えています。また、略歴、学校や下宿に関する日記の抜粋、通勤に使ったという駅前商店街の略図、教え子への手紙、市内の文学碑などのプリントも作成し、配布しています。

——大きな肖像写真がありますね。

水谷　南吉がこのコーナーを、そして窓の外にひろがる安城の街並みを見守ってくれている。そんな空間になるよう工夫しました。
ここは二階のブラウジングコーナーと子どものフロアの中間にあるので、大人も子どももこの畳のコーナーでゆったりとくつろぎ、南吉の存在を身近に感じていただけると嬉しいです。

——安城資料コーナーとは何ですか。

水谷　安城に関する資料を網羅的に集めた特設のコーナーです。吹き抜け階段を上がった三階フロアの正面に設けました。すぐ隣には、レファレンスカウンターやデータベースコーナーもあります。

——パネルや展示物が目立ちますね。

水谷　郷土資料・地域資料は、地味で比較的目立たない存在と捉えられがちですが、その土地にしかない、その土地の図書館にはなくてはならない資料群です。その存在を広く知ってもらうため、パネルなどでわかりやすく伝えようと考えました。安城の全域がわかるイラストマップ、古代から現代までの流れがわかる年表も、大きなパネルで作成し、掲示しています。

——新聞の切り抜き記事もありますね。

水谷　フレッシュな地域の話題、出版情報をはじめ、安城ゆかりの現代の著名人、歴史上の人物、エピソードなどもパネルにして紹介しています。また、主題ごとに資料を集中させるなど排架の工夫も心がけました。「明治用水」「日本デンマーク」「史跡」「城」「神社」「伝統芸能」「七夕」「農業」「災害」「市沿革」など、調べ物の需要が多いテーマについてはパスファインダー*を作成し、利用に供しています。

＊パスファインダー
あるテーマや話題について資料や情報を探したいときの参考に、手始めとなる基本資料や調べ方を紹介した手引き。

新美南吉に親しむ「なんきちさんのへや」

安城資料コーナーでは常時展示を行っている

——開館前にそこまでやるのは大変だったのではないですか。

水谷　最終的なレイアウトは引っ越し後に確定しましたので、開館までの間に現場を見ながらの作業でした。レファレンス記録や地域資料の紹介ノウハウはあっても、パスファンダーとして編集されていなかったので、担当スタッフが、連日、協議と研究を重ね、今の安城資料コーナーをスタートさせました。ここにもスタッフの情熱を感じとっていただけるのではと思います。

職員インタビュー⑤

サービスポイントとの連携

関美鈴（アンフォーレ課 図書サービス係）
長岡理恵（生涯学習課 東部公民館）

――公民館図書室等サービスポイントとの連携について、図書情報館と公民館それぞれの職員にお聞きしていきます。

関　アンフォーレ課図書サービス係の関です。私はオープン翌年の四月、アンフォーレ課に異動して今三年目です。最初の配属は国保年金課の医療係で、福祉医療についての窓口対応等を担当していました。図書館は普段利用しないうえに、司書資格をもっていないので、配属が決まったときはびっくりしましたし、周りからもかなり驚かれました。公民館との連携は今年度から担当しています。

長岡　生涯学習課東部公民館の長岡です。以前、中央図書館に五年間勤務し、その後四年間、市役所内の別の部署に配属され、現在の東部公民館は二年目となります。市役所の採用試験のときに本が好きという話をしたところ、偶然それを聞いた当時の図書館職員から「図書が好きだったらうちに欲しい」と言われ、最初に図書館へ配属になったらしいと、あとで人事課から聞きました。ただ私は司書の資格をもっていないので、あまり役に立っていないかもと思いながら五年間おりました。

――昔の中央図書館はどうでしたか。

長岡　もともと本好きというところがありますけれど、やはり仕事と好きは違うなと感じました。今までは、自分の好きな本を読むだけで特に問題はありませんでしたが、図書館の職員になってみるとそのあたりに齟齬を感じました。利用者さんの探されている本が自分の知識ではどこにあるのかがすぐにわからず、レファレンスでは「調べるのに時間がかかります。少々お待ちください」と少し固まっていました。もともと人との折衝というのでしょうか、あまり嫌いではなかったので、何とかなったのでは思っています。

――関さんは福祉の仕事からアンフォーレに移るというオファーを受けてみてどうでした?

関　まずは、素直にきれいな建物で働けることが嬉しかったです。今までのところとはガラッと違う雰囲気で働けることにちょっと楽しみというか期待もありました。

――お二人には、アンフォーレと公民館との連携についてお聞きしたいのですが、まず、それぞれどのような仕事をされているのでしょうか。

関　今年度(二〇二〇年度)だと、新型コロナウイルスの関係で休館になってしまった場合の対応について、公民館図書室の方たちと情報提供や連絡などを密にしていました。普段は本の貸出についてのやりとりが多いですね。

長岡　私の今の仕事は、公民館利用者の対応が主になります。公民館の中にサービスポイントとして公民館図書室があり、仕事の一部として図書室利用者の対応をしています。

――ちょっと整理させてください。アンフォーレ課は市長直轄ですよね。公民館は?

長岡　教育委員会の生涯学習課になります。

――課が違うとなると、昔ながらの行政だと縦割りの弊害をつい想像するのですが、そのあたりはいかがでしょうか。

長岡　どうですかね……。中央館にあたるアンフォーレ課からいろいろと教えてもらえればできる範囲でやれますけれど、主な仕事は生涯学習課のほうなので、仕事のウェイトを図書業務だけには置けないという点では縦割りに近いかもしれないですね。

――なるほど。安城市におけるサービスポイントの定義を教えてください。

関　公民館図書室など、図書館以外で本の貸出ができるところを指しています。施設の大きさや利用している人数などさまざまな要因で蔵書数は異なります。

長岡　私の勤務している公民館の場合、特に地元の方の利用が多いです。小さい子が本を借りていって、お母さんたちも借りていくということがよくあります。一方で、ご高齢の方も多いです。どこの公民館でもそこを拠点にして活動されている自主グループというのがありまして、東部の場合は水彩画や卓球などいろいろなグループがあるのですけれど、その関連した本を準備しておくと、借りてくれる確率が高いです。

――それは公民館の職員が先読みをして、蔵書をつくっているということですか。

長岡　ちょっと多めにしていると言うべきですかね。図書情報館の発行している新着図書リストを見て取り寄せたり、「こういう本ないの？」と問い合わせがあったときに取り寄せるようにしたりして、その分野の本をちょっと多めにしておく感じですね。いずれにせよ公民館のほうが地元密着というのは感じています。

――なるほど。次は関さん、今の仕事を任されてから苦労なさったところは？

関　公民館図書室だと公民館のお仕事がメインで、どうしても図書室はサブのお仕事なんですよね。少し気が引けるところもありますが図書館の利用者サービスをいちばんに考えて、結局お願いしております。

長岡　お互い協力してやらないとだめだよね、という感じだと思います。

――では、公民館で密に地元の方とお話しているという立場で、苦労されている点はありますか。

長岡　利用者さんが何を探しているのかという緊張感はありますね。あとは世間話というか、軽い情報交換のように地元のお話をできる点はいいと思います。公民館だと行事は地元の方に手伝っていただくことが多いので助かっています。

レファレンスはあまりないですね。「こういう本探しているんだけどある？」というのがごくまれにある程度です。「タイトルうろ覚えなんだけど、こういう名前だった気がする」と言われて「ああ、あの本ですね」と探し出せるものが多いですね。図書館に勤務していたとき、レファレンスを担当させてもらえたことが良かったのではと思います。

――サービスポイントの実際の一日の動きを伺えますか。

関　図書館側からすると、まずシルバー人材センターの方たちに委託という形で本の配送をお願いしています。シルバーの方は、朝から公民館などの全サービスポイント一二カ所を毎日回って、予約本を届けたり古くなった本を回収したりします。図書館へ戻ってきたら本の返却手続きを行い、予約本を違う公民館や予約者へ回すといった作業を行っています。小さい館だとコンテナ一つ程度、大きいところでコンテナ三つ程度が毎日動く感覚です。毎日、軽貨物車の荷台をいっぱいにして運んでいただいています。

長岡　公民館では、シルバー人材センターの方が持ってきてくださった資料を、今はコロナ禍なので消毒をしつつ、該当する棚に戻し、予約本は予約の棚に置いて、必要であれば利用者さんに連絡するといった動きです。だいたいの方には「予約された資料の準備が整いました」というメールが自動配信されるのですが、電話で連絡してほしい方もいらっしゃるので、そのときは公民館から電話をします。コロナが広まってからは消毒液を作るという業務が増えたので、負担は増えていますが、以前と同じように本は流通しています。

関　ただ、コロナの関係で公民館はどう対応したらいいかという問い合わせが、あちこちの公民館から図書館にあったのです。対応をしていくと、疑問に思うことは似通っていたり、通ずるものがあったりしたので、みんなが見られるパソコンのフォルダにQ＆Aをつくって、共有できるようにしました。

長岡　少し補足しますと、やはり図書館と公民館は課が違うということが大きいと思います。私たち生涯学習課では、各公民館の職員が集まって定期的に会議をするのですが、図書館とそういうやりとりをするタイミングはなかなかありません。だから図書に関しては公民館からダイレクトに電話したほうが早いのです。

なので、関さんがつくってくださった仕組みは、それぞれが電話しなくて済むので助かりました。関さんは複数の公民館図書室を見て仕事をしておられる一方、私たち公民館の職員は、図書も含めた公民館全体で考えないといけません。私はもともと図書館にいたので、図書館用語がある程度わかります。けれども、ほとんどの公民館職員は図書館にいたわけではありません。図書だけの専門家ではなく、公民館運営の一部としての図書室運営なのです。だからお互い、情報共有をして、顔の見える環境を整えることが大切だなあと思います。

――図書館用語には独特なものも多くありますしね。仕事として図書館に関わってみていかがでしたか。

関　いろいろな情報というか、新しい本が入ってきたりすると、「あ、こういう本があるのか」というように、自分が今まで触れてこなかった部分が見られるので視野が広がったかなとは思います。

長岡　私もそうですね。公民館では市民が参加できる講座を行うのですが、どういうニーズがあるか図書館の本を活用して探しやすくなったという感じです。私はたまたま両方に配属されたからですが、視野を広くするという点で、公民館に配属されていろいろ勉強になりましたね。

職員インタビュー⑥

ボランティアとの連携

別府奈緒美（元アンフォーレ課 図書サービス係）

――図書館ボランティアとの連携について、長年、担当された別府さんにお聞きしていきます。

別府　よろしくお願いします。アンフォーレ課には開館した次の年、二〇一八（平成三十）年の四月一日から二年間在籍していました。入庁当初は前身の中央図書館に配属されて、その後、三年間ほどの育休の期間を挟んで、図書情報館開館後に復職しました。その間もずっと図書館に籍がありましたので、初めて図書館から離れて現在は別の部署で勤務しています。

――司書資格はおもちですか。

別府　はい。資格取得のときは、公立図書館の元館長の先生に教えていただいていましたね。図書館でアルバイトをして、その後、市役所に入庁しました。

読み聞かせボランティア養成講座を、毎年開催

――アンフォーレのボランティアグループについて教えてください。たくさんの方が参加されていると伺っています。

別府　そうですね。多いときは二百名を超えていて、今は一九四名ですか。一九グループから構成されています。メンバーが年齢を重ねたり、家庭環境で続けることが難しくなったりと、少しずつ減っています。このままだと会の存続が困難だと不安を訴える声も挙がっています。それらの声に応えるためにも養成講座は重要だと考えています。

ここ十年ぐらいの流れでいいますと、連続講座を計画し、読み聞かせボランティアをやりたい人を募集します。回数はだいたい八回程度。あとはそのときに参加した人たちの様子を見て補講を一、二回程度行います。補講というアフターフォローもあって活動を始めたい人に寄り添うことができているのではないかと思います。

はじめに、長年安城市のボランティアグループ活動に携わっていただいている外部講師の方に、ボランティアとしての心構えや子どもの発達、読み方や発声方法といった実技等の基本をお話しいただきます。ボランティアは自分がやりたいから活動するというのがいちばん大きいですけれども、それだけではなくて、自分たちの活動がどれだけ子どもたちに影響を与えるのか、将来ある子どもたちに対してどのような気持ちで臨まなければいけないのかという心構えを学んでいただきます。

そのようなことを前半お話しいただいて、後半は図書館員が絵本の歴史や、読み聞かせに向いている絵本の紹介、グループの運営方法など実務的なことを話します。新規会員を募集したい既存グループの紹介も兼ねたおは

なし会の実演もあります。一回二時間で八回行いますから、とても内容が濃いです。個人的にはこれだけしっかり講座を実施するのが凄いところだと思っています。

――子どもに本を読むって、簡単そうで難しいですよね。私もいろいろと教科書類を探したのですが、これだというのがなかなかなくて。

別府 まず読み聞かせと朗読は違います。すごく奥が深いのですが、話を聞く限り朗読は自分の中に話を落とし込み、感情や情景などをすべてきちんと自分の中で組み立てて、それをもって話すことによって、相手に自分が咀嚼したものを伝えます。一方で、絵本の読み聞かせの主役は絵本であって、読み手が主役ではない。なので話は読み込みますが、自分が出すぎないようあくまで絵本の世界をそのまま届ける。一年ぶりくらいにこの話をしました（笑）

――つまり、朗読の場合は自分で腹落ちさせて自分を媒体にして伝えると。絵本の読み聞かせはそうじゃないということですね。

別府 絵本は抑揚をつけすぎたり、読み手自身が絵本の世界に入り込みすぎたりして、自分や感情が前面に出てしまうと、聞いている子どもたちは絵本ではなくて読み手のほうに目がいってしまう。例えて言うなら、鬼婆が出てくる絵本で、鬼婆より読んでいる人のほうが怖くなってしまう、みたいな感じでしょうか。だから、朗読とか演劇とかを少しでもかじっていると、絵本を読むときに自分が出すぎて、手こずってしまうこともあるみたいです。

いざボランティアとして活動するかどうかを決めるときは、大げさに思われるかもしれませんが、覚悟をもって活動できるか、じっくり考えてもらいます。応募したときは軽い気持ちかもしれないですよね。自分もちょっと時間あるからやってみたいなという感じで。とっかかりやきっかけはもちろんそれでいいのですが、長い講座

ボランティアによるおはなし会

を通して、「子どもたちの大切な時間をいただいて活動させてもらうに値する熱意や覚悟はあるか?」と自然と自問自答することになります。

そういったプロセスを経て、受講した仲間とグループを立ち上げるか、既存グループに入るか。それとも辞めるかの三択ですね。グループへのマッチングもしています。励ましたり、一緒に悩んだりしながらご案内していきます。

——図書情報館の定例のおはなし会の頻度はどの程度でしょう。

別府　図書情報館を拠点に活動するグループが、それぞれ月一で開催しています。ですので、週に一回から二回はボランティアさんが必ずおはなし会をやっているという感じです。あとは公民館などを拠点にしているグループもあります。

ボランティア養成講座を経由した方の応募が毎年十人くらい。その後、半数の五、六人ぐらいが本格的に参加する感じです。それとは別に個別でグループに加入する人たちもいます。そういった方たちには所属グループを通じて講座への参加を呼びかけます。

——どのような方がおられるのでしょうか。

別府　女性が多いです。最近の傾向としては、リタイアされた方が増えていますね。以前は子どもがちょっと大きくなって、例えば小学校に入って少し手が離れたのでとか、園の活動からそのまま続けたいという方もいらっしゃいましたが、近年そういう方は減っています。地域のために何かやりたい、絵本のことを知りたい、自分の子どもや孫にも読み聞かせをしていたからといった理由で受講される方が多いですね。

——その中でどういうお仕事をされていたのでしょうか。

別府　ボランティアさんと図書館の間の調整役みたいな感じでしょうか。中央図書館のときから関わっていました。もともと安城は児童サービスに力を入れていて、グループの立ち上げからずっと神谷がボランティアの方と一緒に歩んできていたのです。だからここまで来られた、と言っても過言ではないですね。

たった一度、神谷が図書館外に異動したときに私が入庁し、図書館に配属されたのです。もうプレッシャーがらない。ボランティアさんは「大丈夫なの？」と、さぞかし不安だったでしょう。あるグループの代表の方から(笑)。新人の私が図書館の代表として、長年ボランティアを続けている人たちとやり取りをしていかなければな長文のお手紙をいただいたこともありました。「経験不足でごめんなさい。だけど頑張りますので」とお手紙を返して、そこからもっと本腰を入れて付き合えるようになったと思います。それまでは手探り状態でした。

ボランティアとの心の距離

——ボランティアさんからのアクションもけっこうあるのですね。

別府　厳しい講座を乗り越えて、自分の生活もありながら勉強を欠かさずボランティアを長年続けられている方たちです。みなさん本当に勉強熱心です。新人職員に対して不安に思われるのは当然ですよね。旧館は事務室も今より出入りがしやすい環境でした。だから何かあると「ちょっとすみません。これ足りないのですけど」「あ、はいはい」みたいな感じで、物理的にも気持ち的にもけっこう近かったのではないでしょうか。新館を立ち上げるとなったとき、ボランティアさんは今までどおりの活動を続けることができるのか心配されましたし、私たちもきちんと説明する責任があるものですから、意見交換の会議を例年より多く開催しました。ただ新館になってからは館が複層になり気軽に話をすることが難しくなってしまったかもしれません。

新しい図書館になったことで以前と同じようにやり取りができず、不便になったと思われた方もいたのではないでしょうか。久しぶりにお会いしたあるボランティアの方に「誰と話していいのかわからなくて」と言われて状況を認識しました。話す機会が以前より減ってしまったのですね。ボランティアさんたちが日々活動するなかで困っていることを図書館側から聞いていかないと、このままでは心の距離が広がるばかりだ、と危機感を抱くきっかけになりました。その後、各グループのおはなし会には必ず立ち会い、利用者への呼び込みをするとともに、困っていること等お話を聞く機会を設けました。ボランティアさんたちにやらされている感が出たり、図書館が協力的でないからと、心が離れたりしてはいけませんから。

――そういう図書館のスタンスは大切ですよね。

別府　図書館は、バックアップをして、より良いサービスを「共に」提供していかなければいけないのではないでしょうか。「私たち志が一緒じゃないの？」「ボランティアだけでやっているの？」と疑問をもたれてはいけません。ボランティアって人に言われてやるものではないですよね。みなさん長年活動している成熟した大人のグループなので、今にして思うともしかしたらそこに図書館が甘えていたのかもしれません。新館を軌道に乗せなければいけないと手探りで進むなかで、長い付き合いで関係ができあがっているからと楽観視していたのかもしれませんね。

――さらに答えにくいところを伺います。ボランティアの自発性を使って図書館側で回せないところをボラン

ティアに丸投げしてしまっているという現象は全国各地にあって批判がなされていますよね。

別府　そういうふうに思っている方がいてもおかしくないですよね。「なんで図書館がやらないの？」と。私たちもおはなし会や講座などを以前より多く開催していますが、一人のボランティアとして一緒に活動しませんか、と声をかけていただいたこともあります。

――日本におけるボランティアってすごく難しい概念だといわれますよね。ボランティア＝無償、みたいなイメージがありますが、ボランティアは無償とは限らないはずです。

別府　そこは変わっていくかもしれないですね。個人的にはやりがいだけで成立させてはいけないところもあると思います。安城では、本当に心ばかりですけれども、おはなし会の回数などに合わせて謝礼をお支払いしています。でも、みなさん、当日に本を読むだけではなくて、月に一回勉強会をされていますし、おはなし会に向けて日々練習も重ねられています。少なくとも謝礼としてお渡ししている以上のものを、子どもたちや利用者のみなさんに提供してくださっています。

また図書館に戻ってきますよ

――今、図書館から離れられていますが、将来、戻ってきたいですか。

別府　戻ってきますよ。戻ってきたいです。必要としていただければ、ですけど。市役所の職員であれば異動はありますよね。そこを見越してスタッフのなかで各種講座の講師となれる人を増やそうとしています。この先も安城市の図書館が誇る児童サービスを絶やさないでいきたいですね。

図書館の中にいるだけではわからないことがたくさんあります。図書館員の世間の狭さは全国共通ですけど、異動という経験を今後生かす機会があればいいですね。

――何か良い言葉を聞いたな。

別府　(笑)。図書館員って一匹狼ですよね。提供したいサービスが次々と思い浮かんでも一人で形にするのは本当に大変です。だから共に進めるスタッフやボランティアさんがこれからも増え続けるような環境を整えなければいけないと思っています。

職員インタビュー⑦

スタッフの出勤日管理

関美鈴（アンフォーレ課 図書サービス係）

――スタッフの出勤日管理という立場からのお話を伺います。

関 私が担当していたのは二〇一九（令和元）年度と二〇一八（平成三十）年度です。スタッフには、職員で手が回らない業務をお願いしています。また、司書の資格をもっている方や、経験がものすごく長い方もたくさんいらっしゃるので、おはなし会や展示などの企画も担っていただいています。私が担当した一年目には七五名のスタッフがいました。

――アンフォーレ課に配属されて一年目ですぐスタッフの担当ですね。大変だったでしょう。

関 まずは顔と名前を一致させることが難しかったですね。スタッフの顔と名前が載っている名簿がありますが、話していて「あれ、今の誰だったっけ」とか。なので、声掛けたいときは顔を見ながらまず探して。あと、すれ違ったときなどには常に挨拶を心がけていました。

――普通、行政組織はそういう顔と名前が一致する名簿ってもっていましたっけ。

関 いや、基本はつくらないですね。スタッフは採用時に研修をするので、そのときに説明したうえで撮影させてもらうのです。

――具体的にはどういう業務のお手伝いをお願いしているのでしょうか。

関　現在、図書サービス係の正規職員は係長含め七人なので、正規職員だけではとうてい回せません。ですのでお願いしているのは、図書館サービス全般ということになります。カウンター業務や排架、レファレンス、図書の受入れ、補修などのバックヤード業務なども。毎日の日めくりの展示もスタッフにも当番でやってもらっています。

――新規スタッフの募集プロセスを、可能な範囲で伺えますか。

関　現状のシフトをもとに、退職や人数が足りないという声があったりしたら、予算との兼ね合いで、シフトの形態区分と採用人数を話し合ったうえで、市の広報やウェブサイトを使って募集をかけています。たまに求人誌を利用することもあります。市広報を見ての応募や、学生さんだと求人誌を見る方が多く、応募がゼロということは今までなかったです。

たぶんいつも図書館を利用している人たちも応募してくださっていると思います。実際に自分が利用して、あいいなと思ってくれているというか。あとは立地とか。駅の近くなので、学生さんだと通学のついでに寄ることができる場所でもあると思います。

――司書資格をもっているスタッフがたくさんおられると伺いましたが、割合はどの程度でしょうか。

関　全体の五割くらいです。働きながら司書資格を取得する方もいて、本当に尊敬しますね。

――七五人もいたら、シフトを組むのは大変じゃないですか。

関　そうですね、大変でした。Ａ・Ｃ・Ｅの三つパターンがあって、Ａシフトというのは週五日勤務の一日七・五時間ですね。Ｃシフトは週三日で七時間。Ｅシフトが平日は夕方五時からの三時間で、土日は七時間です。人数比としては、Aが五割、Eが三割、Cが二割です。

――研修はあるのですか。

関　はい、やっています。新規採用時は、まず図書館で働くうえで施設のことを知ってもらいたいので、館内の設備を案内します。それから、公務員として働くにあたっての心構えの説明をし、システムの操作研修をしています。すぐに現場に慣れられるよう返却などの実際に担当していただく業務も一、二時間ほど実施しています。初日の研修は七時間、九時から五時でみっちり。翌日からは、OJTでチームリーダーが交代で一カ月ほど一緒に業務をして、一人前になっていくような感じです。

また、毎月第四金曜日の図書整理休館日の半日をスタッフの研修に充てています。年間計画で研修テーマが決められています。年に一、二回は外部の講師を呼んでいますが、基本的に内部講師で、レファレンスや接遇の基本、避難訓練などを行います。

――アンフォーレは夜遅くまで開館していますよね。スタッフも夜間に勤務しているんですか。

関　九時に開館して、平日は夜八時まで、土日祝は六時までですので、平等に夜当番があるようにシフトを組んでいますが、シフト組みが大変ですね。担当業務と、あとチーム制もあります。つる・かめ・うさぎの三チームになっているのですけど。まず夜当番の回数を月同じにするというのと、つる・かめ・うさぎの勤務人数も平等にしなければいけない。一週間に夜当番が二回あると大変なので、できるだけ間隔を空けて組まないといけない。こういった条件があって大変です。

――アルバイトリーダーなどを行っていた経験は？

関　まったくありません。最初は先輩にシフトを起こすポイントを教えてもらって、あとはもう本当にパズルみたいな感じ。Eシフトは学生が多いので、卒業などで年度末には七、八人ぐらいはいなくなってしまう。なので、また募集して研修して、スタッフたちも教えての繰り返しですね。

――そういう方に、いろいろお仕事をお願いするなかで難しいことはありますか。

関　全然。むしろすごく仲良くしていただいているので、大丈夫です。ただ、何か伝言を残すときには「お疲れさまです」や「よろしくお願いします」をちゃんと付けるようにしています。

――スタッフの担当業務をちょっと整理させてください。貸出・返却の窓口対応、読み聞かせ、レファレンス。ほかにどんなものがあるのでしょうか。

関　郷土資料や学校の連携、本の修理、相互貸借、もっといろいろありますね。みなさん複数の担当を掛け持ちしています。あと、カウンター業務は全員が担当します。

――「市長が来た！」とインカムで流れているというのは本当ですか。総員第一種戦闘配置みたいに（笑）

関　たしかに共有はされます（笑）。市長の顔写真も名簿に載っているのですよ。あとは……、ほとんどありませんが、トラブルの可能性がある利用者の来館など、危機管理の観点から情報を共有することはあります。

――この業務を行っているなかでの達成感や困ったことについて伺います。

関　早くシフトが組めたときですかね。スタッフに早く提供できると嬉しいです。みなさんプライベートの予定も組みやすくなるだろうし。逆に、シフトを組んだのに当日「あれ？　いない？」となると困りますね。そういう場合は、完全にその人が悪いわけではないかもしれないので、慎重に連絡を取ります。

――しかし七五人もスタッフがおられるとなると、やはりいろいろと大変でしょう。

関　この大きさの図書館なら、それぐらいでいいのかなと。いろいろな業務がしっかりできる、ちょうどいい人数だと思います。決して派閥的にはならず、仲良くやっていらっしゃいます。閉架書庫の扉に鳥獣戯画のポスターが貼ってあったり。親しみやすいというか、にこにこしながら働ける環境がいいですよね。

職員インタビュー⑧

イベント、講座、新美南吉絵本大賞

神谷美恵子（元アンフォーレ課　課長補佐）

――安城市との関わりから伺います。

神谷　安城市内の出身です。一九八二（昭和五十七）年に安城市役所に入り、今からすると旧のさらに旧の図書館に配属されました。その後旧館のとき、二年間だけ生涯学習課に異動になりましたが、それ以外はずっと図書館です。

――「ザ・図書館員」なんですね。

神谷　そうです。ただ、司書課程は私が通っていた大学にはなかったので、夏期講習へ通って司書資格を取りました。まだコンピュータがない時代でＩＣＴ機器については教えてもらっていないから、コンピュータはなんかもう本当にいや（笑）。当時は目録カードなんですよね。カードの書き方なんか覚えましたね。

――カードがなくなったのはいつぐらいですか。

神谷　市役所に入ってから数年の間は手書きでした。昭和の終わりから平成の頭にかけて、五人、年齢の近い司書がいて、かなり長い間一緒に仕事をしましたね。二十代の終わりごろから一人また一人と図書館からパラパラと出ていき、最終的には私だけが残りました。人事の申告に「ぜひずっと図書館で仕事を続けたい」という手紙を付けていました。当時はただ物好き、変わり者、そういう評価だったのではないですか（笑）

――今のアンフォーレは市政のなかでも一丁目一番地になっていますけど、全国的に図書館は島流しの場と言われていましたよね。

神谷　本当にそうですよ！　リハビリ施設とか、島流しとか（笑）。だから逆に、好きなことはやれた。上司は図書館に何の思い入れもないから、「こういうのをやりたいのですけど」と言ったら「まあ、いいんじゃない」みたいな感じで、やりたい放題やってきましたね。いろいろ勉強していくなかで「おはなし会みたいなのをやりたいな」と言ったら、隣市の普通の民間の読書会でも出張手当を付けて出してくれて。本来ありえないのです、今考えると。

たまに提案に反対する人もいても、上司は「はい、はい」とハンコを押してくれるみたいな（笑）。ある意味、やりたいことはやれたなというところはありましたね。

――子どものころから図書館がお好きだったのでしょうか。

神谷　いやいや、私が住んでいたところは図書館から遠かったので。図書館員になれたらいいなとは思っていたけれども、それよりも専業主婦はいやだと思っていました（笑）。私たちの親世代は考えが保守的だし、まず四年制の大学に行くということ自体、明治生まれの祖母にとってはとんでもない話。婚期が遅れるとものすごく反対されましたね。

大学の卒業式のときには、もう結婚が決まっているという人が周りにいたのですよ。そういう人から、「お仕事をするなんてかわいそう」とか言われて（笑）。信じられないでしょ？　でも、それが当時は普通。先生方も「君たちはいいところにお嫁に行く子たちだから」みたいなことを平気で言っていましたよ。そんななか、私を含めて四人だけが就職しました。あとはお家で花嫁修業、家事手伝い。

――なぜこんなことを聞いているかというと、図書館は女性にとって働きやすかったかを伺いたいのです。

神谷　働きやすいかうんぬんより、「男女雇用機会均等法」の施行前ですから、四大卒の女子学生はまず就職先がない。入るなら公務員、教員、あるいは保育士や幼稚園の先生ですね。正規で仕事をしようと思ったら、公務員や公務員的なところしか就職はなかったですね。今は逆に、図書館に正規で入ろうと思っても本当に厳しい。

――神谷さんは新館を二回体験しているわけですよね。アンフォーレのときはどう動きましたか？

神谷　いや、私は全然動けなかったです。司書だけでは図書館はできませんよ。やはり行政の有能な職員が必要。行政の有能な職員との両輪でつくっていくのだなというのをすごく感じましたね。閉架書庫の二十万冊をどうしようとか、新しい本をどうやって揃えようとか、どうやって本を並べようとか、そういうことには注力できましたが。

――いろいろな企画はどのようにつくられてきたのでしょう。

神谷　若いころ、すごく否定されたり、ばかにされたりという経験をしてきたので、自分が上司になったときには、前向きに頑張っている部下に対しては、守るというか伸ばしたい、そのままにしておきたいという思いがあったのです。だから、若い職員が泉のごとく次から次へとアイデアを途切れることなく出してくれたので、一緒に楽しんじゃったかなというところはありますね。ただ、同年代の職員とはコミュニケーションで苦労することもありましたよ（笑）

まちなかに来て、イベント自体も様変わり

――では、イベントづくりについて伺っていきます。旧館と新館だと、やはりイベントは圧倒的な差がありますよね。

神谷　すごく大きいです。新館は駅前なので他市からも来る。それから夜八時まで開館しているので、仕事帰りの人が立ち寄ることができる。また、複合施設になって図書館を利用しない人も来ます。もともと、中心市街地の活性化に貢献するという大きな目標があり、集客した人間をまちなかに回遊させるという目的があり、旧館とはイベントの意義や性格に大きな違いがあります。

旧館のときは、図書館らしい、例えば子ども向けの読み聞かせだとか、本の講演会だとかのイベントばかりで、お金もあまり付いていなかったのです。でも、新館では財源が付いた。

だから財源の使い道を五つぐらいに分けました。一つは、新しい図書館の可能性や役割を考える、市民を巻き込んだ講演会のようなものですね。そういった新しい図書館を市民とともに考えるというようなことにお金を使いました。これが一つ目。

次に、図書館が今まであまり取り組んでこなかった分野。本とか読書以外ですね、そういうさまざまな分野で市民の興味を掘り起こしてアンフォーレへの来館を促すという、新規利用者の獲得みたいな形でいろいろなことをしました。安城には芸妓（芸者）さんの文化がありますので、その方を呼んできて実際に踊ってもらったり。

ほかには名古屋大学が「一般市民対象の講座、講演の講師を派遣します」というお知らせを出していたので、サイエンスの分野で最前線の話を聞きましょう、と講座を企画しました。あとは「イクメン応援講座」や落語、法律相談、作文講座、童話の創作、英語の読書会、哲学講座、古典芸能の楽しみ方とか。マナー講座とか朗読とか。直接図書館や読書、本と関係していない分野でもいろいろなことをやり始めましたね。

三つ目は、これまでは相場の謝金が払えなかった、著名な作家の講演会が可能になりましたので、角野栄子さんや五味太郎さんの講演会を実施しました。まだまだほかにも候補はいますが、コロナ禍で呼べなくなってしまいましたね。

また、世界に二台ぐらいしかないと言われるロシアのベッカー社製の、南吉ゆかりのピアノが修復されたので、それを活用してコンサートを始めました。これが四つ目の使い方。

最後に、これはちょっと特徴的かもしれないけど、職員やスタッフのスキルアップのために予算をだいぶ割きました。ビジネス支援、国立国会図書館のデータベースの使い方の研修、乃村工藝社にいらっしゃった「図書館の応援団」押樋良樹さんにポップの書き方や展示の仕方を指導してもらいました。ANA（全日空）の客室乗務員だった方に接遇の研修をしてもらったりもしましたね。このような、主に五つの使い道だったかと思います。

――図書館が図書館らしくないイベントをすることに批判はありませんでしたか。

神谷　参加費はゼロですよ。落語を聴きにいったら、普通五千円とか出すわけでしょ。それが真打ちを無料で聴けるんだから、文句なんか出ませんよ（笑）。角野栄子さんのお話なんて抽選になるくらいでしたし、誰が文句を言いましょうか。市長もイケイケですし、その辺は非常にありがたいですね。すごく強い。

ただイベントをするだけでなく、市民が作ってくださった、屋根が付いた屋台を引っ張って行って、そこに関連本を展示するのです。例えば落語をやるのだったら関連の書籍やＣＤ・ＤＶＤ、作家の講演会なら著書を出す。図書館にはすべての分野の本が揃っているので、イベントだけでなく「図書館を使ってください」というＰＲをしています。貸出端末も一緒に持って行って、その場で貸出ができるようにすることも大事です。市外の方から、「いろいろやっていていいね。よく来るよ」といったご意見をお聞きすることは多いですね。

——では、ビーンボールを投げます。図書館は本を貸すということが基本筋なのだから、イベントを打つというのは本筋と違う、という批判も十分成り立つわけですが、それについてはどうお考えですか。

神谷　アンフォーレは図書館以外の目的ももった施設なので、当館としてはやったほうがいいと思っています。どこの図書館でもやらなきゃいけないとは全然思っていないです。

読書というのは非常に個人的な行為です。ベタな言い方ですが、やっぱり人生を豊かにしてくれるというか、多様である。自由であることと多様であることが、私がすごく図書館を好きな理由なのです。そういう世界に足を踏み入れてくださるのはもうめちゃくちゃウエルカムなので、そのきっかけとなればとても嬉しいと思ってい

吹き抜けを利用した地元の伝統芸能・桜井凧の展示

ます。

ただ、私は自主的な読書グループができるというのがいちばん良い成果物かなと思っています。交流だとか、交わりだとか、にぎわいだとかいう、すごく口当たりの良い表層的な表現をしているけれど、ただのお祭り騒ぎでは意味がないですよね。交流をするためには、自立していなければいけないし、相手も自立した人間であるということを認めなければならない。そのうえで交わっていくというのが本当の交流なのです。それはそうそう簡単なことではないのですよ。やはり本とか読書という活動を通じて、深く、長く読み合いながらともに成長できる。そういった読書会や読み聞かせのボランティア活動を、図書館という場でやることが本当の生涯学習だと思っています。

ですので、派手に花火を上げるのは結構。ただ、本当に文化が深まるとか広がるというのは、そういう派手な花火とは別のこととして考えなければならない。

今、成功しているグループに英語読書会というのがあります。四回ぐらい講師を招いて講習をしてもらいましたが、その英語読書会は自主的に今もずっと継続しています。潜在的な需要があったんでしょうね。お仲間と一緒に勉強しあう場はほかにほとんどないこともあって、参加人数は多いですよ。地味だけれども、こういうのが本当の図書館らしいイベントかなと思っていますね。

――それでは、特に特徴的な取り組みである、新美南吉絵本大賞について伺います。

神谷　ずいぶん前の図書館協議会の場で、委員の方から「安城でもブックスタートをやったら」というご提案をいただいたのですよ。それで財政に予算を要求したのですけれども、複数回切られた。四年目くらいに「安城らしさを出してやるのだったらいいんじゃない？」ということで予算が通ったと聞いています。その当時、安城市は環境施策を前面に出していたので、「環境に関する本を創作して、それを子どもに渡す、というのはどうだ」

という案が出た。ただ、赤ちゃんに渡すような本で環境をテーマにしておもしろい本はできるのかなという疑問があった。そこで、知り合いだった名古屋の子どもの本専門店メルヘンハウスの店長に相談したのです。昔の中央図書館のコンピュータ室から夜遅い時間に電話をしていろいろ話をしているなかで「安城だったら南吉でしょう」と言われて、「おおっ」と思って。「環境よりも南吉作品に絵を描いてもらって、それで公募したほうがいいんじゃないか?」。たまたま二〇一三(平成二十五)年が南吉の生誕百年。二〇一二(平成二十四)年が安城市の市制六十周年ということで、市は冠を付けた事業をやれやれみたいな感じで、非常にうまい具合にマッチしたんです。

全国公募の絵本コンテスト「安城市新美南吉絵本大賞」は5年に1度開催される

――五年に一回、全国から絵本を公募するのですよね。

神谷　はい、南吉は幼年童話をすごくたくさん書いているのです。選考委員が選ぶ数作品の南吉の童話に、絵を付けて絵本にして、ホッチキス綴じでも何でもいいから冊子体にして応募してもらうのです。南吉作品は著作権が切れていますから、そういうことができる。ただ、これは本当に大仕事ですね。都合三年かかります。一年目に募集要項を定めて、二年目に募集と選定、三年目に出版する。本の出版だけでなく、トートバッグを作ったり、大賞作品のキャラクターでシールを作ったりもします。出版した本は安城版のブックスタートとして五年間配ります。入賞作品はデジタルアーカイブにも入れていますよ。

南吉絵本を、赤ちゃん向けの絵本と一緒に配る

――では、ブックスタートの経緯について教えてください。

神谷　ブックスタートは一九九二年イギリスが発祥ですが、「子どもの読書活動の推進に関する法律」が二〇〇一（平成十三）年にできたころから日本にも広がってきました。けれど、読書って非常に個人的な営みじゃないですか。赤ちゃんといえども同じ本を全員に配るなんていうのは赤ちゃんに対する侮辱で、すごくおかしい、と私は思っていました。なので、安城でブックスタートを始めるとき、私たちは赤ちゃん絵本を選んでもらうことにしました。ボランティアさんがその場で読み聞かせをしたりしてご紹介し、四冊の中からお母さんに選んでもらっている。ただ、どれが人気になるかはわからないので、ギャンブルですね。意外と人気だと、慌てて追加して買ったり、こっちは余っちゃったりとか。でも、「これ、良い本だから」と無理やり渡すのは、赤ちゃんに対して失礼ですよ（笑）。しかし、赤ちゃんは選べない。だから、せめてお母さんに選んでもらおう。この「せめ

て選んでもらおう」というのは、私がちょっと譲れなかったところですね。

実は、ブックスタートは自治体によっては「取りに来て」というところもあるのです。そうすると、対象市民の半分はいくらPRしても図書館に行かないのですよ。だけど四カ月児健診の場にはほとんどみなさん、一〇〇%ちかく来ますよね。ですので、そこで図書館なんか眼中にない人たちにも「おっ」と思ってもらって、絵本の良さ、読み聞かせの大切さにちょっとでも気づいてもらえばいいと。

――図書館の外で、図書館のことを「おっ」と思ってもらう、そういう考え方はどのあたりから。

神谷　アンフォーレができるという話が持ち上がってきたときぐらいですかね。それまでは職員の数が少ないから、目の前の利用者からの要求で手一杯。でも新館では利用者層がぐっと広がるし、今までとは違ういろいろなこともやらなければいけない。子ども向けにサービスを特化するのではなくて、それこそ老若男女、いろいろな趣味の人のほうを向いていかなければならない。図書館だからといって、特に本とか読書ということでなくても、落語を聴きに来てもいいじゃない、たまには哲学の講義もいいじゃない、古典芸能もいいじゃないとか、それがきっかけで来てくだされればいい。

ただ、講師を誰にするとか、どんな作家さんを呼ぶとかいうことは、私はすごく気をつけてはいるのです。いろいろアンテナを張っていますが、いちばん大事にしているのは、自分自身がそれを聴いて良いと思ったほうを選ぶことです。自腹ですよ。ただ、自腹を切るということはプロとして絶対にやらなきゃいけない。自腹切ってはじめて身につく。やっぱり自分の足で稼ぐのはすごく大事なことだなといつも思っています。

職員インタビュー⑨

障害者サービス

亀島章広（元アンフォーレ課 図書サービス係）
河合潤（アンフォーレ課 図書サービス係）

——今回は、障害者サービスについて、新旧の担当者に伺います。

亀島 亀島です。二〇一四（平成二十六）年からアンフォーレオープン一年目の二〇一七（平成二十九）年度まで四年間アンフォーレ課にいました。今は、環境都市推進課というところにいます。

河合 亀島さんの後を引き継いで、障害者サービスを担当している河合です。入庁七年目で、最初の四年間は資産税課というところにいまして、アンフォーレ課へは亀島さんと入れ替わりで、二〇一八（平成三十）年の四月からです。

——まずは安城市でやっておられる障害者サービスを、読者にわかりやすく説明していただけますか。

河合 いま安城市で行っている障害者サービスは三点あります。一点目が、来館が難しい方、例えば、足が不自由であるとか、体が不自由、目が不自由、そういった方に対する郵送貸出サービスです。

二点目です。サピエという視覚障害者や視覚による表現の認識に障害のある方々に対して、点字やデイジーデータなどの情報を提供するネットワークがあり、安城市も登録しています。利用者が点字図書やデイジー図書を借りたいときに、そのネットワークを通じて、点字図書館や安城市以外の公共図書館がお借りして、それを利用者に提供するというサービスを行っています。

三点目が対面朗読サービス。毎月第二・第四月曜日の午前中の二時間、対面朗読ということで、目の不自由な方や文字を目で読むことが困難な方に対して、「安城ひびきの会」というボランティア団体さんが対面で、本や説明書など、なんでも読んでくれるサービスをやっています。

――説明書も読んでくれる。

河合　なんでも大丈夫です。図書、新聞、雑誌、説明書みたいなもの。これを読んでほしいよというものがあれば、なんでも。

――郵送貸出というのは、メールか何かで依頼を受けるのですか。

河合　電話、メール、ＦＡＸ、図書館の受付窓口で承っています。郵送貸出もサピエもそうなのですけど、対面朗読サービス以外のサービスは、基本的には障害者サービスの利用登録が必要です。それぞれ要件はあるのですけれども、ご登録いただいたうえで、ご希望の本とか、デイジー図書とかを貸出するという流れですね。

――貸出返却の流れについて教えて下さい。

河合　受付後、図書館から専用の袋に入れて郵送で利用者に送付します。郵送料は、往路は図書館が負担をして、復路は利用者に負担していただいています。

――デイジーについて、説明していただけますか。

河合　読むことに困難がある人たちのための電子書籍の形態です。通常の電子書籍も読み上げ機能があるのですが、デイジー図書は、段落ごとに切り替えができたりとか、読む行や文ごとに止められたりとか、障害をおもちの方が読みやすいような配慮がされています。音声付きの図書みたいな感じで、どこを読んでいるかハイライトができて、ディスレクシア*の人も読みやすいように配慮されています。

――利用者は、どれくらいおられるのですか。

河合　郵送貸出もサピエも、開始当初から二年くらいは利用がまったくなくて、三年目（二〇一九年度）になってようやく利用される方が出てきた感じです。まだまだ周知が足りていないと感じています。対面朗読は、当初は利用のない月もありましたが、最近は毎月利用者がいます。

　利用者が増えてきた要因は、ボランティアさんの働きかけが大きかったのかなという気がします。目の不自由な方で点字図書を読む方というのは、そんなにたくさんおられるわけではない。そういった方はそもそもボランティアの方とも関わりがあって、ボランティアさんからご紹介していただいたことが大きかったのかなと。

――やはり口コミは強いのですね。

河合　そうですね。目の不自由な方だと、そもそも視覚的に広告を見ていただくことが難しいので。安城市の広報紙を音声データにしてくれるボランティアさんもいるのですけど、そういう方々が作成してくれた音声データで知ったという方もたぶんいらっしゃると思います。

――なるほど。亀島さんに伺います。旧図書館から継続しているサービスはありますか。

亀島　旧図書館からやっていたサービスは一つもありません。対面朗読もやっていなかったです。図書館のサービスとしては一つもなかったです。

――新館で障害者サービスを取り入れたのは亀島さんですか。

亀島　これは本当に行政っぽい理由ですけど、ボーダレスにしたい、バリアフリーにしたいということの一環ですね。障害者というくくりは、僕は本当は嫌いなのです。当然サービス対象に含めて、広く誰にでも開かれた図書館にすべきだよねという流れのなかで、これは必然的に出てきました。

――三つのサービスを選択した理由は？　それ以外には何か検討されたのですか。

亀島　実は、障害者サービスを始めるとき、大阪で全国の障害者図書館研修にも参加したのです。障害者向けというくくりだとこの三つがメインだったかな。館によっては直接福祉施設に赴いて朗読をしたり、いろいろ付加的なものはやったりしているけど、メインはこの三つしかないと思います。

導入のプロセスは大変でした。誰もが良い試みだと賛成してくれるけど、やり方を知らない人が九九％。ゆうメールにしても、郵便局に行っても、「何ですかそれ」というところから始まったわけです（笑）。郵便局の人も知らなかったのですよね。後日、「本社に問い合わせて、しっかり勉強して聞いてきましたのでご説明します」と局員さんが図書館に来てくれて「こういう書類をこうやって書くみたいですよ」「ここどうするのですか」「もう一回聞いてみます」とやりとりを何回かして。

いまでこそ障害者サービスの先駆者と呼ばれているような図書館でも、開始当初は郵便局員から「知らん、それ」って言われたのを何とか泣きついてサービス開始にこぎつけたという話はわりとあるみたいです。身障者用ゆうメールって、図書館しか使わないサービスだと思うのです。そのまちの図書館は基本一カ所ですから、その図書館がやってなきゃ知らないよなと思いますよ。

――聞いているということは、亀島さんはそこのところは直接の担当ではなかった。

亀島　そう。やり方というのは当然マニュアルというか、サピエ図書館のウェブサイトを見ても、こうやって登

＊ディスレクシア
全体的な発達に遅れはないが、文字の読み書きに限定した困難がある学習障害の症状。

録して、こうやって貸し出して、と書いてあるのだけど、実際どうするのかというところまではやってみないとわからないので、そこからは後輩の鳥居君に投げました。

――サピエも同じようなご苦労を?

亀島 サピエも当然マニュアルづくりから、貸出のスキームの構築は苦労したみたいです。でも、それ以上に、なんでもそうなのだけど、サービスって利用してもらってはじめて粗が見えてくる。

安城市内で視覚障害者と呼ばれている人がたしか二百人くらいしかいないのです。視覚障害者のうちで点字が読める人は、だいたい全国的に一、二割といわれている。市内で点字図書が読めるといわれているのは五、六人で、そこのニーズをどうやってすくいあげるかというのは、本当に難しい話だと思います。

――担当になってどう勉強しました?

河合 基本的には他市の取り組みを調べたり、実際にサピエの研修会に参加したりして、デイジー図書ってどんなものなのかとか、点字の機械ってどんなものかとか、本当に初歩の初歩から勉強したという感じですね。

「読書バリアフリー法」が施行されて、視覚障害者に限らず、いろいろな方々が読書をできるように県も市も進めていくという方向に動いていますので、もっとサピエ図書館とかデイジー図書、点字図書を利用したい人のために、枠を広げていこうと勉強しています。

――いま困っていることは何かありますか。

河合 いっぱいあります。最近になって少しずつ利用されはじめましたが、そもそも点字を読める人というのも少ないですし。無理に利用していただく必要はまったくないですが、今後どういうふうにPRをして利用率を上げていくかは課題です。

ただ、そもそも途中で目が悪くなった方とか、ある日、突然目が見えなくなってしまった方とかは、現状の生活に手一杯で、読書を楽しめない方がたくさんいらっしゃるとお聞きしていますので、簡単にサービスを受け入れられるよう、手続き等をなるべく簡易化したいですね。

――ハードウェア的な話を伺います。書架の間隔などにも指針があるそうですね。

亀島 オープン当初、設計のなかで書架間隔は考慮しましたので、ハード的にはもちろん意識していました。オープン前のスタッフ全員研修のなかで、市内のガイドヘルプのボランティアさんを講師に招いたり、音読ボランティアや視覚障害者協会の方に来てもらって、実際に意見をいただいたり問題点を探してもらったりする取り組みをしました。

インカムがそこでも功を奏して、こういう人が来たらこういう応対をしましょうか、こういうご案内をしましょうかというノウハウを培っています。車いすの方が来館されたら、二階でも一階でも呼ばれたら行くという感じ。ただ、そもそも段差が多いからアンフォーレまでたどりつくのが難しいという声はあった。

――車いすの方や視覚障害のある方で、実際に来館される方はどれくらいおられるのでしょう。

河合 人数までは把握できてないんですけれども、電動車いすをご利用の方は頻繁にいらっしゃっていますね。対面朗読は利用率がよくて、毎回一人は来ていただいています。

――聴覚、視覚以外の障害者に対するサービスは？

亀島 二年前、旧の中央図書館を改修して、「あんステップ♬」という就学前までの発達障害とか、障害児福祉を一元的に担う施設がオープンしました。そこにも図書室が入っていて、そういう点でもサービスの連携をしていきましょうという話がありました。その図書室の選書については、施設に勤務する専門家から意見をもらっています。

――障害者サービスのことで、福祉課との連携はあるのですか。

亀島　当時はないです。デイジーの話なんて、私たちのほうが詳しかった（笑）

河合　その後、障害福祉課の担当者が、図書館はどういう障害者サービスをやっているのか聞きに来て、そこから窓口でも図書館に誘導してくれるようになったとは聞きました。だから、図書館にこういうサービスがあるよというのは、今は障害福祉課も認識しています。

――今後の方針や、現状維持、撤退などの考えはありますか。

河合　難しい質問ですね。減らしていきたいサービスは特にはないです。利用率は低いかもしれないけれど、必要とする方々がいる以上、行政としてやっていく必要があります。

増やしていく、やっていきたいことというのは、正直あまり見えていない気がします。ただ、最近始まったものですが、サピエ図書館にない点字図書を読みたいという方がいらっしゃったら、ボランティアさんに点訳していただき、その資料を安城市の図書館に登録していくようにしています。利用者のニーズを吸い上げて、なるべく利用者が読みたい本を読める環境を整えてきたいですね。

――では、最後に言っておきたいことがあれば。

河合　私たちの図書館はしゃべってもいいよという方針でやっています。障害をおもちの方のなかには、ついつい大きな声を発してしまう方もいらっしゃるみたいなのですが、そういう方から、すごく助かっていますというお話を伺ったことがあります。ありがたいご意見だなと。

亀島　ベストセラーとか全国的に出回っている資料は、あえて安城市が点字とかデイジーにしなくてもサピエ図書館を通じて手に入るのです。どこかが絶対につくるから。そうではなくて安城市独自のもの、地元でしか出回っていない歴史書とか、そういうものこそ点字にしていくことに意味があるし、そういうのをぜひつくってほしいと言われた記憶はありますね。

点字だろうが墨字だろうが関係なく、安城市の図書館は、安城市に関しては全国トップじゃなきゃいけないわけですよ。その点は、軸がぶれないように、常に意識していかないといけないなと思います。

あとは、とにかく顔つなぎ。職員間同士が話しやすい関係をつくっておかなければならないし、社会福祉協議会や障害福祉課とも仲良くして、利用者にも、いつでもどうぞという身近さを感じてもらえるようにしないと、と思いますね。市役所は、人が生きるうえでのすべてのサービスを展開しているので、やはりすべての課にアンフォーレがつながっているような道筋をつくっておきたいな。

職員インタビュー⑩

スタッフによる児童サービス

小林三奈子（アンフォーレ課　図書サービス係（会計年度任用職員））

――スタッフとして児童サービスに長年携わっておられる小林さんにお聞きします。

小林　私は二〇〇九（平成二十一）年から今年で丸一三年、図書館で勤務しています。プライベートなことですが、子育ても一段落し何か新しいことを始めてもいいかなと思っていたころ、市のウェブサイトで中央図書館での非正規職員の募集を知ったのがきっかけでした。ただその年は上の息子が大学、下が高校入試、ダブル受験だったので、「このバタバタの時期にあなたまで？」と夫に言われ少し揺らぎました（笑）。念のために、この募集は来年もありますかと問い合わせたら、「来年はわかりません」と。じゃあもうこのタイミングで、と応募することに決めました。そのころはリーマンショックの影響からか、非正規職員にも百名以上の応募があったとお聞きしていますので、採用されたのは運が良かったとしか思えません。

――ご縁ですね。

小林　ご縁かも。たまたまそのウェブサイトを見なければ、私は今ここにいなかったでしょう。そして何となくこれまでのことがみんなつながっていたのかなとも感じています。

私は一九六〇年代名古屋市の生まれですが、そのころ、家には石井桃子さんや村岡花子さんなどの翻訳で今もロングセラーとなっている絵本が何冊かありました。月刊『こどものとも』も。物心ついたころの記憶の一つに、母が読んでくれた『しずかなおはなし』（福音館書店　一九六三）という絵本があります。ハリネズミの親子の話で、オオカミに襲われそうになると、ハリネズミの父さんと母さんが「あたまを　おかくし　まるくおなり！」と子どもに言い聞かせます。私はその場面でいつも一生懸命体を丸めていました。何歳のころか覚えていませんが、確かにその記憶があります。そして一人っ子の私は、よく家で絵本を開いてはその世界に入り込んでいました。表紙からなめるように読んでいて『マーシャとくま』（福音館書店　一九六三）は漢字表記は読めなくても、ひらがなとカタカナの部分は全部覚えてしまうほど。当時の絵本はまだ数冊手元に残っていて、それを見るとほんのり温かい気持ちがよみがえります。幼い自分の手が届く所にいつも絵本があったのは、とても幸せなことだったと今になって感謝しています。

卒業後、名古屋市内の金融機関に就職しました。当時は子どもを預けて仕事を続けるという女性は今ほど多くありませんでしたし、私自身、仕事よりも子育てに専念したくて、子どもを授かったとき、きっぱりと退職しました。そこから楽しく二十年、育児しつつも職業的にはブランク。復帰をしたのが図書館でした。

今思えば、その子育て中にボランティア活動を始めていたことも、図書館と深くつながっています。私は長男が生まれる半年前まで仕事をしていたので安城市のことはほとんど知らず、知り合いもいませんでした。そんなとき、偶然目にした子育て系雑誌に、地方の元気なお母さんグループとして「おはなしどんどん」という読み聞かせボランティアグループが紹介されていました。巻頭のカラーページに笑顔の写真がど〜んと。その代表者の住所を見ると何と同じマンション。個人情報のゆるい時代でしたね（笑）。本当に目と鼻の先にいらっしゃる方たちが、近くの公民館を拠点に活動されているのを知り、「読み聞かせ」にちょっとひかれて同世代のママ友を誘って見学に。みなさん小さい子を抱えながらも明るくパワフルな方たちで、おずおずと入っていった私たちを温かく迎えてくださいました。当時子育て一年生の私たちにとって、あれこれ相談できる先輩のいる心強い場所でした。その集まりで情報を得て、個人的にも児童書や絵本の勉強をしたり、ボランティアグループとして保育園や小学校などでおはなし会をしたりと、子連れであちこち動き、図書館にもよく通っていました。私自身が絵本に育てられた部分があると感じていたので、その世界をもっと深く知りたい、子どもたちと楽しみたいというのが原動力だった気がします。現在もそのグループでの活動は続いています。

図書館のスタッフになってから、司書資格を取得

——募集時には司書資格の要件はありましたか。

小林　募集の時点ではありませんでした。私が取得したのは図書館に入ってからです。勤務し始めて八カ月経ったころ、主に児童サービスを担当していた市川さんが産休に入ったため、おはなし会などの児童サービスを私が任され、だんだん対外的な業務も増えてきまして。人様の前に立つのに、何も後ろ盾がないことで自分に自信がもてず、やはり司書資格は取ったほうがいいかなと思い始めました。

そのころ、スタッフの中で司書資格を通信教育で取るのがブームで。でも週五日働きながらの資格取得は、年齢のせいかかなり苦労しました（笑）。励ましあった仲間の存在は大きかったと思います。当時はｅ－ラーニングではなく、手書きのレポートを郵送し、返送される受験票をもって会場に出かけ、はじめて単位取得のための受験ができるという本当に面倒くさいシステムでした。家の中でもいつもレポートや試験勉強に追われていて、大学受験を控えた次男に「母さん、勉強しているんだ！」と驚かれていました。彼にとっては丁度よかったのか

もしれません。あなたは大学受験、私は司書資格でお互い頑張ろうねという感じで、あれこれ口を出すこともなかったので。

司書資格の勉強のなかで印象に残ったのは図書館史ですね。世界や日本の図書館がどう成り立ってきたのか、というのはかなり興味深い内容でした。私が子どものころは図書館も大きな書店も周りにはなかった気がします。そういうものができてきた過程も実体験としてわかる世代ですから（笑）

絵本の魅力を一人でも多くの子どもたちに伝えたい

――中央図書館のころから児童サービスに関わっておられたのでしょうか。

小林　はい。私がおはなし会などの児童サービスを任されたのは、中央図書館での一年目でした。図書館内で開催する「えほんとわらべうたの会」や一般の方向けの絵本紹介。依頼を受けた保育園、小学校、児童センターなどへの「出前おはなし会」もかなり頻繁にあり、鍛えられました。ボランティア養成講座や公民館の講座、学校司書向けの講座などにも関わりました。

――絵本の選書とかにも携わっておられたのですか。

小林　全部とはいいませんけれども、新刊や学校団体用は児童担当の一人として任されていました。

――児童書の選書は難しいと言われていますよね。これってどうなのかなという絵本も発行されていないわけではない。

小林　そうですね。規模の小さい図書館でしたら、購入しないこともあると思いますが。今のところ予算をいただけている図書館ですし、公共図書館は万人に資するという位置づけがありますよね。だから、個人的にはこれは書店に平積みされていても買わないなというものであっても、購入する必要性はあるということも意識しています。

――経験を積んだ図書館員は、そこのところをきちんとわかっていますよね。新図書館でも同じサービスに携わっておられるのですか。

小林　新図書館になってスタッフの数が三倍ぐらいに増えました。フロアも増えましたので、当然かもしれません。フロア担当も五十人余りのスタッフが三つのグループに分かれ二カ月で交代し、全員がどのフロアの仕事もこなしています。図書情報館はそれぞれのフロアで特徴があっておもしろいですね。私も今は児童書とか絵本専任というわけではないので、一年ぐらいのスパンでいろいろなお仕事をしています。ただ、以前から担当してきた各種のおはなし会や絵本紹介などの児童サービスはフロアに関係なく継続して担当しています。図書情報館が開館してから市内すべての公立保育園・こども園への出前おはなし会、館内での新しいおはなし会の試みやイベントなども増えました。今では児童サービスを一緒に担当するスタッフも増えて心強いです。

――二階の子どものフロアの良さについて、伺います。

小林　小さいでんでんむしの中にちんまりとおさまって一人で本を読んでいる子を見かけると、ほっこりします。子どもって狭いところが好きですよね。それから親子でとか、おじいちゃんおばあちゃんがお孫さんに読んであげているという風景が以前よりよく見られるようになりました。館内で多少お話をしても大丈夫という雰囲気、これはいいですね。二階フロアにいると子どもたちの様子がよくわかります。子どもの動きや、どんなところに目がいっているのか、どんな本を手にとっているのかを観察できるというのはやっぱり二階。私にとって子どもと本を楽しむというのは何となくライフワークみたいな感じです。そういう意味でたくさん児童書や絵本があるフロアにずっといられたら楽しいでしょうね（笑）

スタッフによる「ネコ・ロンデ朗読会」の様子

ちょっと真面目な話をしますと、図書館員はただ自分の好みだけで利用者に本をおすすめするわけではないので、児童書や絵本を見る目を常に養っていかないといけない。私は幸運にも一九六〇年代以降、あの時代の本当に良い絵本や児童書を自分で読んできましたが、新しく出てきたものにも目を通して、アップデートしていく必要はあると思っています。まだ評価の定まっていないものも、自分が今もっている基準と照らし合わせて、これはおすすめしたいなとか、おはなし会でぜひ読みたいなというものを探せる、二階はそういう宝の山のようなところかな。「このリストに載っているからどうぞ」ではなく、自信をもっておすすめできるものを増やす努力をこれからも続けたいと思っています。

そういう仕事に直結するような絵本や児童書に関する勉強も、以前はまったく個人に任されている感じがありましたが、最近は少しずつ外部講習にも仕事として参加できるようになってきました。私も何年か前に愛知県図書館の児童サービス研修の機会を得ました。その内容はできる限りスタッフ間で共有しています。正職員か否かにかかわらず今後もいろいろな研修の場を増やしていくことが、公共図書館組織としてのボトムアップにつながる気がします。

児童サービスは本質的に変化させる必要のないもの。これからもずっと絵本や児童書と子どもたちの間で、変わらずそっとお手伝いしたいというのが私の願いです。

職員インタビュー⑪

スタッフによる新人スタッフ教育

岩瀬真美・松井由季（アンフォーレ課　図書サービス係（会計年度任用職員））

――お二人の自己紹介を、そしてアンフォーレとの関わりをお聞きします。

岩瀬　私は大阪出身です。十三、四年ほど前に愛知県にまいりまして、愛知と大阪との違いにちょっと驚愕しつつも、結婚して子育てを十年やってきました。子育てが落ち着いたあとの第二の就職先は図書館関係、と心に決めていました。司書資格は子どもが小さいときに大阪で取っていて、さあどうしようといったときにちょうど安城市の募集を目にしました。

――もともと図書館関係の仕事に就いておられたんですか。

岩瀬　まったく。メーカーに勤めていて、そのころはただの読書好きだったのです。十年ちかく勤めて、次にもし就職するなら大好きな本に関連する仕事をしたいなと思っていました。自分なりに図書館に就職する方法を調べると、司書資格をもつに越したことはないということがわかったので、通信教育で取得しました。子育て中、どうせ家にこもっていなければいけないなら、そのときに取ろうかなと思って。

松井　私は生まれも育ちも愛知県です。近隣の市から通っています。働き始めたのは下の子が中学校に上がるタイミング。岩瀬さんは同期です。

私は本が好きとかではなく図書館の静かな雰囲気が好きで。募集要項に資格はなくてもよいと明記されていたので、単純に働く場所として選んで受けました。縁があってこれまで勤めさせていただいております。

司書資格は同僚と一緒に通信教育で取りました。勉強中は何度も「やめておけばよかった〜」って思いましたが、切磋琢磨する同僚がいたから諦めずに続けられました。食事の支度をしながら、換気扇に暗記項目をマグネットでペタッと貼ったりしてやっていました（笑）

――中央図書館時代のことを伺います。

岩瀬　当初は受付と排架業務が中心でしたが、私たちが入ったころからスタッフがさまざまな業務を任されるようになりました。相互貸借や選書、学校向けの貸出、おはなし会などもやっていました。それまで職員がしていた業務をスタッフが任されるようになったのは大きな変化と感じます。

――おはなし会を担当されているのですね。

岩瀬　図書館にはさまざまな業務がありますが、本の紹介は重要な業務ではないかと思っていて、そこを任せられるというのは、任せる職員のほうにも勇気がいったのではないかなと今になって思うのです。おはなし会を見学したらものすごく楽しくて、単純に私はそれだけで「やります！」と即答しました。無謀だったかも（笑）

――具体的にはどのあたりがおもしろかったのでしょうか。

岩瀬　ブックトークというものをそれまで見たことがなくて、本格的なものを初めて見たときに驚いたのですね。本の紹介というと、あらすじや実際に読むぐらいしか私の中にはなかったのです。ブックトークでは、中を抜粋して紹介したりとか、いろいろな紹介の仕方があって、こんなにたくさんの手段があるんだと感動して。そもそも本が主役なので本の魅力がいちばんなのですが、なおかつ自分たちの手でさらに魅力的に紹介することができるのだって。

――では、松井さんの記憶に残っている旧館での業務はいかがでしょう。

松井　レファレンスですね。レファレンス協同データベースへの登録を始めたことです。準備が大変でした。特に、どのような形式ならスタッフが協力しやすいか、悩みました。

――レファレンス担当者ならではのおもしろさというのは、どのようなものでしょうか。

松井　資料や情報探しのお手伝いが、結果、自分が知らないことを知る機会につながっていくこと。調査方法もそこで得た知識も新たに知ることで、得した気分にもなれます。でもいちばんはお役に立てたという満足感が励みになることです。図書館でのレファレンスサービスをもっと活用してほしいと思っています。

――今のお仕事について伺います。

岩瀬　今はスタッフが七十名ほどいまして、三チームに分かれて業務をこなしています。各チームに二人、計六人のリーダーがいまして、私と松井もチームリーダーを務めております。チーム名はつる・かめ・うさぎ（笑）。一般のスタッフが担当する受付や排架といった業務に加え、リーダー業務があります。主なものとしては、自分のチームのその日のシフトの調整。例えば「Aさんは九時から受付ね」「Bさんは予約本を回収ね」というスケジュールをつくっています。新人が入ってきたときには、実際に一緒に働く私たちが研修プランを組み立てています。

――七十名が大体フラットに三チームに分かれる感じですか。

岩瀬　勤務のシフトが大きく三つあります。Eシフトという夜間と土日祝勤務の方が二十名ほどいますので、実際はAシフトとCシフトと呼んでいる週五勤務と週三勤務の五十名ほどが三チームに分かれています。

――研修プログラムの実態を伺います。

サービス向上のための全体研修を毎月実施

岩瀬　勤務シフトによって多少変わってくるのですけれども、例えばAシフト用には、受付、排架、予約本回収といった全員共通の業務は、ベテランスタッフがマンツーマンで指導します。業務端末の操作研修は、実際に触ることがいちばん早いので、担当者を決めてOJTです。新人は、半年間は担当業務をもたないというルールがありまして、やはり受付と排架がメイン。私は本当にそう思っているのですが、いちばん求められているのは明るく元気な受付と排架によるきれいな本棚。これがやはり基本中の基本です。特に排架は、自分次第でおろそかになりがちなところなのです。でも、排架を制する者が図書館を制する（笑）

あと新人に決まり文句みたいにいつも言っているのは、「挨拶できれば七割合格」と。利用者には、新人とベテランの区別がつきません。明るく元気に「おはようございます」ができればまずOK。逆に言えば、それができなければ、どんなスキルをもっていてもここでは通用しない。おこがましいですけれども、新人教育では、それを第一としています。

――本が好きでも、ちょっと引っ込み思案な図書館志望者も多いですよね。

岩瀬　絵に描いたような本好きもいますが、普通の主婦層が多いです。私のようにただ本が好き、図書館の建物が好き、雰囲気が好き、家から勤務地が近い、お金がいい感じに稼げる等々。正直、目的はなんでもいいと思います。ただ、引っ込み思案は本当にもったいない。やはり私たちは接客業なのです。本好きで、肩にカーディガンかけて本を読んでいるイメージで図書館を志望してくる人がいたとしたら、とんでもない。図書館は肉体労働の接客業。

松井　本当にそうです。私も接遇には厳しいほうですね。

岩瀬　求められるスキルは他館よりも多いので、ある程度の期間で一人前になってもらうために研修を行っています。あと、人間関係には気をつけています。特に女性七十名ほどの大所帯で、これだけうまくやっているのは日本でここぐらいかなと自負しています。女子の職場って、だいたいうまくいかないことが多いですよね（笑）

――利用者に声をかけるタイミングのノウハウはあるのですか。

岩瀬　ノウハウはないですね。声をかけてもらってありがたいと言ってくださる人もいれば、なるべくならかけられたくない人もいます。声かけは、明らかにレシート持って探して回っているねという、はっきりわかる方ぐらいですかね。私は自分が図書館の利用者だったら誰にも声をかけてほしくないタイプなので。

これが大所帯のデメリットなのかもしれませんが、接遇の方針を統一しようとは思っていなくて。失礼がなければどれでも正解です。よく「ルールを決めてください」と言われるのです。例えば汚損本が返却された際に、心当たりありますかと聞くのは、どこからが汚損なのか基準がわからないと聞けないと言われるのですが、正直、そんな基準をつくることは現実的に難しい。接遇も同じです。あまりにも目に余ったら注意はしますけれど、基本的にはやかましくは言いません。あと、よくできると褒め称える。

――では、アンフォーレで働くうえでの難しさを一言。

松井　私はいくつかのエリアが共存しているところに難しさを感じています。開館当初はにぎわいすぎてしまい、本当に図書館として「これで大丈夫なのかな」とすごく不安でした。吹き抜けで一階の音が上階まで響いて

利用者一人ひとりに寄り添った接遇をめざしている

くるので気になりました。今はだいぶ慣れてきましたが……(笑)。にぎやかなエリアと静かなエリア、棲み分けを求める意見が利用者からもスタッフからもあり、そこに難しさを感じています。

岩瀬　正直、私は今でも慣れないですかね。「ここ、図書館だよね」って。やはり図書館は「静か」というのはどうしても残っていますね。今は受け入れていますけれど、好きか嫌いかと言われると、好きではないかもしれない(笑)。ただ、ここのコンセプトは重々理解しています。

それと、ジャンル別の別置が設けられていたり、必要最低限のサインであったり。サインが少なくて不便だという利用者からの声もありますし、スタッフ間でも「もうちょっとここ、表示したほうがいいのじゃないかな」という意見を聞くこともあるのですが、私はわりと気に入っていて。必要以上にサインがない代わりに人。人に聞いてください、人を使ってください。そのためにスタッフが控えていますよというのは、良い取り組みだと思っています。受付や排架をするだけの人ではなくて、接客のできる人。旧館のときよりもさらにそれが求められるのではないかと思いますね。

コラム

新米司書としての意気込み

「四月からアンフォーレ課図書サービス係として、よろしくお願いします」

二〇一九（平成三十一）年三月末、安城市役所に採用されることが決定し、内示の電話を受けた。これが、私とアンフォーレとの出合いである。

図書サービス係としての仕事が始まった当初、自分が〝司書〟として利用者に本を提供できるのか、私は大きな不安を抱えていた。案の定、初めてフロアに出たとき、まだ館内をしっかりと把握しきれていなかったため、「どうして図書館職員なのに本の場所もわからないんだ！」と利用者からお叱りを受けてしまった。また、利用者のお尋ねに対し、自分だけではすぐに答えることができず、利用者を困らせてしまうこともあった。

カウンター業務に就いて日が浅いころのことだ。二階のカウンターで、ある利用者から「病気関係の本を探しているのですがどこにありますか？　図書館に初めて来たものだからよくわからなくて……」と話しかけられた。私は緊張から、フロアマップの存在を忘れ、どのように場所の説明をしたらよいのかもわからず、思わずカウンターを飛び出して案内をしていた。その道中、「安城市の図書館のご利用は初めてなんですね」と利用者に話しかけてみた。すると、「ええ。図書館は一度も使ったことがないのだけど、調べたいことがあって」という答えが返ってきた。病気という非常にパーソナルな内容であるため、深く聞いてよいものかどうか迷っているうちに目的の場所へ着いた。

「こちらが健康関係の本棚です」と案内し、その場を去ろうとすると、「どんな本があるのか教えてくださる？　実は夫が認知症になってしまって……」と言われた。運良く、数日前に認知症に関する講座のために本を選んでいたこともあり、その棚について、ある程度は把握していた。専門的な内容のものからイラストで解説しているやさしいもの、介護の方法や闘病記などいろいろな本を開いて説明しているうちに、利用者自らが本を選んで中を見始めた。そして、なぜ認知症の本を図書館に探しに来たのか、今どんなことで困っているのかを話してくれた。最後には「こんなにたくさん本があって、自分だけで選びきれるか心配だったけど、声をかけてみてよかったわ」と、私が紹介した二冊と自身で選んだ四冊を借りて帰られた。

私が不慣れでなければ、カウンター越しに医療関係の本棚の場所を伝えるだけで終わっていたかもしれない。しかし、実際に利用者と一緒に本棚へ行き、話をしたことが功を奏した。

図書館で本を選ぶというのは、簡単なように思えるが、膨大な蔵書の中から目的にかなったものを選ぶのは難しいものだ。そんなとき、どのような本が図書館にあるのかを伝え、利用者の声に寄り添い、一緒になって本を選ぶことが図書館員の役割の一つだと、この体験を通して気がついた。

利用者が自ら選んだ本を重たそうに抱えて帰る姿を嬉しいと感じられたことが、司書としての第一歩になったのではないかと思う。私がすすめた本は二冊しか借りられなかったことについては、少し恥ずかしくも、もどかしくもあり……。まだまだ司書としての道を歩みはじめたばかりだが、一人でも多く、一冊でも多く、人と本の出合いが生まれるよう、これからも励みたいと思う。

鈴木亜依子（アンフォーレ課 図書サービス係）

Ⅳ 検証

中心市街地は活性化したか

野場慶徳（安城市議会議員）

若者の集う喫茶店経営が原点

――議員さんになる前の経歴をお伺いしてもよろしいですか。

野場　もともとはサラリーマンでしたが、家業が八百屋だったことから、サラリーマンになって二年たたずに退職し、家業に就きました。ところが、時代が地域の八百屋さんの時代ではなくなってきたので「親父、これはあかんぞ、どうする」という話になり。父親は、「おまえの好きなようにしろ」と。いまさら自由にしろと言われてもと思いましたが、高校生のときから若者が集まるまちをつくりたい、若い自分が行きたくなる喫茶店をやりたいという夢をもっていたので、父親に頼み込んで保証人になってもらい、銀行から借り入れをして、二五歳のときに喫茶店「ＮＯＶＡ」を始めました。

――今のお仕事の気持ちともつながっているんですか。

野場　喫茶店を始めたら、本当にいろいろな人が集まってきました。巷ではＮＯＶＡに行くことを「ノバる」という造語まで生まれました。店を始めて五年目、三十歳のときに声を掛けられて、青年会議所に入りまちづくりをメインとした活動を始めました。

青年会議所時代に私が心血を注いだ事業の一つに、安城市民会議の立ち上げがあります。それが基礎になって安城の将来像を語る会となるように、また、市民と青年会議所と行政が話し合うトライアングルをつくりたいという思いから、「安城市民会議」と名づけ、活動が始まりました。メンバーは怖いもの知らずの三十代ですから当時の杉浦正行市長、大見志朗県議に対しても臆することなく、三十年後も責任をとれる世代として安城市の将来について発言していました。まさに言いたい放題でしたね。

まちづくりに興味があり、市議会議員に

――議員になったきっかけは？　これまでのお話だと、行政の近くにいてまちの将来像についてやんややんや言うポジションだったようですけれども。

野場　「打っても打っても響かない」ことをどこか感じていたんですね。「なら、自分でやろう」と。発言できる立場になる。それはやっぱり議員かな、と。

そのころ、市議会議員だった現神谷学市長が市長選に立候補するという話を聞きました。青年会議所時代、私が委員長のときに副委員長をやってもらっていたこともあって、「そうか、あいつ偉いな」と思い、すぐさま電話して「本気か」と問うたら「やります」と言うので「わかった。応援してやる」と。偉そうだよね（笑）

私はそのころ再び会社勤めをしていたので、すぐ社長に「学ちゃんが一念発起したので、応援に行っていい

か」と尋ねたら、「会社には投票日まで来なくていい」と言ってくれて（笑）。嬉しかったですね。一週間に二回ぐらいは会社に行って仕事をやっていましたけど、自由出勤のような扱いにしていただきました。感謝しかありません。たいへん厳しいと言われた選挙に勝つことができたので、本当に嬉しかった。そんなこともあって、市政に関わる市議会議員をやりたいと思い始めたんです。

——**議員になられたとき、病院の跡地利用はどんな感じでしたか。**

野場　更生病院が今の場所に移転したのが二〇〇二（平成十四）年五月、学さんが市長になったのが二〇〇三（平成十五）年の二月。私が市議になったのが二〇〇七（平成十九）年の四月だから、更生病院の移転から五年も経っていました。だから、「病院の跡地利用が、まだ決まっていないの？　ばかじゃないの」なんて言っていましたね。市民感覚で言うと、一等地を何年も放置しているなんて、ありえないですよ。議員になってその気持ちはさらに強くなって、やっぱり放っておく問題ではないと思っていた。そのころの議員仲間とは、「ああしておけばよかった」とならないように発想を大胆にもつべきだろうというようなことを、ずいぶん話し合った記憶があります。

議会は消極的賛成。図書館プラスアルファの仕掛けがなければ、活性化は無理

——**跡地を図書館にという流れになったときの議会側の雰囲気というか、そのあたりについて伺えますか。**

野場　跡地利用のいちばんの目的は、中心市街地の活性化だと、ずっと言われていました。図書館は集客力があるので、更生病院の穴を埋められるだろうという発想ですね。それを受けて、そういう活性化のために中心市街地へ図書館を建設した他市の先進事例を議会として行政調査に行くわけですが、私たちは、そういう観点で行く

ことから、必ず向こうの担当の方に「ところで、これ（図書館施設）をつくって近隣の商業は影響がありましたか」と質問します。すると、ほとんどの市が「ありません」と言う（笑）。本当にそうなんですよ。みなさん「ありません」と言われる。それで、私たちが出した結論は「図書館でまちの活性化にはならない」という辛口の意見でした。

図書館の視察は、あちこち行きましたよ。本当に脈絡もなく「あそこがおもしろいらしい」と聞いては行って、その質問をぶつけると、ろくな返事が返ってこないの繰り返しでしたね。ある意味「図書館だけでは駄目だ」という結論です。必要な図書館をつくることには反対はしない。だけど、図書館がまちを活性化するといった幻想はもたないほうがいいと思いました。

結局、回遊性につながらない。やっぱり図書館に来る人の目的は勉強や調べ物、つまりスタディの場なんです。それに、本を借りれば、すぐ読みたいからどこにも寄らないですよね。まちを活性化させる要素としては、実は違う。ある意味のにぎやかしにはなるが、活性化が目的であれば消費をしてくれる人を呼び込まなければいけない。そういう人たちが来るような仕掛けをプラスアルファすべきだというのが、議会側の結論でした。図書館では活性化は無理だとずいぶん言ったけど、どうしてもやると言うなら、図書館の否定はしませんと。

――なるほど。「中心市街地の活性化とは何か」というコンセンサスや定義はありましたか。

野場　いやあ、そこまで専門的な発想はなくて。ただ、「ここはもっと人通りがあったよね」とか、病院に関連する人たちが行き帰りにまちで買い物をして帰っていったとか、にぎわっていた当時のイメージがある。僕も高校時代にこのまちを歩いていたのでそのころのことを思い起こすと、このまちを行き来する必然性があってにぎわっていた。何か仕掛けがあったとかではないんですね。人々の生活リズムのなかに、このまちが入っていたと言ったほうがいいのかな。

それがいつの間にかそういう雑多な関係がすっかり削ぎ落とされてなくなってしまい、おおげさに言えば学校帰りの高校生が通うか、近辺の人が往来しているだけのまちになっちゃった。今はほとんどの交通手段が車ですから駐車場の整備はまちづくりに欠かせない要素になっている。

――点と点ですもんね。

野場　そうそう。その間の人が消えてしまったというのが大きくて、だったら昔みたいに雑多な人が集まるまちに戻さないと、やっぱり本当のにぎわいとは言えないんじゃないかな。大きな駅の周りなんかは、多彩な集合体が自然とできあがっているので、商店も飲食店も、いろいろな業種が成り立っていますよね。

――そういう人の流れで、となると図書館をつくるだけでは活性化しない。だからプラスアルファとして、何か活性化する仕掛けをつくれというのがスキームですね。

野場　そうです。いろいろな目的で来る人を。ただ、それがうまくできたかというと、ちょっと疑問符が付く。難しいんだけどね。言うのは簡単なんだけど、それを具現化するとなると「じゃあ、どうやって」という壁が必ずあって、答えがないんですよ。みんな理屈ではわかっているんだけど。

――今のアンフォーレは地元商店街の人ではなく、市外から出店していたりしますよね。

野場　それは、客観的にはおもしろいかもしれないけど、安城市にとっては全然おもしろくない。よその人がやって来て、安城市内のお金を持って帰ってしまう。地元の商店街にしてみれば、自分の店の購買層からお金を稼いでいく。つまり、「出稼ぎ」。これは、逆でなければいけないですよ。市外の人が安城へ遊びに来て、お金を使っていってくれないと。いわゆる「外貨」を稼がないと（笑）

アメリカ西海岸の視察で、図書館の可能性を体感

――あちこち視察に行かれたようですが、アメリカは行かれました？

野場　シアトルに行きました。私が見たなかで、いちばんおもしろかったのは郊外のショッピングモール内にあった図書館 Library Connection at Crossroads[*1]です。図書館って、ふつう区切られた空間というイメージがありますよね。ところがそこはオープンなんですよ。ショッピングモールは店の前にドアもなくて売り場が広く開放されていますよね。そこの図書館はそういうオープンなつくりなんです。ドアとかの仕切りがなく通りがかりに入れる感じですね。発想がまったく逆だったんです。

図書館があるから人が行くのではなくて、人が行った先に図書館がある。わざわざ「図書館においで、おいで」ではなく、ショッピングモールへ行ったら、行ったついでに図書館があるので本でも借りようかというぐらいの位置づけに私には見えたんです。その発想はおもしろいと思った。「ああ、こんなやり方があるんだ」って。制約条件は全部取っ払って、なんでも有りで考えているのがおもしろいなと。日本人って、まず制約条件を整理して、その中で考えますよね。アメリカは逆で、制約条件をあとでつくっているんですね。「こんな感じでいいじゃないか」ってやってから「いや、こういうのがあるぞ」と言って、ボトムアップ型にだんだんと整理し

＊1　Library Connection at Crossroads
シアトル市内から車で三十分ほどの距離にあるキング郡の図書館の一つ。

てできあがっている。順番がまったく逆。こういう発想でないとおもしろいものはできないと感じました。

——なるほど。シアトルの中央図書館にも行かれたんですよね。

野場　初日に行きました。私が最初におもしろいと思ったのが「あ、ここ飲食してもいいんだ」ということ。それから、もう一つ参考になったのは、アイキャッチというか建物自体の斬新さ。一見して、私たちの常識で言う図書館らしくない。「なんだこれ」と。それからアート、館内随所にアートを取り入れていること。たしか州予算に一％ルールというのがあって、アートに必ず一％費やさないといけない。だから公共施設にアート的なオブジェだとか、いろいろなものがあって、テーマパークのパビリオンの中に入って行くようなイメージでおもしろいなと感じた。

——こういう海外視察は、議会側にはどうやってフィードバックするんですか。

野場　私たちは議会向けに報告書を作成し、議員間での情報共有のために画像を用いて報告会を行いましたが、百聞は一見に如かずで、見た人と見ていない人の温度差は大きいと思いました。あまりに日本の常識と違う部分があるところを、画像を交えて説明したところで、「ふーん」「ああ、そう」という印象はぬぐえず、なかなか質感や空気感といった本質的なところは理解してもらえていないなと感じましたね。

市の担当職員は一緒に見てきたこともあって、新図書館のあり方について意見をずいぶん取り入れてくれた。そういう意味では、今のアンフォーレの図書情報館は、画期的と言われましたよね。私たち海外を見てきた側としては、まだまだ物足りないなと感じてはいたけど、意外にも高い評価を受けることになったことはよかったと思っている。

全議員参加による「拠点整備推進」プロジェクトチームの発足

――議会の空気が、図書館容認へと変わったあたりの経緯を伺えますか。

野場　フットワークの良い、本当に議論しながら進む会議体が必要だということで、私がいろいろなことを議員間で討議するプロジェクトチームを提案したんです。全員が率直な意見を言える、そういう会議が必要だと。たぶん行政側からも「空気感が変わったね」と思われたのかな。千載一遇のチャンスですよ。あんな場所をどうこうする機会はもう二度とない。どうせ図書館をつくると決めたなら、あとあと後悔するような、子どもたちに言い訳できないようなものができたら、それこそ恥ずかしいという思いがあって「じゃあ、みんなで大変だけど意見を集約する作業をするべきだ」と。

議員全員が関わろうという趣旨のもと、といっても全員での議論には無理があるので、二つに分けた分科会方式で行うこととし、私が一方の座長を務めました。

ここにそのときの議会資料があります。それぞれの部会での議員の発言集で、議事録としては正式には残っていません。プロジェクトチームの中で起こした記録で、項目ごとに全議員の意見がまとめられています。ものすごく辛辣ですよ。「とにかく思ったことを言ってくれ」とやったものなので。ただし、「まず図書館ありきでいきましょう」と、執行部の素案にある前提条件を理解していただき、発言をお願いしました。

――なるほど。議員のみなさん、温度感としてはどうでしたか。

野場　共有している時間はみんな、ちゃんと前を向いて話し合いをしていただいていました。会派もへったくれもありません。同じ会派でも意見の調整はなしでやっていますので意見が分かれる。地ならしなしのガチンコです。

――それは座長として、すごく大変だったのではないですか。

野場　いちばんおもしろかった。一応、全議員が参加していますからね。いまだにこんな組織ないもんね。全議員が参加している、全議員でプロジェクトチームをつくるというのは、初めてだと思います。

――ＰＦＩを採用したのは安城市の公共施設では図書館が初めてですよね。「ＰＦＩをもってこよう」となったときの議会の雰囲気はどうでしたか。

野場　当時、民間手法、民間活力を取り入れるという意味では、ＰＦＩをどこかで何かでやってみたいという思いは全員がもっていたと思います。ただ、ＰＦＩをやる以上は直営でやるよりも、金額ベースなのか投入資金の費用対効果なのか、いろいろな意味でやっぱりメリットがないと意味がない。成功した事例もあれば、実はあまりうまくいっていない事例もあると知ったときに「難しいんだよね。でも、拠点施設でやるんだ」と。ただ、ちょっと変わったやり方だよねと。

どうせやるなら良いものをつくって、良い結果を残したい。だから、もっと良くするために「これじゃ駄目だ」というのは言っていたつもりでしたけど、その声が行政側に半分も届いていないと感じたときはちょっと悲しかったですね。やっぱり壁は厚いね。壁は、厚いわ高いわ遠いわ。大きな川の対岸へ石を投げているようなもので届かない。だけど諦めてはいけない、そういう気概は全議員がもっていて、いろいろな意見を出してくれていた。

行政運営にもビジネス感覚を

――「図書館は直営で」と図書館サイドはずっと言っていたましたが、議会の雰囲気はどうでした？

野場　賛否両論ありましたね。当時、「武雄市のやり方が[*2]いいんじゃないか」と言う人もいましたが、私は逆で、直営で行政がめざす図書館像を確立したほうが絶対におもしろいと。杓子定規にやったらつまんないものになるけど、行政が本気でおもしろいものをめざせば、確実にそうなると思ったんです。アンフォーレというのは、公共施設のなかでも特殊な位置づけ、民間施設のようでもあるというのかな。そういう意味で、あまり行政が縛ってはいけないと思う。縛られないことを、ちゃんと引っ張っていってくれる人がいればいいのではないかと。そこを私たち議会も応援すべきところとして応援する。

駐車場はキーテナントと同じぐらい重要な位置づけだから、もう少しゆとりが必要だったかもしれません。広い駐車場を公共がつくるのは必要だと思うんです。駐車場が狭いと行く気がなくなるからね。その意味では、実際狭いという声も多く、もう少し駐車場は改善の余地があったと思います。

それと、もっとランドマークとして目立つものにしてほしかった。実は、あの中へ市役所でも市民会館でも文化センターでも何か一つ施設を入れる、もしくは上層をマンションにして高層化し、一番上を展望室にすれば、

＊2　ＴＳＵＴＡＹＡを展開するカルチュア・コンビニエンス・クラブ株式会社による指定管理での運営。

みんなおもしろがって来るのではないかというような議会からの提案はありましたね。

お金を稼ぐ発想もきちんとしておかないと、おもしろいものなんかつくれないというか、税金をどんどんつぎ込むだけの話になるので、きちんと稼げるところで稼いで、使うところには使う。使うお金をつくればいいと思っていろいろと提案をしました。

――これはちょっと極論ですが、図書館なんて金使ってなんぼで、金をつぎ込んで文化を撒くような、近視眼的なコストパフォーマンスだけで考えたら最悪の施設ですよね。でも、野場さんはそれをＯＫだとおっしゃる。そこの矛盾はどうなんでしょう。

野場　図書館に限らず「文化的事業」というのは非常に大事だと思っています。文化は一朝一夕にはできないものです。時間もかかるし、歴史も、そこに人もいてすべての関わりが必ずある。そんな「文化」というものをお金で計算するものではないと思っています。それを補完するために二次的経済効果ということも含め、ほかで儲ければいいという発想も必要だと思います。

よく大きな企業が成功すると、文化事業を慈善でやりますよね。サントリーがサントリーホールをつくったり。文化というのはそういう側面もあって、直接的に利益を生む「文化事業」なんて難しいですよ。公共が手を出せばお金のかかることばっかり、二次的に儲ければいい。言わば、経済効果。

アンフォーレで、中心市街地は活性化したのか

――身も蓋もない話も含めてお伺いできればと思いますが、アンフォーレで中心市街地は活性化しましたか。

野場　していないと思います。ズバッと言うと。していないですね。まちに人が出ていかない。

――どうしたら活性化すると思いますか。

野場　どうしたら？　図書館だけでは無理でしょう。今回、たまたま、スーパーが撤退し、九カ月後にまた別のスーパーが新規の店舗としてオープンしました（二〇二一年一月閉店、同年十月開店）が、アンフォーレ全体の施設展開はもっと遊び心をもって考えてもいいと思います。

やっぱり、今と同じ延長線上で考えても変わらないと思うんだよね。そこは発想の転換をちゃんとして何かおもしろい、斬新で積極的な材料を見つけないと何も変わらないような気がする。ただ、「何がいいか？」と言われても本当の答えは難しいよね。議員はどちらかというと、おもしろい提案があると「何か手伝えることある？」と思うし、現状の延長線なら「それでいいの？　おもしろくないね」と。

行政はもっと議員を上手に使えばいいと思う。おもしろい提案をどんどんしてくれたら、議員も勉強して「それいいかもね。やろう、やろう」ってなるので、予期せぬシナジーも期待できる。

――では、今の図書館について感想をお伺いします。

野場　よくやっている。図書館自体はずいぶん頑張っているし、優秀だと思いますよ。とにかく最先端のほうを走っている感はあるのでいいと思いますし、あれが今の形になる前と比べれば、図書館という存在がいろいろな方にとって、ずっと身近になったかな。前の図書館は読書がメインだったけれど、文化的な図書館に変わってきたと思います。

中心市街地を活性化というコンセプトでつくったのでなければ、もう満点ですよ（笑）。だから「このままじゃ駄目だよね」とちょっとひとこと言いたいとなっちゃうんだよね。図書館だけ切り取れば「いいじゃないの。このままいけば」って。

――でも難しいかもしれないですね。中心市街地活性化という文言が入っていなかったら、図書館計画自体が

頓挫していたかもしれないですよね。

野場　そうそう。ここへもってくる必要ないもんね。活性化が先にあって、そのために図書館をもってくるとなると「ちょっと待て」とは思う。本音としては、当時を振り返ると、やっぱり「もっと違うものじゃないと駄目じゃない？」というのは、たしかに本当はあった。何がいいというのは誰も言えなかったのだけど。

もっと突飛なプランもありましたよ。でも、行政がやりやすいような形になっちゃった。最初、議員は「市役所を上へ積んじゃえ」と言っていた。だって、別に私たち議員はあそこに図書館をつくりたかったわけではない。あの広さの中に市役所もあれば、相当な昼間人口です。市の職員だけで千人ちかく入るわけですから。図書館が評価されるというのは良かったなと純粋に思います。ただ、何度も言うけど、まちの活性化うんぬんがいまだに議論されていることは問題。活性化にどこか期待をもっていたんだね。年間四十万人以上の人があそこへ来てくれて、そういう人がたとえ一割でもまちへ出てくれれば、ずいぶん変わるよねと期待はしていました。

やっぱり「集める努力」をしているうちは駄目。「集まる工夫」をしないと。集めるのではなくて、集まる。集まる仕掛けというか工夫ができてしまえば、あとは苦労しない。集める努力、イベントをやっているうちはずっとイベントで回すしかない。にぎわっているまちって、最初の仕掛けをすればイベントなんかやらなくたって、あとは自然とずっと人が来ていると思います。

特別寄稿②

日本一にぎやかな図書館をめざして

中井孝幸（愛知工業大学工学部建築学科　教授）

明るくてにぎやかなエントランス

一階東側正面の風除室を抜けた四層吹き抜けの大きなエントランスは、鮮やかな色、さまざまな音、数多くの人々であふれかえり、思わず上を見上げてしまう。ＪＲ安城駅から南西へ約五百メートル、徒歩で五分もかからない交差点の角に、安城市図書情報館の入る安城市中心市街地拠点施設「アンフォーレ」が立っている。

エントランスに入ると、やはり印象的なのは、床面の白色と茶色の少し大きめの三・六メートル角の市松模様のタイルであろう。この建物の外壁にも凹凸があって、外観も三・六メートル角の市松模様のようになっているが、一階床の市松模様のタイル張りのグリッド（格子）は、「願いごと広場」や地下一階のガラス張りの「ホール」の客席部分の座席の色、二～四階の床にまで続いている。最初にアンフォーレへ伺ったのが七夕の飾り付けのあった時期だったせいか、この白色と茶色の大きめのグリッドの影響もあり、二二〇インチ大型マルチビジョンの映像、安城デンビールが運営するカフェD&N[*1]や共用部のテーブル席でくつろぐ人々、またエントランスを行き交う人々の色鮮やかな服装が、明るくてにぎやかな印象を今もまだ与えてくれている。

アンフォーレ外観

アンフォーレ・エントランス吹抜け

アンフォーレとの関わり

筆者のアンフォーレとの関わりあいは長く、この安城市図書情報館を含む本館、立体駐車場、商業施設を含む南館の事業者を選定する審査員を二〇一二（平成二十四）年十二月にお引き受けしたときに始まる。さらに当時は館長補佐で後の館長になられた岡田知之氏とは、田原市中央図書館で職員研修の講師を務めた同年十一月に初めてお会いし、その後何度もお会いしては、図書館談義を肴に楽しく酌み交す間柄である。

岡田氏からは、図書館建設を円滑に進めるためには、首長である市長に、良い図書館施設を視察してもらうことが重要であると教えていただいた。筆者が図書館整備を検討している地域で講演する際には、必ずアンフォーレの件をお話しするようにしている。その安城市の神谷市長と審査委員会のときにお会いしたが、当時筆者は富山県砺波市で新図書館整備検討委員会の委員長をしており、砺波市の夏野市長より安城市と災害時相互応援協定を結んでいることをお聞きし、安城市と砺波市との不思議なご縁を感じた。また、偶然なのだが、安城市と砺波市の新しい図書館の設計者を三上建築事務所が担当することになり、アンフォーレの工事現場を見学させていただいたときに、砺波市の新図書館の打ち合わせをするという、何とも奇妙な経験をしたことが懐かしく思い出される。

本館と南館、立体駐車場などからなる中心市街地拠点整備事業は、本館の公共施設はＰＦＩ方式、南館と立体駐車場の民間施設は定期借地方式によって進められた。その経緯は本書で紹介されているが、筆者はその審査委員会に外部有識者として参加させていただいた。委員長の公共経済学がご専門の中京大学・奥野信宏先生、本館部分はホールや図書館、子育て支援施設などの複合施設でもあったため劇場建築がご専門の名古屋大学・清水裕之先生たちと、提案内容について協議し、たいへん勉強になった。なお、当時の審査結果は公表されており、ハード面とソフト面のバランスがとれていた本計画案が選定された。

＊1　新型コロナウイルス感染症対策として、地ビール販売は現在休止中。

1階ホール横の共用スペース

2階子どものフロアの閲覧席

アンフォーレの空間構成について

アンフォーレは本館、立体駐車場、南館が並列しており、二階部分のペデストリアンデッキ（歩行者専用通路）でつながっている。地方都市の公共図書館への交通手段は、自家用車が約七割を超えるため、ほとんどの来館者は立体駐車場から二階通路を通ってやってくる。

本館は、地下に控室があり、一階はエントランスやカフェ、貸スペース、証明・旅券窓口センター、フリースペースがある。四層吹抜けのエントランスを介して、二〜四階に図書館の開架閲覧室があり、二階児童開架の横に子育て支援施設のほっとスペース、三階にはビジネス支援センターや編集・録音スタジオ、健康支援室・講座室が併設されている。

図書館は全フロアで、飲食が可能で、軽食やお弁当を館内で食べてもよい。二階はサービスデスクと自動返却口があり、子どものフロアと新聞雑誌ブラウジングコーナーとなっている。二階フロアの中央部には新美南吉のでんでんむしの話をイメージしたおはなしコーナーや立体的な家具が設置されている。

三階・四階は一般開架エリアで、中央の書架の周りに閲覧席やグループ学習室、それらを「でん」と呼ばれる小さな空間が取り囲んでいる。四階の中央部分には大空間の閲覧席があり、その周りに書架が配され、一部には愛知県の資料や過去の新聞・雑誌などが置かれる公開書庫がある。吹抜けと反対の西側に静かに本を読める個人

3階グループ学習室前の閲覧席

3階・4階の開架閲覧スペース

学習室があるが、利用するには予約が必要である。

外観の特徴となっている凹凸は、二～四階まで「でん」やテラスとして計画され、さまざまな居場所として利用されている。各階の床の三・六メートル角の市松模様は、白色と一階は茶色、二階は黄色、三階は青色、四階は緑色と、各階で色分けされている。

来館者調査からみた図書館の利用状況

私たちの研究室では、今まで公共図書館や大学図書館、最近では学校図書館を対象に、来館者自身が記入する「アンケート調査」、調査員が行動観察を行う「巡回調査」や「追跡調査」を行っている。ここでは、二〇一七（平成二十九）年十月二十一日の土曜にアンフォーレで行ったアンケート調査、巡回調査や追跡調査のうち、アンケート調査から気づいた点をいくつか整理したい。

来館者アンケート調査からみた図書館利用

アンフォーレは複合施設であるが、調査は土曜一日に本館への来館者全員を対象として、住所や年齢と性別、利用目的や利用頻度などを児童用と一般用で二種類の調査票を用意し、三カ所の出入口にて入館時に配布、退館時に回収して滞在時間も調べた。図書館の土日祝の開館時間は九時から十八時であるが、施設全体は通年で九時から二十一時のため、調査は二十一時まで行った。詳しくは参考文献[*2~7]を参照のこと。

アンフォーレが開館してすぐの調査で、以前の旧館の利用経験などを聞いているが、新館ができる前に旧館での利用状況を調査するべきだったと、たいへん後悔している。今では必ず新館ができる前にも調査を行い、利用状況が新旧でどのように変化し、また変化しないのかを捉える研究を行っているが、それはまた別の機会に紹介したいと思う。

エントランスは非営利目的だと一平方メートル当たり三時間十円（営利目的は二倍、物販は三倍）でスペースを借りることができ、調査当日も多くの利用が行われていた。

まず、以前から安城市の図書館を利用していた人と、新館を初めて利用した人の住所を比べるとそれほど大きな差が生じていなかった。つまり、新旧図書館の位置は直線距離で約一・五キロ移動しているが、移動先の館近

＊2　飯野楓太・宇野琢斗・中井孝幸「公共図書館における利用者属性と空間構成からみた利用者の滞在の仕方について」『日本建築学会東海支部研究報告集』第五六号　二〇一八　四二五―四二八頁

＊3　伊藤直宏・村瀬久志・金田周平・中井孝幸「新図書館整備地域における利用圏域の広がりと選択行動からみた利用意識」『日本建築学会東海支部研究報告集』第五六号　二〇一八　四四一―四四四頁

＊4　村瀬久志・金田周平・中井孝幸「図書館を含む複合施設における面積構成と利用者属性からみたついで利用者の利用特性に関する研究」『日本建築学会東海支部研究報告集』第五六号　二〇一八　五一三―五一六頁

＊5　村瀬久志・中井孝幸「図書館を含む複合施設の機能の立体的なつながりからみた利用者の活動の場所選択複合施設における居場所形成からみた「場」としての図書館に関する研究その二」『地域施設計画研究』三六　日本建築学会　二〇一八　一六九―一七六頁

＊6　中井孝幸・村瀬久志「図書館を含む複合施設の階構成と施設機能による利用者層分布　複合施設における「場」としての図書館に関する研究その一」『日本建築学会大会学術講演梗概集　建築計画』二〇一八　四九三―四九四頁

＊7　村瀬久志・中井孝幸「図書館を含む複合施設の施設構成要素と利用行為からみた居場所形成　複合施設における「場」としての図書館に関する研究・その二」『日本建築学会大会学術講演梗概集　建築計画』二〇一八　四九五―四九六頁

傍の地区から来館者が激増するわけでも、旧図書館近くの利用者が激減するわけでもなかった。新旧の図書館で来館者の分布に目立った変化はなく、新規利用者も市内各所に広がっていた。[*8]

過去の調査結果から、複合施設の中に図書館がある場合、来館者全体の約八割が図書館を利用しており、「ついで利用」は約一五%程度とされてきた。アンフォーレでは、図書館のみ利用者は六八%、ついで利用者は一一%、他施設のみは一〇%となった。図書館を利用した人は全体で八〇%となり、既往研究とほぼ同様の結果となった。[*9]

図書館のみ利用者の利用目的は、本を借りる六五%、本を返す四六%など図書の利用が多かった。一方、ついで利用者は、本を借りる四二%、本を返す二八%と低くなり、付き添い一四%、ただふらっときた一七%、くつろぐ休憩一八%など利用目的が多様となる。アンフォーレは複合施設のため、施設全体では役所手続きや各種活動、子ども用のほっとスペース（子育て支援）などの利用も見受けられた。[*10]

利用者の属性は、小学生以下の児童が二二%、中・高・大学生の学生が八%、二十歳以上六五歳未満の有職者男性二四%、有職者女性二一%、主婦一一%、六五歳以上の高齢者一〇%、その他不明五%となり、今までの図書館調査結果と変わらず、ほぼ同じ割合となった。[*11]

入館時間と退館時間から求めた滞在時間の十分ごとの頻度分布をみると、他の図書館施設と同様に、三十分までの滞在が約四割を占めていた。しかし、児童は四十〜七十分滞在する割合が少し高いため、三十分以降も一時間程度まで急激に減少することなく、緩やかに分布している。平均滞在時間は六八分となり、アンフォーレの全体的な傾向として、滞在時間はやや長めといえる。

巡回調査からみた館内での滞在場所

巡回調査は、開館から閉館まで、調査員が一五分おきに館内を巡回し、調査員の目視による瞬時の判断で、利用者層、姿勢、行為内容などを調査用紙に記入した。利用者層としては、児童層、学生層、成人男性層、成人女性層、高齢者層の五つ、姿勢は着座、立位、移動、その他としている。アンフォーレだけでなく、過去に行った複合施設での調査結果も適宜加えて、利用状況を整理する。[*12]

調査当日は一八九六人が来館し、延べ一万四二一五人が一五分ごとの巡回調査でカウントされている。開館時間が同程度の塩尻市のえんぱーく（以下、塩尻）で行った過去の調査では、一三一八人の来館者に対して七二二四人がプロットされており、アンフォーレのほうがプロットされる割合が高く、つまり館内に滞留している割合が高いことが読み取れる。

来館者の属性割合をアンケート調査からみると、アンフォーレは平均に近く児童二割、学生一割であったが、巡回調査のプロットされた学生層は約五割を占め、学生の属性割合が一四％と高い塩尻でのプロット学生層三九％に比べても、アンフォーレは学生層が館内に非常に多い結果となった。特に、共用部が充実している塩尻は学生層が共用部に八五％を占めるのに対して、アンフォーレは図書館内に九二％を占めている。アンフォーレと塩尻では共用部の占める面積は大きく異なるが、アンフォーレでは、学生層が図書館内で滞在時間が長いため、非常に多く図書館内に滞在しているといえる。

＊8　前掲＊3
＊9　前掲＊4
＊10　前掲＊4・＊5
＊11　前掲＊5
＊12　前掲＊5・＊6・＊7

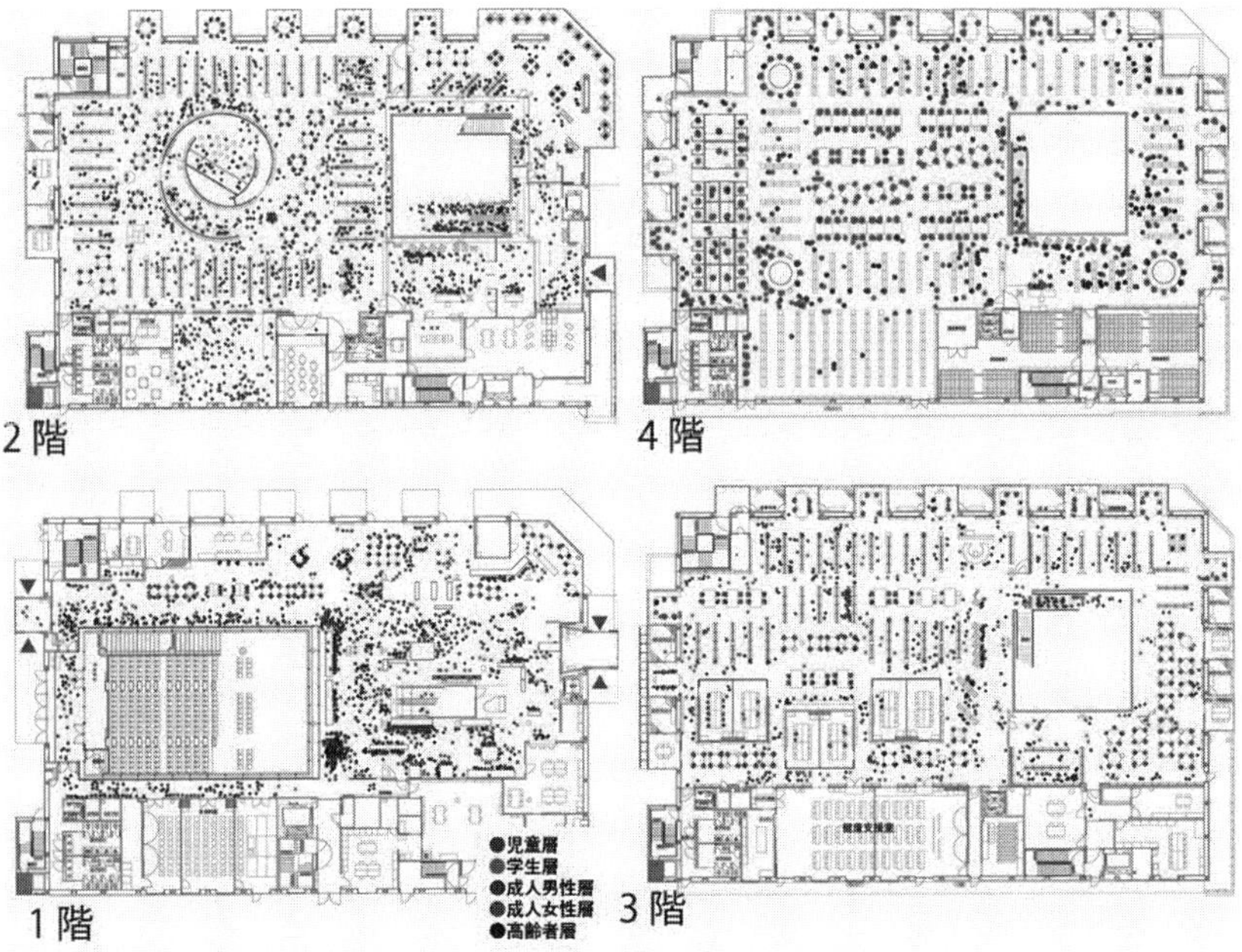

巡回調査による各階の利用者層ごとの滞在場所の分布（合計）*13

巡回調査からアンフォーレにおける利用者の滞在場所は、一日の合計からおおよそ一階二〇%、二階二〇%、三階三〇%、四階三〇%と各階にバランスよく分布していた。利用者層ごとに各階の分布状況をみると、児童層は一階三〇%・二階五〇%、学生層は四階約五五%・三階三五%と図書館に集中している。成人男性層は四階三〇%・二階三〇%と学生層に似て、図書館内に滞在しているといえる。成人女性層は一階、二階、三・四階に三分の一ずつに分かれている。高齢者層は、一階三五%・二階四〇%と低層階に多くなっている。

滞在場所をプロットした図をみると、四階は学生層が多く分布しているが、過去に調査した施設に比べると、全体的には各階に各利用者層が分散して分布しているといえる。

一階は共用部のレンタルスペースには各利用者層が混在しており、またカフェや旅券窓口などのあるフリースペースのテーブル席は学生層を中心に分布している。二階は児童層のプロットが多く、その周りには成人男性・女性層も分布している。二階の新聞・雑誌のブラウジングコーナーの窓際のソファー席には、高齢者層や成人男性層が多くプロットされている。三階・四階は成人層のプロットも見受けられるが、学生層のプロットが多くなり、利用者層に偏りがみられる。

アンフォーレは共用部のみならず、図書館のどのフロアでも飲食や会話が可能となっているため、学生層が図書館内の各階にも数多く滞在し、特に四階は学生たちに人気のスポットとなっている。塩尻では、図書館内には学生層は少なく、会話や飲食が可能な共用部に多く分布していた。また、JR尾張一宮駅横のｉ－ビルにある一宮市立図書館は、学習室を内包しているため、学生たちが非常に多く、会話や飲食はできないので、シビックテラスのような共用部でそうした利用を行っている。

図書館内での飲食可能なエリアをどのように計画するのか、学生層や成人男性層など長時間滞在する利用者の居場所づくりとしても、これからの施設計画として重要な視点となる。

追跡調査からみた利用者動線の軌跡

追跡調査は調査員が目視により、児童層、学生層、一般男性層、一般女性層、高齢層に分けて、入館から退館までの行動観察を行った。自習目的で一時間を超えた場合は、そこで調査を切り上げ、調査対象は各利用者層で十人ずつ五十人を目標にし、三三人の結果を得た。

各階における行動の軌跡でもある動線を示した図をみると、二階が非常に複雑な軌跡を示している。アン

＊13 前掲＊6

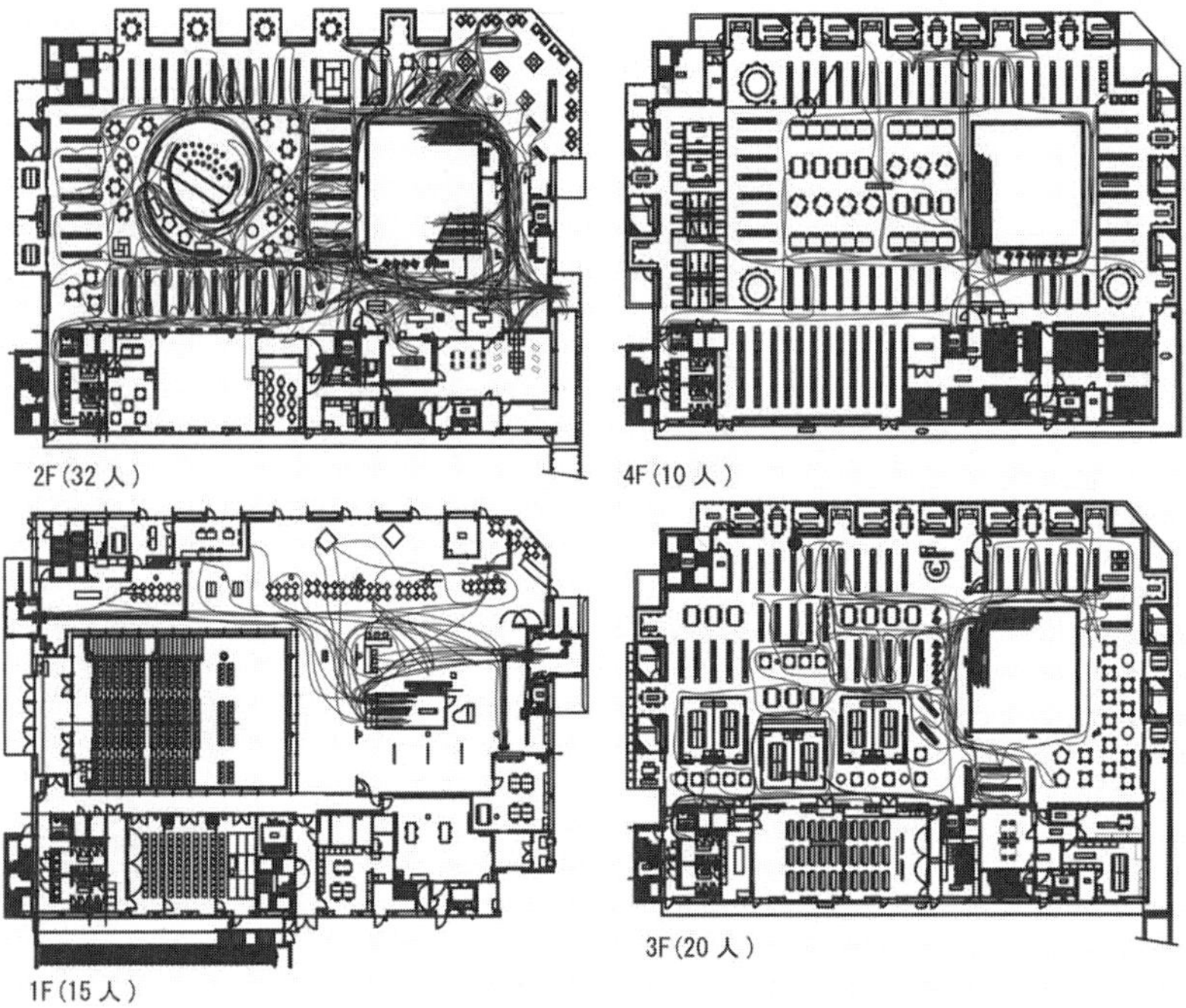

追跡調査による各階の利用者動線の軌跡（合計）*14

フォーレの出入口は、一階の東西に二カ所、併設する立体駐車場から直接アクセスできる二階の南東に一カ所ある。吹抜けのエントランスには一階と二階をつなぐエスカレーターがあり、二階から四階までは吹抜けに面した直階段が廻っている。そのため、一階や二階から入ってきた利用の大半は、エレベーターではなく、この吹抜けに面したエスカレーターや直階段を利用して上階へ移動するため、二階の動線図は多くの動線が交差している。

一階は、出入口から大型の電光掲示板の前を通ってエスカレーターに向かう動線が多かった。また、二階には児童開架やブラウジングコーナーなどがあるため、人の出入りが多く、動線も込み入っており、利用者の動いた範囲もフロア全体に広がっている。三階は一般開架のフロアのため、本を借りるために書架間で探す行動も見受けられる。四階も一般開架のフロアで、学生たちが自習スペースとして利用するため、巡回調査ではカウント数は多いが、動線の軌跡は広がっていない。

どの利用者層も、吹抜けに面した階段とエスカレーターを利用して上下階へ移動している。一階から三階以上へ、階段で利用者を移動させることは容易なことではない。アンフォーレでは、二階に立体駐車場から直接アプローチがあることで、上階へは二層分の移動でよいため、エスカレーターだけでなく、吹抜けに面した階段がよく利用されており、シンボリックな空間が実際の主動線として活用されている好例といえる。

にぎわいのある図書館での音環境と滞在型利用

近年、中心市街地の再開発事業で計画される複合施設に、「にぎわいの創出」を期待して図書館が入る事例は増えてきている。一方で、図書館に求められる基本的な役割は、地域の歴史や文化も含めた「記憶の倉庫」[*15]であり、誰でも・どこでも・いつでも、資料や情報に触れられることである。こうした今までの「記憶の倉庫」としての役割と、これからの「にぎわいの創出」への期待は、対立する概念ではないと考えている。

図書館は、貸出型利用から滞在型利用へ、そして課題解決型の利用へと、役割が変わったのではなく、そうした利用ができる機能が付加されてきたといえる。つまり、利用のパターンが追加されてきたと捉えることができ

＊14 前掲＊2
＊15 カール・セーガン著 木村繁訳『COSMOS』朝日新聞社 一九八四

る。これからも、しばらくは滞在型利用のできる図書館づくりが進められると思うが、では滞在型利用とはいったい何であろうか。明確な定義はされていないが、滞在型利用とは、滞在時間をただ延ばすことだけではなく、さまざまな学習活動や創作活動が図書館のさまざまな場所で行うことができ、そうした活動の場を利用者が自由に選択できることではないかと考えている。

アンフォーレでのアンケート調査や行動観察調査などの利用実態調査を行ったときの印象は、一階でのイベントの声が四階まで吹き抜けを介して響くなど、一階から四階まで「にぎやか」だったことである。図書館、特に公共図書館は、静かな館内環境を保つために、利用者に緊張を強いる必要はないと考えている。図書館は大声で騒ぐ場所でもないが、利用者同士のごく日常的な挨拶や会話は、許容してもよいと思っている。しかし、利用者が落ち着いたり、くつろいだりする環境もまた多様であり、集中して作業を行う場所への要求もさまざまである。

アンフォーレは館内全体がにぎやかで、どのフロアも飲食可能でとても過ごしやすいと感じたが、逆に「静かな環境」が少ないのではないかとも思った。館内全体では一階から四階へ、動から静へ段階的に音のゾーニングが計画され、四階には静かに利用できる「個人学習室」が用意されているが、予約をする必要がある。音の感じ方も、人によってさまざまであるため、やはり静かな環境も各階に用意してあげたい。

建物はできたらずっとそのままではなく、社会情勢や生活様式の変化にも柔軟に対応して、利用し続けるべきである。アンフォーレは、利用者が立ち寄れる居場所がすでにたくさん用意されているが、音に配慮したコーナーやスペースづくりによって、さらなる市民の支持と学習活動の躍進を期待している。

利用者の声①

子育て世代にインタビュー

榊原直子・深尾真実（利用者）

――アンフォーレを利用される子育て世帯のお二方に、どんなふうに使っておられるか、ここがいい、ここをもっと改善してほしいといったご意見をざっくばらんに頂戴できればと思います。

榊原　榊原です。結婚を機に、十年くらい前から安城市に住んでいます。現在、三歳の娘がいます。アンフォーレには月に二回ほど立ち寄っています。

深尾　深尾です。生まれ育ちは安城市で、大学は信州のほうに行っていたのですが、また安城に戻ってきました。六カ月の娘がいます。

榊原　夫婦ともに本を読むため、旧館も利用していました。旧館は照明が暗めかな、という印象でしたね。新館では、三階や四階の大人向けコーナーをよく利用しています。

私の実家では、子どものころ、お出かけしたら書店に立ち寄り、姉弟が一冊ずつ好きな本を買ってもらっていたのです。家庭内ルールというか、両親、祖父母の考えで。そういうこともあって昔から本は好きでしたね。

深尾　私も旧館は使っていたのですが、どちらかというと受験勉強といった使い方が多かったですね。昔からそんなにたくさん本を読む……という感じではなかったです。祖母が本好きなので、子どもが生まれるすこし前から図書館に連れてくるようになりました。私も三階、四階で自分の本を借りることが多いです。

榊原　安城の南側に住む私にとっては、新館建設による移転で、図書館が家から遠くなってしまいました。駐車場は有料で立体になり、場内でのすれ違いにはとても気を遣います。安城の南側ですと、隣の市の図書館も近いので、そちらを利用しているという声も近所では聞きます。

深尾　私は逆で、住んでいるところの近くに来てくれたので、ありがたいですね。

榊原　新館に初めて来たときは、驚きの連続でした。「え、これが図書館?」という感じで。私は旧館のような図書館にずっと慣れていたので特にそう思ったのですね。図書館って静かにしなきゃいけない、ってプレッシャーがありますよね。椅子を引く音だけでも周りに気を遣って、ちょっとビクビクするような。でもこちらの図書館に来て子どもたちを見ると、音読している子もいれば、静かに座っている子も、しゃべっている子もいて。これまでの図書館とは違うなあと。

子どもの本選びで二階の児童書コーナーへ行くと、子どもが本を選んで、これはいいなと思ったら「ママー」って本を持って駆け寄ってくる。最初は静かにしなきゃ、とビクビクしていました。でも、ほかの子たちも声を出しているし、静かにしなければというプレッシャーもなく、気軽に子どもと本を楽しめるのがいいですね。

子どもの好きな本を借りてから、一階のエントランスにある大きな画面のところによく行きます。

——サイネージですね。通りかかる人の動きに反応して、画像が変わりますよね。

榊原　いつも、子どもがそこで画面に向かって身体を動かして映像や音を楽しんでから帰るのです。駐車料金が無料なのは二時間までなので、親としては、時間大丈夫かなーとハラハラしますね（笑）

220インチモニターでは地元のニュースや交通情報なども配信される

深尾　私もだいたいまず二階に行きます。その後、子どもの機嫌が良いとき、つまり泣きそうもないときは私の読む本を探しに三階や四階に行きます。ただ、大人の人たちが読書をしていたりしますから、ちょっと子連れでは上のフロアに行きにくいかな、と思うことはありますね。

――実際に文句を言われたことはありますか?

深尾　そういえば、ないですね。私が気を遣いすぎているのかもしれません。三階や四階にいるおじいちゃん、おばあちゃんで、子どもを連れているとニコッと笑いかけてくれる人なんかもいらっしゃいますよ。二階の児童フロアでも、子どもが泣きそうになると、すぐ職員の方がいらっしゃって「こちらの部屋は、使っていただいてかまいませんよ」なんて、奥の空いている部屋に案内して助けてくださるのです。つい遠慮して、その部屋は使ったことがないのですけれど(笑)

――アンフォーレの魅力を教えてください。

榊原　公民館の図書室も利用しますが、公民館の本は、やはり量がどうしても少ないです。気軽に利用できるけれど、大幅な入れ替えもなく……。わが子くらいの年齢の子どもが見る本にしても、二棚分くらいしかないかな。やっぱり圧倒的な量があるというところに魅力を感じます。わが家の本棚にはアンフォーレで見て、気に入って買った本がたくさん入っていますね。

ここではベビーカートを二階の入口フロアで貸し出していますよね。あれが有るのと無いのとでは全然違います。ベビーカー無しで図書館を使おうとすると、子どもを抱っこして、片手で本を選んで、重くなった鞄を持って、とても大変です。持参した自分のベビーカーを使おうとしても、駐車場での準備や片付けがありますからね。アンフォーレには、受付近くにベビーカートがあるので、親としては本を選ぶときに少し集中できてすごく助かっています。

アンフォーレにはたくさん児童書があるし、そもそも、子どもは何を好きになるかわからないから、機会をいろいろと提供してみることは大事だと思っています。

深尾　アンフォーレは、図書館だけじゃなくて、いろいろなイベントをやっているのがいいですね。私は音楽が好きなのですけど、下のホールで弦楽四重奏をやっているときに遭遇して。生の楽器の音を子どもに聴かせてあげたいと思って、途中から参加したのです。子どもでもわかるような曲、たとえば「小さい秋みつけた」みたいな童謡をアレンジして、客席に「今の曲、なんだったかわかりましたかー?」って質問して、客席と舞台とでコミュニケーションをとるような企画でしたよ。ただ、子どもが泣きだしそうになったから、残念ながら途中で退席してしまったのですけれど。

――乳児連れでのイベント参加って、いつ爆発するかわからない時限爆弾を抱えているようなものですからね。

榊原　以前、外の広場で犬のイベントをやっていて、子どもは大喜びでした。「わんちゃんー」って、全部の犬を撫でそうなほど、楽しんでいました。あと、七夕まつりのときなどは必ずアンフォーレに立ち寄るようにしています。広場でのイベントが楽しみですので。

——改善してほしい点について伺ってもよろしいですか。

深尾　根本的な問題で、なかなか改善は難しいと思うんですが、エレベーターの乗り継ぎがちょっと、と思いますね。先ほども申しあげましたけれど、子どもが生まれる前に、よく祖母をアンフォーレに連れてきたのですけれど、三階や四階に上がるにはエレベーターを乗り継がないといけないですよね。動線がちょっと長いなと思うことがあります。

榊原　あとは駐車場でしょうか。無料で利用できるのは二時間という制限があるので、ゆっくり利用したいときは、市役所西側の無料駐車場に停めて、歩いてくることもありますね。あとは、駐車場内が狭いので、コーナー部分で気を遣うことがよくあります。

もう一点、DVDの品揃えをもう少し増やしてほしいかな。子ども向けのDVDにしても勉強用のコンテンツが多く、もう少し娯楽作品もあるといいな、帰りの車中で見せられるようなものがあればいいな、と思ったりします。

やはりアンフォーレには、仕事や勉強のために利用したい方が大勢いらっしゃると思いますから、なるべく、平日の昼間とか、ほかの利用者さんの迷惑にならないと思うタイミングで来るようにしています。

私は子育てを始めて、子どもが大きな声をあげるのは当然と思うようになりましたけれど、やはりさまざまな考え方があるので、わが子の状況を見守りつつ、その日の状況でアンフォーレの楽しみ方を変えていけたら、と思います。

深尾　私は、今日アンフォーレに行く目的はこれ、と決めて利用していますね。例えば、児童書を借りてくる、とか、私の借りたい本を借りる、とか。アンフォーレはいろいろな使い方ができるので。今日は祖母を連れて行きます、今日は児童書を借ります、といった目的ごとに行動している気がします。

ただ、アンフォーレでは、図書館に行くつもりでいても、子育て支援の企画があったり、音楽イベントがあったりして、いろいろなイベントに触れる機会があるのは良いですね。なので、ここに来ると予期せずにお土産がもらえる、なんて印象をもっていますね。

――なるほど、予期せぬお土産。アンフォーレには、いつもそんな魅力がありますよね。最後に、ちはやさんに締めてもらいましょうか。図書館、好きですか。

ちはや（三歳） としょかん、すきなの。おとうさんもすきなの。（一同、おおいに和む）

利用者の声②

学校の先生にインタビュー

小林広美・杉浦恵梨子・田中智子（安城市立小中学校教諭）

――では、お一人ずつ簡単に自己紹介をお願いします。

小林　安城市教育研究会の図書館教育部会の指導員を今年度（二〇二〇年度）拝命し、一年が経ちました。安城市立祥南小学校に勤務をしております。今年度は四年生を担任しておりまして、免許は国語です。

杉浦　私は図書館教育部会で今年度部長を務めまして、小林先生のご指導により一年間勉強させていただきました。安城市立丈山小学校に勤務していまして、今年は二年生を担任しております。教科は社会科です。

田中　私は図書館教育部会の副部長をさせていただいています。ずっと中学校の勤務で、小学校免許ももっていますが、小学校に行ったことはありません。今は安城西中学校勤務で、今年は特別支援学級の担任でした。教科は国語で、中学校三年生の国語を指導しています。

――図書館教育部会という組織について教えていただけますか。

小林　各校に一名ずつ図書館の担当教員がおりまして、司書教諭という免許をもった教員もいれば、もっていない教員もいます。学校図書館を担当する教員の集まりということになります。

――いわゆる充て職ですね。

小林　はい。教科担当の集まりではないので、免許はばらばらです。国語の方もいれば、理科の方もいるという感じで組織されています。学校の中の図書館を管理するという立場です。各教科の勉強を図書館とどう絡めて進めていくかを考えるため、年に一回研修会を行っています。年度末には、図書館教育として各校でどんなことを実践してきたかなどを調査して、資料にまとめて共有しています。本来は年度末に集まって実践報告会を行いますが、今年度はコロナで紙面開催という形でした。

――資料を拝読すると「アンフォーレとの連携を通じて」などがタイトルに入っていますね。先生方がアンフォーレとどのような連携を図り、どのような授業展開をされたか、伺えますか。

小林　まずは、配送便ですね。三週間に一回入れ替えていただける「朝読便」があります。一つのコンテナに二十冊入って、各校三ケースずつがぐるぐる回ります。読み聞かせをしたり、子どもたちが朝の読書タイムなどで活用しています。

あと、授業の中で調べ学習をする際、資料が必要だという場合には「テーマ便」があります。関わりのある資料をアンフォーレから取り寄せて活用していますね。「こういう種類の本が欲しいです」とザックリとした希望を出すと、授業で活用できる的確な資料を揃えて、配送便に乗せて届けてくれるので大助かりです。私たちが直接お願いすることもありますし、学校司書に依頼してもらうこともあります。

――学校司書もいらっしゃるのですね。学校司書の勤務形態はどんな感じでしょうか。

小林　一日平均四時間ぐらいですね。年間で上限七百時間と決まっているので、週に数回一日八時間出ますとか、毎日数時間出ますとか、学校司書が自分の働き方を決める形です。幸せなことに、今年（二〇二〇年度）から各校に一名が専属で配置されるようになりました。以前は一人が何校かを受け持つ形でした。ですから、打ち

配本コンテナに集まる子どもたち

合わせをしたいときにいないとか、空いた時間に打ち合わせをしたくても勤務時間ではないからできないとか、そういうことがありました。各校に学校司書が一名ずつ配置されたことで、授業の合間の休み時間などに打ち合わせができるようになりました。

ただ、仕方のないことですけど、年間の制限があるから毎日フルタイムでは勤務いただけない。一日四時間だと、朝も会えないし、子どもたちが帰った後、ちょっとお話ししたくても勤務時間外で。残念に思うことはあります。

――なるほど。学校で公共図書館の本を使って行った授業展開を共有しておられますよね。何かおもしろいエピソードがあったら、ご紹介いただけますか。

田中　中学三年生で『奥の細道』を学習するのです。中学校の学校図書館にも関連本はありますが、頑張って探しても五冊ぐらいしかない。そういうときに「テーマ便」という仕組みを使って、「奥の細道に関する本が欲しいです」と単元名や教材をファックスで送ると、すごく親切に電話でお返事いただけるんです。「こういう本もあるのですけど、どうですか」と。「実は『奥の細道』の漫画版もあるのです、絵本バージョンもあって、小学一年生でも読めるような本なのですけど、これは中学三年生に合いますか」といった質問もきて。本当に自分では想像もつかなかったバリエーション豊かな本が来るのですね。

「テーマ便」はクラスで最大四十冊まで借りられるので、一人一冊ずつ好きな本を読める。あとプラス、学校にある六、七冊を読んでというふうに一人一冊は本が確実に持てるような状況で実践ができたので、すごく良かったなと思っています。

——子どもたちはアンフォーレから届く本を楽しみにしている感じですか。

小林　やっぱり楽しみにしていますね。朝、たくさん本が詰まった青いコンテナへ取りに行って、朝の読書タイムのときに読んでいます。三週間に一回入れ替わるから、「今日から新しい本だよ」と黒板に書いておくと、多くの子が興味をもってくれます。

杉浦　そうですね。「朝読便」は、借りている間は教室に置くことができるのです。三週間に一回、定期的に入れ替わるじゃないですか。そうすると、子どもたちは、「また新しい本になった！」という感じで喜んで飛びつきますね。

——家庭への貸出は？

杉浦　学校によりけりだと思うのですけれど、やはりお借りしている本なので、傷とか破損があると申し訳ないなという気持ちがあります。「教室の中で読みましょう」としているところが多いのではないかと思います。

——なるほど。今、先生方の目から、子どもたちの読書環境はどのように見えますか。

小林　ＧＩＧＡスクール*が始まりましたよね。子どもたちにタブレットが一人一台配られました。空いた時間ができたとき、例えばプリントが早く終わった子は自習時間に、これまでは読書をすることが多かったのですが、今はタブレットになってしまっているクラスもけっこうあって、そこをちょっと危惧していますね。

場合によっては、調べ学習も全部タブレットでしてしまうこともあったり。教員たちも本が欲しいというのが少なくなってきましたので、図書館や読書の大切さについて、これからしっかり話し合っていくべきかと思っています。

杉浦　二、三日前に、図書情報館の電子図書館へのリンクがタブレットのホーム画面に入りました。これからは、教育とICTは切り離せないと思いますね。図書館や読書もしかりです。

あと、学校の図書館システムと図書情報館のシステムがつながっています。さきほど紹介した「テーマ便」とは別に、希望する本を一冊からでも借りられる「きーぼー便」というのもあります。学校の図書館にあるパソコンで予約すると、配送便と一緒に送ってきてくれるというシステムです。数値実績も出ていますよ。

田中　基本的に「きーぼー便」は、子どもたちが予約するというよりは、教員や学校司書が予約していますね。学校の図書館で本を買うのがなかなか難しいこともあります。五月に頼んでも、納品されるのは夏休み明けの九月になるということもある。三、四カ月かかってしまうのです。これでは、授業でも使いにくいし、なるべく子どもたちが「これ欲しいです」と言った本は、早く手渡してあげたいというのが私たちの思いなので、「きーぼー便」で借りられるのであれば使わない手はないです。

小林　中央図書館だったころも、学校からのリクエストを受け付けて、貸出はしてくださっていましたが、私たちが取りに行かなければいけなかったのです。使いたくてもなかなか使えなかったですね。今は届けていただけ

＊GIGAスクール　ICT社会の浸透を受けて、教育現場で児童生徒各自が一人一台のノートPCやタブレットを活用できるようにする取り組み。「Global and Innovation Gateway for All（すべての児童生徒のための世界につながる革新的な扉）」を意味する。

るし、返しに行く必要もないので、そこは本当にありがたいなと思っています。

――ほかの小学校ではいかがでしょう。

杉浦　小さい子は何回でも同じ本を読む傾向がありますよね。だから新しい本を読み聞かせで紹介すると、こんな本があったのか、と刺激になるみたいです。

――小さい子に対しては、教師や親が介入することで新しい刺激になるという感じですか。

杉浦　それは大きいと思います。

田中　単元で紹介した資料を、子どもが「じゃあ読んでみようかな」と思えることが主体的な例になるのかなとは思います。でも紹介されたから読む気になったわけですよね。自分から図書館に行って読みたい本を探せるのがいちばんなのですけど、やはりゼロベースからのスタートというのは、子どもたちには難しい。

そのために私たち教師や学校司書が必要なのだな、と思うのです。読むきっかけをつくるとか、手助けをしたり、幅を広げてあげたりというのは、しなきゃいけないかなと。そこに図書館的なシステムとかのサポートがあって、何かそれで「この本、もっと関連する本を読みたいから、先生頼んで」と子どもたちが言ってくるのが理想ですよね。

アンフォーレから来る「朝読本」で本当にびっくりしたのが、漫画のノベライズなども押さえていることです。「本当？　これ最新刊ですよね？」というのが来たりする。もうそれが私はすごく嬉しくて。中学生ですから、「わーい」って、小学生みたいに寄って来るということはないのですけれども（笑）。でも、さりげなくみんな読んでいて。「あ、来た。取ろう」みたいな感じで本を手に取っているのが、すごく嬉しいなと思いますね。

あとは、ＬＤ（学習障害）やＡＤＨＤ（注意欠如・多動性障害）をもつ子どももいて、みんながみんな同じように学齢に見合う本を読めるわけではない。でも、そういうときにさりげなく二十冊の中に絵本が入っていると、気兼ねなくその子も絵本を取れるというのがすごく嬉しい。子どもたちも図書館に行って絵本は借りにくいので、実はそういう子たちにとってはありがたい。なので、選んでくださる方々に本当に感謝しています。選定してくださる方々にはすごい先見の明があると思っています。

ライトノベルなども子どもたちは大好きですからね。ちょっと学校では買えないような本が「朝読本」にあったので、借りてその子に渡して……。そんなこともありましたね。

――ここ十年二十年で、子どもたちの読書傾向はだいぶ変わってきたなという感覚です。そのあたり先生方のご意見はいかがでしょう。

田中　ライトノベルでも、読むだけいいよねという話もあります。子どもたちが選ぶ本がいちばんなので。

杉浦　入り口として必要なのかなというのはすごく思います。まず来てもらうという意味で。

――現在、図書館の世界でも、図書館の存在意義、本とは、情報とは何かを厳しく問われています。学校現場から見て、紙の本や図書館などは、どのような可能性があると思われますか。抽象的な質問ですけど。

小林　いろんな情報の中から自分が本当に必要なものを引き出し、自分の言葉としてかみ砕いて表現する力をつけていくことが、これからすごく大事になってくると思います。すごく難しいけど、将来、生きていく力を身につけるためにどうしたらいいか、というのをこれから議論していかなければいけないと強く思っていて、それを図書館と連携しながらやっていけるといいと考えています。

また、ちょっと今の段階で困っているのは、カリキュラムの都合上仕方がないのですが、やりたい単元が、どの学校も時期が重なる。リクエストすると、「もうそのテーマは全部出払っています」ということがあります。そういう部分が改善できれば、と思います。

杉浦　紙がいいとか、電子の情報がいいとかというわけではなくて、やはりどっちも使えることが大事になるのでしょう。本だけではもうだめなのかもしれないし、だからといって、ネットの情報だけで生きていくのもちょっと違いますよね。どちらからも情報を選べる、自分で取捨選択できるというのが大事になってくるのだと思います。

最近よく耳にしますが、「学校図書館は、児童生徒の読書センター、学習センター、情報センター」であると言われています。物理的に場所が学校の真ん中ということではなくて、教育の中心に、学校図書館は位置づけられるべきと思っています。今までは、あまり図書館の機能が重要視されていなかったのではないでしょうか。

利用者の声③

利用者インタビュー・地域史を研究して

早川一雄（安城市図書館協議会委員（公募）・利用者）

——早川さんのプロフィールと、現在、主に取り組んでおられることをお聞かせください。

早川　定年退職して一一年目で、今は地域の調査を行っています。なぜそういうことをやり始めたかというと、退職後しばらくして東日本大震災がありまして、非常に大きな被害が起こった。こんなことが日本であるのかと思いました。

それをきっかけに、自分が住んでいる安城市南部の油ヶ淵周辺、ここは昔、北浦という海があった所なのですが、この辺りでもひょっとしたらこんな災害が将来起こるかもしれない。今までの災害や現在の防災対策を一度調べてみようと思って、あちこちを訪ねて聞いて回り始めました。

その後、江戸時代のことを知るには古文書が読めないといけないので、歴史博物館で開催している初心者向けの古文書の講座に入った。現在、古文書の読解をしながら、地域の調査も続けています。また、時々自分の調べたことを町内の回覧板に挟んでお伝えもしていますよ。

——学校の先生をしておられたと伺っていますが、在職中には古文書を読んでおられたのでしょうか。

早川　そこまで余裕がなかったね。専門の社会科だけじゃなくていろいろな仕事もありましたから。

――地域の歴史を調べられる方には、もともと学校の先生が多いと伺っています。

早川　大学では考古学を学びました。僕が所属していた教科課程は全員考古学をやることになっていた。おもしろいのだけれども、団塊の世代で学生が多いですから、希望も聞かないで十把一絡げに決めたんでしょう。荒っぽいものです。

古文書もやりたいなとは大学のときから思ってはいた。崩し字を読むというのはとても難しい。だけど、歴史を根本からつかむには、それを読み解いて、原資料で判断しないといけないなと。そのような思いがずっとあったので、古文書に関心はもっていました。しかしその機会がなかった。

就職して教員になって、三十代、四十代のころは、土日はなかったと考えたほうがいい。中学校は部活動、生徒指導と進路指導。決められた勤務時間のある人がうらやましいと思うぐらい。だいたい勤務時間の一時間前に行っているのはあたりまえ。勤務時間が終わってから二時間ぐらい残業するのもあたりまえ。家に帰ると教材研究が待っている。僕ら以前の世代だと、教員をやりながら自分の専門のことをやる人たちが実際にいたんだよね。それが僕はうらやましかった。そういう世界に憧れていたけど、僕の時代は、もうそういう世界はなくなっていた。

――郷土史家はお坊さんと教員だった、と過去形でよく言われますよね……。

早川　それは言えるね。一九七三（昭和四十八）年に最初の安城市史をつくった人たちの中心になったのは教員なんだよ。若いころ、郷土読本づくりに参加したことはあるけど、在職中は自分でテーマを決めて取り組む心の余裕はなかったね。

――地域調査がきっかけとのことですが、興味が地名に移っていったのはなぜでしょうか。

早川　地名だけではなくて、僕はいろいろな面で興味をもっている。昨年は「家下（やした）」という地名を、今年は戦争末期の兵役について調べたよ。自分自身、何に興味があるかというと、歴史を学んでいくなかで、今の世の中を変えていくための手掛かりになるものを求めているような気がする。だから、今は興味が近世から近代や現代に移っている。

――図書館で調査資料を集めるとおっしゃいましたけれど、それに気づいたのはいつぐらいでしょうか。

早川　きちんとわかったのは五、六年前かな。それ以前、何となくは知っていたが、本当に図書館が役に立つと思ったきっかけは、図書館に行って、自分がこの資料を見たいと頼んだこと。担当者が調べて「こういう本もありますよ」と教えてくれて、それが本当に役に立った。その本を紹介してくれたおかげで調査が一気に進んでありがたかったよ。そのとき、自分の視野の狭さに気づいたし、図書館は自分が参考図書を見ながら頼んだもの以外にもいろいろな情報を提供してくれる所だとも気づいた。「これ、お願いします」と言うと、それだけでなくて「あ、これがありましたよ」「ほかにもありますよ」と。

それで、レファレンスをよく使うようになりました。具体的に話をして尋ねると、細かなところまで調べてもらえる。自分が調べようと思っていたことが目の前に資料として用意される。特に市川さんが調べてくれた「日露戦争の旅順口閉塞作戦」なんかはすごかった、本当にびっくりしました。

僕だとひょっとしたら三、四カ月かけても十分な資料が集められなかったかもしれないのが、ここだと「一週間ください」と。一週間後、「途中でいいから教えてください」と図書館に行くと、その資料が集まっている。

もう一ついいのは、図書情報館だけではなくて、県内外の図書館の資料も調べてもらえること。国立国会図書館の資料も調べてもらえる。幅広く調べてもらえるし、入手したいと言えば、手続きも取ってもらえる。県外の図書館からも借用できる。これも非常にいいことだ。だから僕にとって、レファレンスはもう欠かすことができない。

また、僕のように調査のために図書館を使う場合、何冊も目を通すことになる。図書館にいる時間だけではとても読み切れない。借用できるとありがたい。担当者はそのことまでわかって紹介してくれる。

――早川さんのおっしゃることは、図書館のレファレンスサービスの本質を突いている気がします。聞いていておもしろいなと思うのは、自分が専門家だと思っている人には、自分のほうが調べる力が高いだろうと思って、なかなかレファレンスを利用しない人もいたりするのですよね。でも、早川さんはそうではない。

早川　まあね。そんなことにこだわっていても全然進んでいかないから。進めるためにはみなさんに協力してもらうしかない。だんだん自分の調査のスタイルはレファレンスと決まってきたのですよ。

そのレファレンスの方法は、とりあえず自分でメモをまとめてファックスで送る。それから電話する。「ファックスを送りましたので見てください。申し訳ないけど今から具体的に説明します」。どういうことを知りたいか、言葉で説明する。そうすると、図書館からも「これはどうですか」とか「こうしたほうがいいですか」とか「このあたりは具体的にどういうことをお知りになりたいのですか」とか、いろいろ聞かれる。それについて答えて、一週間待つと、資料が用意されているから、実際にアンフォーレに来て見せてもらう。とても一日では見られないくらいの資料が用意されているのだよ。まずはそこで二、三時間くらいで目を通す。必要なときはコピーを取り、借りられる本は借りて家で見る。

アンフォーレの図書情報館は公立図書館だ。いろいろな本が保管されている。もっと有効に活用したいものだよ。だから、レファレンスは遠慮しないで使っているよ。かつて、図書館協議会で遠慮ぎみに「ちょっとね、いいのかな、月に二回も三回もレファレンスしても」と言ったら、「どうぞ、どうぞ」と言ってくれた。ついついその気になっちゃってね。そういう点でもアンフォーレは間違いなく充実している。

――あまり褒めすぎるとお手盛りになってしまいます。逆に、肩透かしを感じたことなどはないですか。

早川　これからに期待しているから、あえて言うのだけれど。職員によってレファレンスのサービスに差があるな。相当できる人もいるけれど、必ずしも全員がそうではない。例えば、閉架書庫にあるものを探すのに、一五分もかかる、それはちょっとね。わからないことは聞けばいいのにね（笑）

あと、もうひとつ、禁帯出の本の基準を見直してもらったほうがいいかもしれない。どうしてこれが禁帯出なのかと思うことが時々ある。閉架書庫に入れたら禁帯出を緩めるとか、古い住宅地図は貸出可とするとか。コロナ禍で図書館での閲覧に時間をかけたくない人もいるだろうし、この機会に家で読める本が増えるとありがたいね。

――なるほど。早川さんの図書館利用はレファレンスが中心なのですね。

早川　僕の今の読書はだいたい、地域調査が中心になっているので、そういう点ではレファレンスの比率が非常に高い。ただ、レファレンスだけではなくて、地域調査に関わるような、例えば戦争関係の単行本を拾い読みすることもけっこう多い。だから図書館に来たときは、そういうものを借りることも多いね。

――退職後でも退屈はしていない感じですか。

早川　退屈していないね。友達から「見たり食べたりして楽しめばいいのに、堅苦しいことをやって地獄のような生活をしている」と言われるかもしれないけれど、僕はそうは思っていない。ただね、無理やりやらされたら別だよ。とてもたまったものじゃない。例えば、原稿を書きなさいとか言われると、もう一気に目の前が暗くなる。人に言われてできることではないからね。だけど、自分が少しずつ取り組んでいって、何ができるかわからないけど、新しいことを知りたいなということで少しずつやっていく、それが喜びかな。日々小さな発見の連続だよ。時には誰も知らない大きな発見もある（笑）

だから、暇で退屈だなんてことはないよ。今しばらくは近代の戦争関係の調査が中心。あと、古文書の会が月に四回。時々、調べたことをまとめて、回覧板に挟んで町内のみなさんに回している。それから、仲間でつくった歴史の会で月に一回勉強をしているよ。

――最後になりますが、図書情報館に期待することは。

早川　僕は三年ほど前から、図書館協議会に公募委員として参加している。そのときの面接でも、また会議でも、安城市の図書館を九五％は気に入っているけど、五％は改めてほしいと言ってきているのです。僕からすると、貸出してもいいものが禁帯出になっていて、それがおかしいと思って応募した。きちんとした基準があればいいけど、そうは思えなかったからね。貴重な本、辞典、破損が心配な資料などは禁帯出に賛成だよ。しかし、それ以外のものは、保存よりも利用の便宜が優先だね。

ただ、今は一二〇％満足しているよ。別に持ち上げているつもりもない。アンフォーレの方向性を気に入っているからだ。ここで行われている講座には、問題意識を感じさせるものが多いよね。これからも背筋が伸びるような講座を続けてほしい。

安城市は、読書機会が少なくなりがちな中高生にしっかり目を向けて、読書生活の充実を図ろうとしている。これは挑戦だよ。学生は忙しいよ。たくさん本を読むことだけではなく、子どもたちに問題意識をもたせることが大切だと思う。将来を担う小中高の子たちに、いかに問題意識のくさびを打ち込むか。アンフォーレの挑戦に期待したいね。

資料編

■安城市図書館の変遷

名称	財団法人安城図書館	安城町立図書館	安城市立図書館
住所	安城町数馬	安城町大字安城字花ノ木	桜町
開館	1931(昭和6)年1月4日	1949(昭和24)年11月1日	1967(昭和42)年5月5日
閉館	1943(昭和18)年（疎開のため）	1967(昭和42)年3月31日	1985(昭和60)年3月31日
期間	約12年間	約17年間	約18年間
延床面積	約396.6㎡	約327.2㎡	757.3㎡ （1979年493.6㎡増築）
蔵書数	10,382冊（1942年度末）	24,861冊（1966年度末）	188,967冊（1984年度末）

名称	安城市中央図書館	安城市図書情報館
住所	城南町	御幸本町
開館	1985(昭和60)年7月12日	2017(平成29)年6月1日
閉館	2017(平成29)年1月31日	—
期間	約32年間	—
延床面積	3994.45㎡	6,808.41㎡
蔵書数	741,915冊（2016年度末）	443,760冊（2021年度末）

＊『安城図書館誌』（安城市中央図書館，1986）、『図書館概要』（安城市アンフォーレ課）による

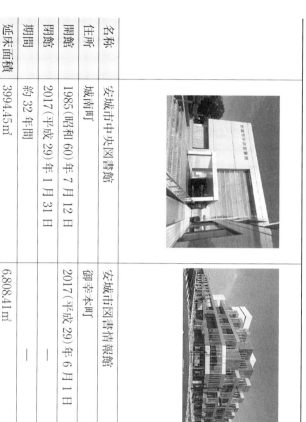

■施設の概要

アンフォーレ本館（図書情報館）

＊図書情報館は、アンフォーレ本館1階の一部と2～5階（利用スペースは2～4階）

所在地 電話番号	安城市御幸本町504番地1 0566-76-6111
竣工	2016（平成28）年12月20日
開館	2017（平成29）年6月1日
構造	鉄骨造5階建
敷地面積	6,931.83㎡
延床面積	9,193.43㎡（うち図書情報館6,808.41㎡）
建物面積	地下1階　634.18㎡ ホール、控室兼会議室 1階　1,754.62㎡ 総合案内、多目的室、証明·旅券窓口センター、カフェ、配送整理室、リユース本コーナー、返却ポスト 2階　2,085.37㎡ 図書情報館案内、新聞・雑誌コーナー、返却ポスト、予約本コーナー、予約本受取機、〔子どものフロア〕児童図書、でんでんむしのへや、つどいのへや、こどもグループ学習室等 3階　2,077.42㎡ 〔暮らしのフロア〕一般図書、安城資料、ビジネス支援センター、ディスカッションコーナー、ディスカッションルーム、編集・録音スタジオ、健康支援室・講座室、グループ学習室等

	4 階　2,010.70㎡ 〔学問と芸術のフロア〕一般図書、公開書庫、閉架書庫、個人学習室等 5 階　631.14㎡ 事務室、学校図書館支援室等
蔵書収容能力	45 万冊（開架及び公開書庫 34 万冊、閉架書庫 11 万冊）
駐車場	273 台（共用）
自転車置場	180 台（共用）

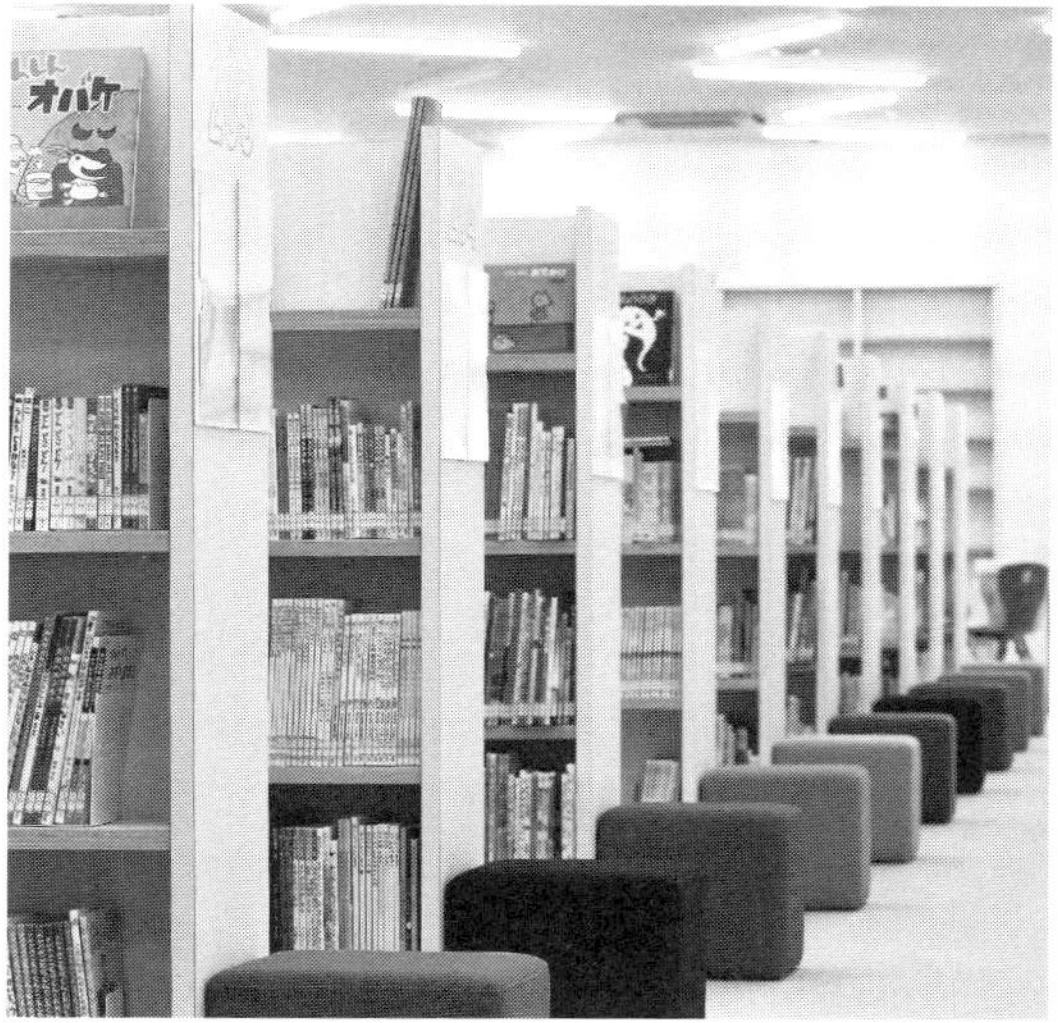

2F フロア

4F フロア

4F 公開書庫

■図書情報館組織図

職員数 81 人（正規 17 人、再任用 2 人、臨時 62 人）（2017 年 4 月 1 日現在）

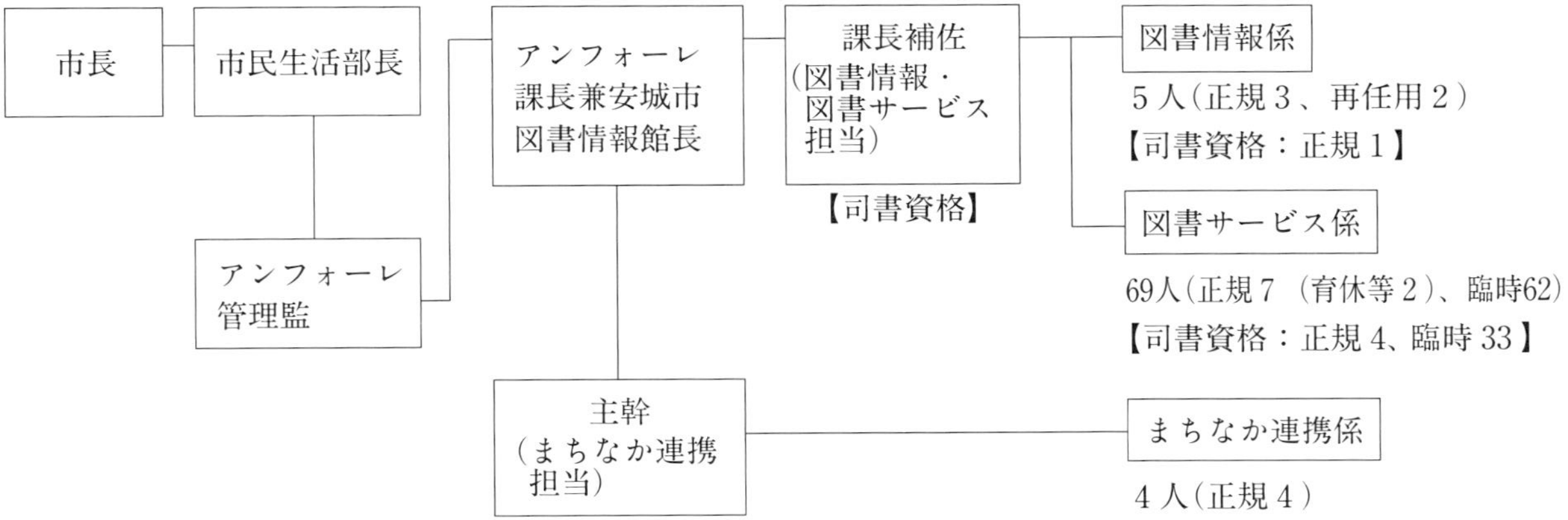

＊組織図は『図書館概要』平成 29 年度を参照、それ以外は令和 3 年度による
＊沿革の中心市街地拠点整備事業関係は、市ウェブサイトによる

■アンフォーレ平面図

1階

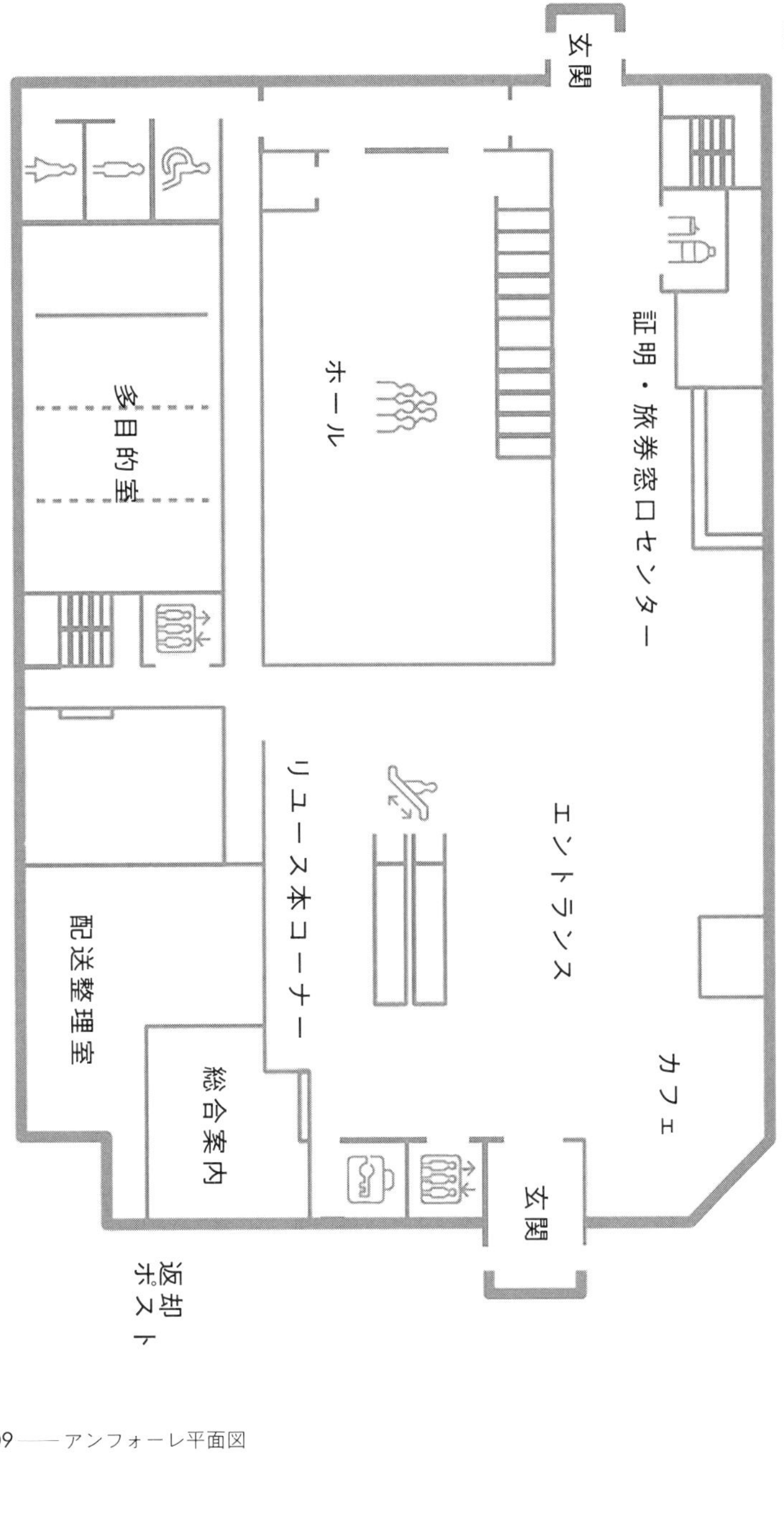

2階

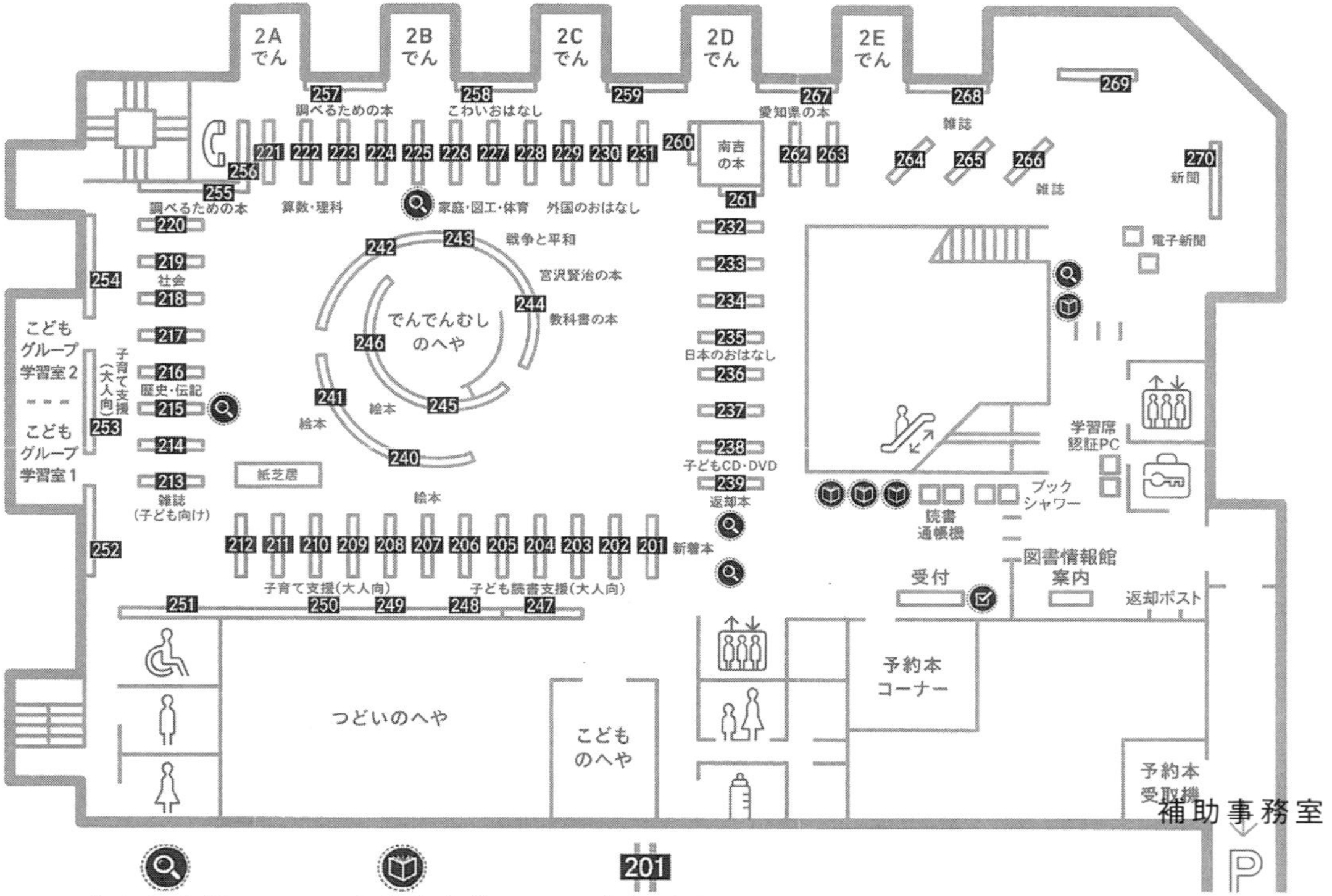

蔵書検索機（OPAC）　自動貸出機　書架番号

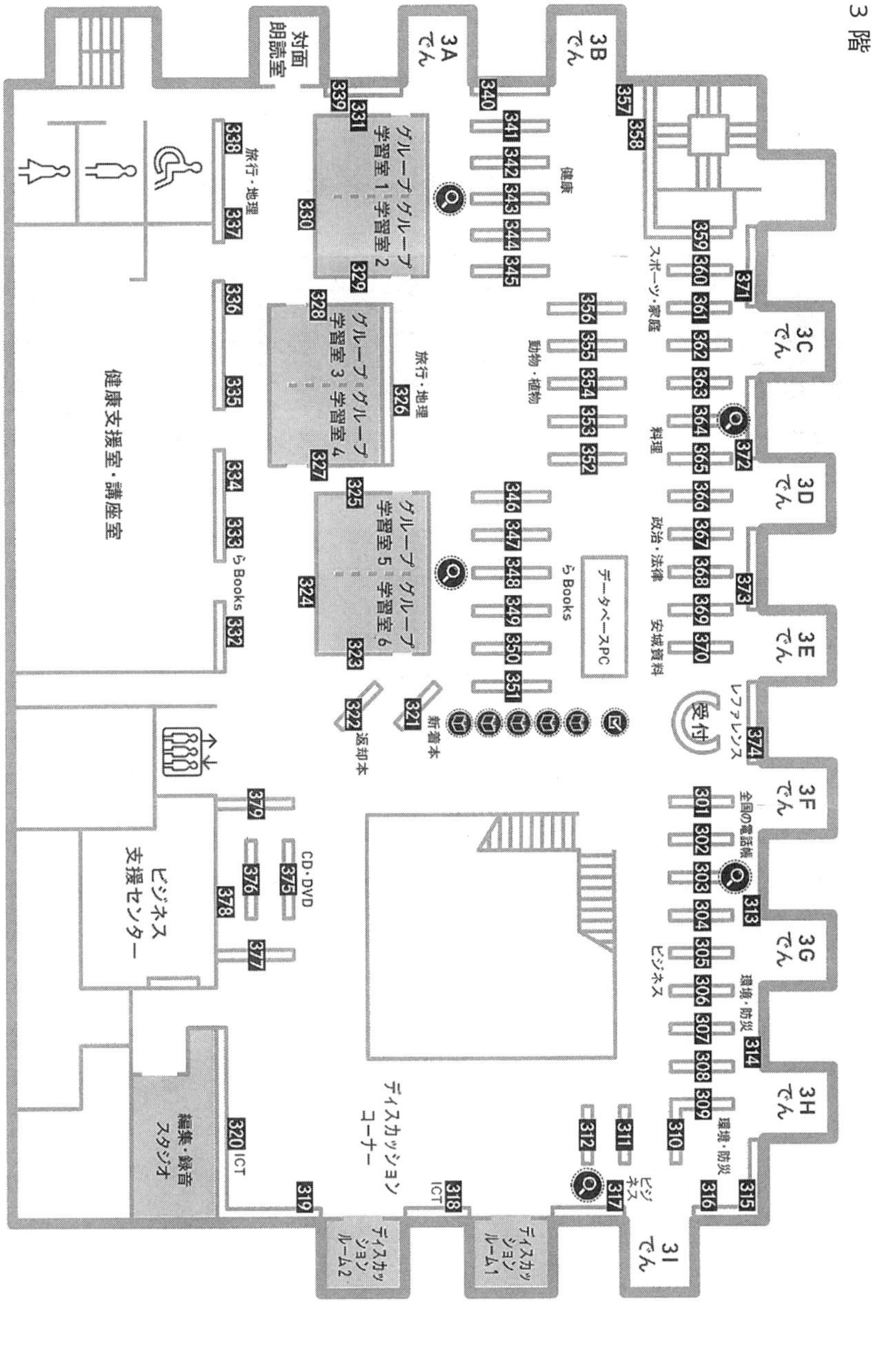
3階
対面朗読室
3A でん
3B でん
3C でん
3D でん
3E でん
3F でん
3G でん
3H でん
3I でん
グループ学習室1
グループ学習室2
グループ学習室3
グループ学習室4
グループ学習室5
グループ学習室6
旅行・地理
健康
スポーツ・家庭
動物・植物
料理
政治・法律
安城資料
らBooks
データベースPC
受付
レファレンス
全国の電話帳
ビジネス
環境・防災
新着本
返却本
健康支援室・講座室
ビジネス支援センター
CD・DVD
編集・録音スタジオ
ICT
ディスカッションコーナー
ディスカッションルーム1
ディスカッションルーム2

4階

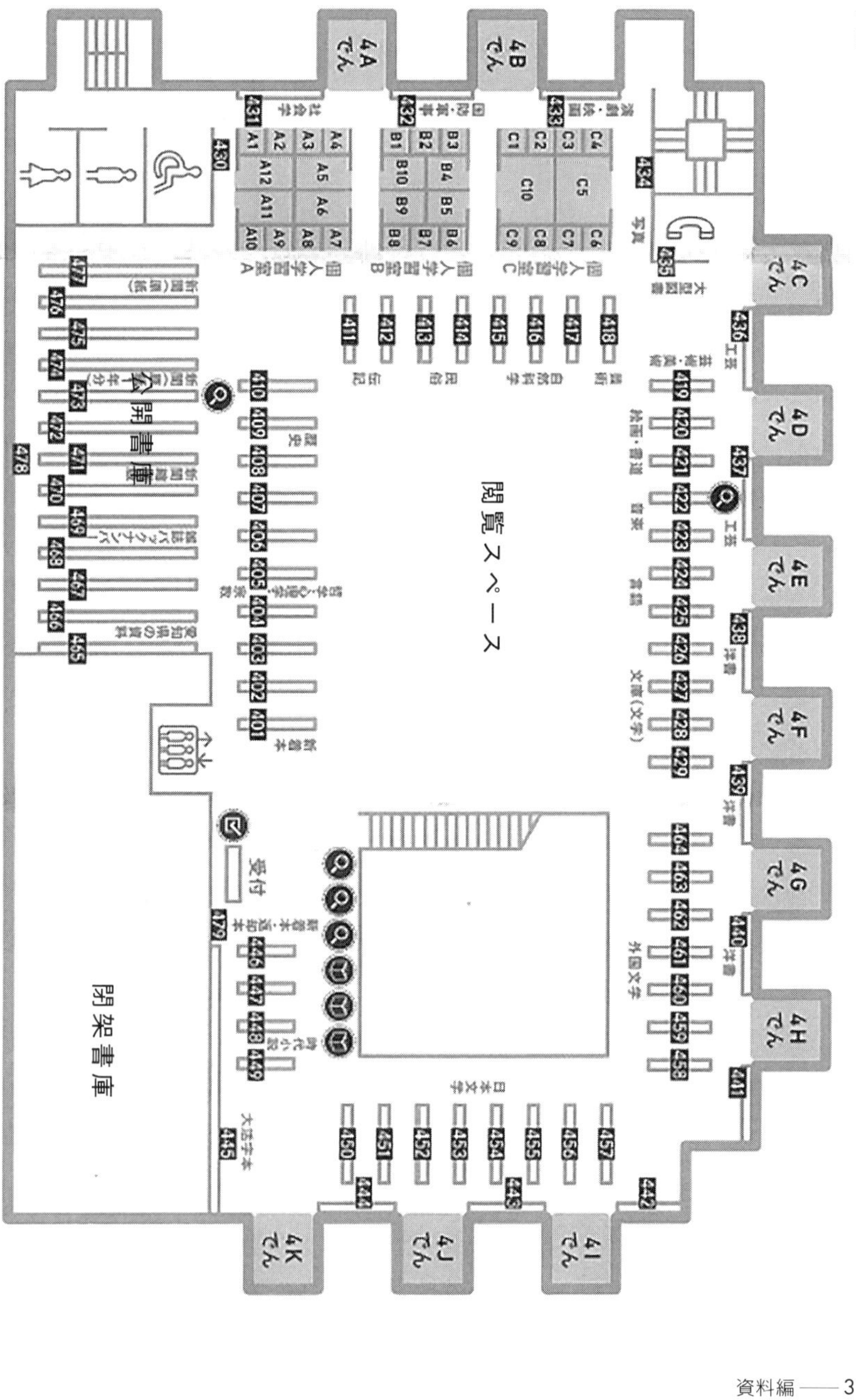
閲覧スペース
閉架書庫
開架書庫
受付
個人学習室A
個人学習室B
個人学習室C
4A でん
4B でん
4C でん
4D でん
4E でん
4F でん
4G でん
4H でん
4I でん
4J でん
4K でん
A1 A2 A3 A4 A5 A6 A7 A8 A9 A10 A11 A12
B1 B2 B3 B4 B5 B6 B7 B8 B9 B10
C1 C2 C3 C4 C5 C6 C7 C8 C9 C10
401 402 403 404 405 406 407 408 409 410
411 412 413 414 415 416 417 418
419 420 421 422 423 424 425 426 427 428 429
430 431 432 433 434 435 436 437 438 439 440 441 442 443 444 445
446 447 448 449
450 451 452 453 454 455 456 457
458 459 460 461 462 463 464
465 466 467 468 469 470 471 472 473 474 475 476 477 478 479
社会学
写真
工芸
洋書
外国文学
日本文学
文庫（文学）
時代小説
新着本・返却本
大活字本
新着本
伝記
自然科学
美術
音楽
宗教

■安城図書館の沿革（ゴシック体は中心市街地拠点整備事業）

1931年	安城町農会経営による「財団法人安城図書館」が発足
1943年	蔵書の戦時疎開のため休館
1949年	安城町立図書館として再建
1952年	市制施行により市立図書館と改称
1967年	安城公園池畔に新築移転。移動図書館車「みのり号」の運行を開始
1980年	桜井公民館図書室を開設 （以降1995年までに、計10館の公民館図書室を開設）
1985年	安城町百々目木（現・城南町）に中央図書館が移転開館
1992年	移動図書館車「みのり号」の運行を廃止
2002年	更生病院が郊外に移転
2005年	安城市子ども読書活動推進計画を策定
2007年	1月　**中心市街地拠点整備構想策定懇話会の設置** 10月　**中心市街地拠点整備構想策定懇話会による提言書提出**
2008年	3月　**中心市街地拠点整備基本構想の策定**
2009年	3月　**中心市街地拠点整備計画（素案）の作成** 4月　受付・配架・配本業務の民間委託を廃止し、臨時職員に一本化 6月　**中心市街地拠点施設（更生病院跡地）を考えるフォーラムの開催**
2010年	3月　安城市新図書館基本計画を策定 **中心市街地拠点整備基本計画の策定**

2011年	3月	第2次安城市子ども読書活動推進計画を策定
	7月	「安城市新美南吉絵本大賞」創設
2012年	6月	中心市街地拠点施設フォーラムの開催
	9月～10月	中心市街地拠点整備事業計画（案）説明会
	10月～1月	「みんなでつくろう！（仮称）図書情報館」ワークショップ開催
	12月	中心市街地拠点整備計画の策定
2013年	5月	安城市中心市街地拠点整備事業募集要項の公表
	10月～1月	「みんなでつくろう！（仮称）図書情報館」ワークショップ開催
2014年	1月	中心市街地拠点整備事業選定における客観的な評価の公表
	3月24日	中心市街地拠点整備事業契約の締結
	4月	子どもの読書活動優秀実践図書館として文部科学大臣表彰
	6月3日	中心市街地拠点施設建設工事起工式
	6月	「安城の未来をつくる図書館フォーラム（講師：菅谷明子氏）」
2015年	3月	「安城市図書情報館ＩＣＴ化基本構想」を策定
	4月	公式ツイッター開始
2016年	1月	中心市街地拠点施設の愛称を「アンフォーレ」に決定、公表
	3月	第3次安城市子ども読書活動推進計画を策定
	4月	組織改正により市民生活部に編入、図書館事務は教育委員会の補助執行に係る事務となる
	5月	アンフォーレのロゴマーク（廣村正彰氏デザイン）を発表
		事業用定期借地権設定契約の締結
	6月	アンフォーレの一部を管理運営する指定管理者を募集
	12月4日	猪谷千香講演会「つながる図書館・最前線！」開催
	12月20日	中心市街地拠点施設（アンフォーレ）竣工
2017年	2月1日～5月31日	移転のため中央図書館休館

	4月　組織改正により「アンフォーレ課」に課名変更 5月　学校図書館連携事業（配送車巡回）スタート 6月1日　アンフォーレオープン（安城ビジネスコンシェルジュは10月開設） 9月　図書館総合展2017地域フォーラムin安城を開催
2018年	3月30日　アンフォーレ入館者100万人（図書館76万人）達成 6月1日　障がい者向けサービス（ゆうメール、サピエ図書館）開始 7月22日　図書情報館入館者100万人突破（337開館日目）
2019年	1月10日　アンフォーレ入館者200万人（図書館137万人）達成
2020年	10月26日　アンフォーレ入館者300万人（図書館201万人）達成 3月　安城市図書館運営基本計画を策定 4月　2018年度で個人に貸出した図書の冊数が同規模自治体の中で全国1位 4月11日～5月31日　新型コロナウイルス感染症の緊急事態宣言により、臨時休館 11月5日「Library of the year2020」優秀賞およびオーディエンス賞を受賞
2021年	2月14日　アンフォーレ入館者400万人（図書館265万人）達成 3月　第4次安城市子供読書活動推進計画を策定
2022年	3月　第37回日本図書館協会建築賞受賞決定

■図書館入館者数の推移

年度	年間入館者数（人）	前年比（%）	開館日数（日）	1日平均（人）	累計（人）
1985	138,378	—	194	713	138,378
1986	180,356	130.3	276	653	318,734
1987	191,730	106.3	278	690	510,464
1988	186,150	97.1	275	677	696,614
1989	183,052	98.3	274	668	879,666
1990	185,760	101.5	273	680	1,065,426
1991	195,353	105.2	271	721	1,260,779
1992	199,294	102.0	273	730	1,460,073
1993	220,096	110.4	270	815	1,680,169
1994	231,919	105.4	272	853	1,912,088
1995	221,022	95.3	275	804	2,133,110
1996	213,676	96.7	269	794	2,346,786
1997	214,909	100.6	272	790	2,561,695
1998	275,607	128.2	272	1,013	2,837,302
1999	297,646	108.0	275	1,082	3,134,948
2000	321,460	108.0	282	1,140	3,456,408
2001	334,658	104.1	283	1,183	3,791,066
2002	351,583	105.1	279	1,260	4,142,649

2003	351,462	100.0	265	1,326	4,494,111
2004	384,565	109.4	282	1,364	4,878,676
2005	404,793	105.3	284	1,425	5,283,469
2006	411,023	101.5	284	1,447	5,694,492
2007	423,172	103.0	289	1,464	6,117,664
2008	439,425	103.8	289	1,521	6,557,089
2009	445,681	101.4	289	1,542	7,002,770
2010	442,206	99.2	289	1,530	7,444,976
2011	429,219	97.1	289	1,485	7,874,195
2012	408,854	95.3	289	1,415	8,283,049
2013	392,619	96.0	289	1,359	8,675,668
2014	396,049	100.9	300	1,320	9,071,717
2015	389,604	98.4	300	1,299	9,461,321
2016	307,640	79.0	252	1,221	9,768,961
2017	763,002	—	243	3,140	763,002
2018	784,302	102.8	293	2,677	1,547,304
2019	759,416	96.8	295	2,574	2,306,720
2020	400,489	52.7	253	1,583	2,707,209

■アンフォーレ本館入館者数の推移

年度	年間入館者数(人)	前年比（%）	開館日数（日）	1日平均（人）	累計（人）
2017	1,006,933	—	283	3,558	1,006,933
2018	1,221,192	121.3	341	3,581	2,228,125
2019	1,203,127	98.5	344	3,497	3,431,252
2020	668,951	55.6	342	1,956	4,100,203

■貸出冊数の推移

年度	個人一般書（冊）	個人児童書（冊）	個人雑誌／AV（冊）	団体（冊）	合計（冊）
2011	991,068	783,061	187,405	61,713	2,023,247
2012	967,386	750,393	175,960	63,529	1,957,268
2013	946,370	718,066	163,805	57,266	1,885,507
2014	936,789	704,570	147,245	61,356	1,849,960
2015	920,480	708,895	136,510	59,759	1,825,644
2016	839,327	637,556	116,155	56,777	1,649,815
2017	1,033,276	693,801	146,565	160,036	2,033,678
2018	1,115,043	734,318	168,803	160,092	2,178,256
2019	1,104,553	733,453	170,090	160,161	2,168,257
2020	886,542	581,975	133,312	134,904	1,736,733

おわりに

アンフォーレは二〇二二（令和四）年十二月現在、オープンして五年六カ月が経過した。私はアンフォーレがオープンした二〇一七（平成二十九）年度に一年間アンフォーレ課主幹として勤務したのち他課へ異動、再び二〇二〇（令和二）年度に二代目アンフォーレ課長兼図書情報館長として配属となった。したがって、オープン前と二年目以降については詳しくはなく、本書で初めて知ったことが多い。一大プロジェクトの渦中にいた市長をはじめ議員や職員、スタッフ、関係業者の奮闘ぶりがわかり、改めて多くの方々の汗と涙の結晶がこのアンフォーレであるという認識をもつに至った。

課長として赴任してきた二〇二〇年四月は新型コロナウイルス感染症が蔓延し始めた時期であった。私のアンフォーレにおける業務は感染防止対策を実施することから始まった。その後、第四次安城市子供読書活動推進計画の策定、ＩＣＴ機器の更新、指定管理者の選定・契約、南館のスーパーマーケット撤退など、次々と新しい業務に翻弄され現在に至っている。

しかしながら、時間を見つけて館内を散策すれば、そこここに絵本を楽しんでいる親子、試験勉強に必死な中高生、何冊も本を広げて勉強中のリタイア後と思われる男性などを目の当たりにし、ここは市民に開かれた学びの場であることを実感している。高齢の妻が同じく高齢の夫に雑誌を読み聞かせしている光景に出会い、ほのぼのとした気持ちになったこともある。

「安城市中央図書館」から「安城市図書情報館」へと名称を変更し、最新の情報機器を揃え、館内展示やＳＮ

S等で情報を発信しているが、一方では豊富な蔵書とスタッフの笑顔と接遇に支えられたバランスの取れた生涯学習施設であると思っている。

今後も市民一人ひとりの探求心や好奇心に応えるべく、さらには生活上の困難や疑問、仕事上の必要など、人生のあらゆる場面に対応できる図書館でありたいと思う。社会環境、自然環境などを考えると、未来は明るいとは言えないが、アンフォーレを頼りにして豊かな人生を送っていただきたい。

私たちは、これらを実施していくために「安城市図書館運営基本計画」（二〇二〇～二〇二九年度）や「第四次安城市子供読書活動推進計画」（二〇二一～二〇二五年度）を策定しており、地道に着実にサービスを拡充し、一人でも多くの市民に親しまれる施設をめざしている。

また、アンフォーレは、現在のコロナ禍では来館者数は減っているが、通常では年間を通じてイベントが開催され、一日当たり約三千人の来館者でにぎわっている。そのにぎわいをまちなかへ波及させ回遊性を向上させることが重要かつ優先課題である。今後もアンフォーレを起点に新たな文化の創造とそれに伴う人々の交流が新しい安城のまちの創造に寄与することは間違いないだろう。

本書は、アンフォーレができるまで、そしてできてからの顛末記である。そして、このプロジェクトに関わった多くの人々の気持ちの集大成でもある。図書館やまちづくりに関心をもつ方々のささやかな参考になればこんなに嬉しいことはない。

最後に、お忙しい中、原稿をご執筆いただいたみなさま、インタビューにお答えいただいたみなさま、また、編集に尽力された岡部晋典さま、ありがとうございました。この場をお借りしてお礼を申し上げます。

二〇二三年一月吉日

元 安城市市民生活部アンフォーレ課 課長兼図書情報館長　横手憲治郎

［編者プロフィール］

岡部晋典（Yukinori Okabe）

1982年生まれ。筑波大学大学院図書館情報メディア研究科博士後期課程単位取得退学、博士（図書館情報学）。複数の大学の専任講師等を経て、現在、株式会社図書館総合研究所主任研究員
研究テーマは選書論、オープンアクセス、図書館とライフヒストリー等
主著に『トップランナーの図書館活用術 才能を引き出した情報空間』（勉誠出版，2017）など

アンフォーレのつくりかた

図書館を核としたにぎわいの複合施設

2023年2月1日　初版第1刷発行

検印廃止

編　者　岡　部　晋　典

発行者　大　塚　栄　一

発行所　株式会社　樹 村 房

〒112-0002

東京都文京区小石川5丁目11-7

電　話　03-3868-7321

ＦＡＸ　03-6801-5202

振　替　00190-3-93169

https://www.jusonbo.co.jp/

組版・印刷／亜細亜印刷株式会社

製本／有限会社愛千製本所

ISBN978-4-88367-376-6　乱丁・落丁本は小社にてお取り替えいたします。